上海交通大学双一流项目资助出版

玉文化先统一长三角

第十五次玉帛之路文化考察文集

主 编 叶舒宪

副主编 胡建升 唐启翠

上海交通大学出版社
SHANGHAI JIAO TONG UNIVERSITY PRESS

序　言

　　"玉文化先统一长三角"，作为一个全新的学术命题，是在 2018 年 11 月初，首届中国进口博览会在上海举办之际，"长三角一体化"正式提升为国家战略的背景下，我们在当月撰写的一份对策报告中，首次提出的。这也是 2017 年底新成立的上海交通大学神话学研究院、上海市社会科学创新研究基地"中华创世神话"，在其刚满周岁之际，提交给政府的第一份咨政报告。

　　对于世界上唯独在当今中国才得以兴旺发达的一个特别的学术领域——玉学或玉文化研究而言，"玉文化先统一长三角"这个命题的意义，首先是对我们在 2013 年提出的"玉文化先统一中国"宏大命题的进一步细化和补充，即试图更加明确而具体的描述出万年之久的玉文化传承与传播，是如何在距今 4000 年之际逐步统一中国的，其间的关键步骤是什么，这个统一过程的发展方向和路径又是怎样的。

　　中国史前玉礼器发展的万年历程，是在距今 5000 年的长三角地区，第一次完成相对完整的体系化建构，即以钺、琮、璧、璜为主的玉礼组合形式，再加上玉冠形器和玉锥形器等，初露系统化和规模性使用之端倪。这种玉礼组合体系，并没有伴随着良渚文化在距今 4300 年之际的消亡而终止或消亡，而只是让良渚文化玉器所独有的玉三尖冠、玉锥形器等器型失传于后世，却将钺、琮、璧、璜四种构成的玉礼系统范式，辗转传播到淮河流域和黄河下游地区，再随着山东的大汶口文化和龙山文化向中原地区的传播，又增加了玉璋和玉璇玑等新的玉礼器样式，从而奠定夏商周三代王朝的玉礼制度之核心基础，最终使得钺、璧、琮、璜、璋的组合体系大致完整地保存到华夏文明的早期社会中（相当于《周礼》"六器"体系中的五器），堪称源远流长。周人的六器体系中唯一不可溯源到史前长三角玉礼器的器型是琥，即玉虎。根据最新发布的考古成果，玉虎这个特殊器型的起源可以追溯到距今 4000 年左右长江中游地区的后石家河文化。2019 年 11 月出版的《石家河文化遗珍——谭家岭出土玉器精粹》一书，展现有 16 件玉虎或玉虎头像。相对而言，以出土文物即我们所称的第四重证据去验证古代经书的古礼制叙事，六器的每一器都是由来久远的。有三器（琮、璧、璜）具有 5000 年以上的历史；另外三器（圭、璋、琥）则有 4000 年以上的历史。如果认同某些专家的观点，将圭、璋两器视为玉斧钺或玉铲的派生器型，则可以说六器中的五器都具有 5000 年以上的历史，唯独"琥"这个器型批量出现在距今 4000 年前后。换言之，《周礼》规定的国家六器体系，其中的每一项都发生在中原的夏商王朝建立之前！从空间看，也都是源于中原国家以外的地区。这样一种与时俱进的、打通史前与文明的新知识格局，是过去依赖文献做研究的学者根本无法想象的。

从"玉文化先统一中国"说，到"玉文化先统一长三角，再统一中国"说，这两大理论命题的相继提出，将给我们带来怎样的认知革新呢？

第一，凸显长三角地区乃至整个长江流域在中华文明起源过程中的地位和作用。这将有力地打破长期以来困扰中华文明起源认识的历史成见和偏见，即认为世界四大文明古国或五大文明古国之一的华夏文明，是在北方黄河流域孕育出来的。这种历史成见之所以形成，并且在人们的观念中根深蒂固，主要是因为传统的文献史学积淀而成的中国史观，带有典型的中原中心主义倾向。由于华夏最早的三大王朝即夏商周都是在黄河中游地区建都的，催生出所谓"得中原者得天下"和"问鼎中原"的流行观念，这些成语都是将国族认同完全聚焦到北方黄河流域的表现。而对于比夏商周三代更早的王朝或地方性政权的分布情况，则知之甚少，长江流域乃至整个南方地区的史前文化分布情况，更是他们认识上的巨大盲区。中国考古学自 1921 年发轫之后，在 20 世纪后期已经形成对史前史方面的全新认

塘山遗址双坝段（良渚遗址管委会供图）

识，以苏秉琦先生的"满天星斗"说为代表。那么这种四面开花或满天星斗的史前文化分布局面，是如何在中原文明崛起之前产生地域性分化，孕育出若干个中原以外的、先于夏商周王朝的地方性国家或政权中心，并对后起的中原王朝文明国家产生巨大影响的？

借助截至 21 世纪初的考古新发现，对这类问题的认识已经有了更新换代的契机。中华文明的孕育，是北方旱地粟作农业和南方水乡稻作农业两大史前农业传统，在距今四五千年之际逐渐交汇融合的结果。北方旱地农业的主要作物是小米（粟和黍），南方鱼米之乡则种植大米。从起源时间看，北方的小米农业起源于 9000 至 1 万年前，而南方的水稻农业之始，则超过 1 万年，达到距今 1.2 万年之久，这明显早于北方农业的起源。以长三角地区为例，在浙江中部浦江县新发掘的上山文化遗址，发现距今 1 万年的人工栽培水稻证据。

国学以往的传统，基本是被传世文献"绑架"的学问，是 2000 多年以来竹简书日益普及流行后所积累出的一整套文献知识体。学者们要根据这个 2000 多年的文献知识体，去认识 5000 年的文明，难免捉襟见肘、力不从心，或者干脆说实在是勉为其难。而如今，借助考古学的科学测年数据，我们足以从万年的物质文化传承这个新高度上，重新审视 5000 年文明的源流始末，其学术整体格局和认知效果的巨大变革，也就在情理之中了。

第二，"玉文化先统一长三角"，作为中国史前史研究和中华文明探源研究的新理论命题，其地域性统一的发展过程本身，也值得大书特书。根据第十五次玉帛之路（环太湖）文化考察的经验，长三角地区玉文化的

良渚玉玦（良渚遗址管委会供图）

发生发展，始于距今 7000 年前后的马家浜文化和河姆渡文化，随后的历程非常缓慢，在约 2000 年的时段里不断积累，几经起落，终于在距今 5000 年前后的良渚文化时期达到鼎盛。从地域分布看，沿着环太湖地区，史前玉文化发展呈现风水轮流转的局面，马家浜文化、崧泽文化、薛家岗文化、北阴阳营文化、凌家滩文化等，都有"各领风骚数百年"的交替领先发展局面。从稻作农业和彩陶生产方面看，无疑是浙江中部地区的上山文化，遥遥领先，居然在万年之前，这是过去想都不敢想的。上山文化，开启并奠定江南鱼米之乡文化传统的根本物质基石。其后经过距今七八千年的跨湖桥文化和河姆渡文化，在距今六七千年的马家浜文化时期，以浙江嘉兴和江苏溧阳三星村为领先代表。特别是玉礼器的曙光初现情况，依稀可辨。崧泽文化时期，则以江苏张家港的东山村遗址为突出代表。到了距今 5500 年前后的凌家滩文化时期，以安徽含山县的凌家滩遗址为突出代表。再发展到距今 5000 年左右的时期，整个长三角地区的文化中心明显南移到太湖以南，即杭州湾一带崛起的良渚古国。本次实地考察的目标就是这种在华夏国家文献史学知识中根本没有一点蛛丝马迹的，对长三角地区或环太湖地区史前文化系列传承脉络的探索，学术聚焦的中心课题是代表当时人们精神和信仰的玉礼器奢侈品。

从中华文明发生的总体格局看，催生文明国家的两大前提，即新石器革命（或称农耕起源）与城市革命，都是在南方的稻作文化区先行一步，并发展到登峰造极的，尤其是在玉文化繁荣方面。良渚玉器在规模数量和艺术质量方面都带有空前绝后的属性。这就给未来的研究者提供了非常切实的地方性知识点的参照系。只有先弄清长三角地区玉文化的发展全貌，才有进一步讨论"玉文化如何统一中国"的内容细节之条件。希望本书的出版，能够起到学术探索上的承前启后作用。

　　第三，玉石神话信仰即玉教的理论，是针对中国文明起源期的文化特性而在 2010 年首次提出的，作为催生文明的观念动力要素。本书对此理论命题也是一次有效的实践推进——研究深化和局部细化。包括华夏史前信仰的环太平洋萨满文化基础、相关的神鸟崇拜与酒崇拜的组合、良渚神徽代表地方性的"一神教"说等，都与玉教理论呈现出相应的对话空间。本书的专论部分，集中透视良渚神徽的神话学和萨满学底蕴，关注鸟崇拜与玉崇拜这两大信仰要素在良渚文化中的融合形式，兼及鸟形陶礼器群的起源问题，如陶盉、陶鬶一类仿鸟器物的环太湖分布，及其与黄河下游地区大汶口文化陶器的关联等。

　　本书研究的出发点是：玉文化发生的动力——以玉为神的神话观。我们据此认为：玉石神话研究，属于比华夏国家更早的信仰之根的探寻。

　　史前玉文化的地域性传播现象，可以从神话信仰传播的视角去审视，也可以从玉料即物质传播的视角去审视。东亚地区的史前玉文化传播线索，是考察中华文明起源的特殊视角。

　　玉文化传播大致可归纳为三大波：第一波北玉南传（从北亚到广东），第二波东玉西传（从东部沿海地区到河西走廊），二者都属于玉文化传播。唯独第三波西玉东输（以甘肃和新疆和田玉为代表的优质玉石资源的传播），是物质资源的传播。前两次传播都发生于史前，也终结于史前。唯有第三波即西玉东输运动，是源于史前并且一直延续至文明史各个时期，甚至今天还在延续。

　　万年玉文化发展过程的这三大传播浪潮，最终使中国成为以河西走廊为纽带而联结中原华夏与西域多民族地区的庞大文明体。

　　玉的神话信仰，不用远求，就藏在古代已经流行的俗字"国"这个字形里。

本书作者群由专业学者和资深媒体人构成，包括以下 9 位：

叶舒宪，上海交通大学神话学研究院首席专家

王仁湘，中国社会科学院考古研究所主任

易华，中国社会科学院民族学与人类学研究所研究员

胡建升，上海交通大学神话学研究院副教授

唐启翠，上海交通大学神话学研究院副教授

杨骊，四川大学锦城学院文传学院副院长

汪永基，新华社高级记者

杨雪梅，《人民日报》主任记者

冯玉雷，西北师范大学《丝绸之路》杂志社社长兼主编

下编 专论

264	251	242	232	202	173	147

附录

玉石之路：『早于丝绸之路的大传统』
艾江涛

玉文化是江南文化最深远的精神原型：专访上海交通大学教授叶舒宪
陈瑜

神玉之国：环太湖史前的玉器符号与国家权力
胡建升

玉帛文化：长三角区域一体化的文化符号原型
唐启翠

齐家与良渚：华夏文明形成探索
易华

玉钺引领长三角史前玉礼器体系
叶舒宪

创世鸟神话『激活』良渚神徽与鸿蒙——兼论萨满幻象对四重证据法的作用
叶舒宪

上编 考察记

003
第十五次玉帛之路文化考察缘起
——在良渚遗址管理区管理委员会座谈会的发言
叶舒宪

015
赵陵山：疑在琮镯之间——由玉琮说道古代中国宇宙观体系
王仁湘

026
环太湖玉文化考察日志
胡建升

084
玉帛之路（环太湖）文化考察笔记
冯玉雷

114
良渚古玉寻踪
汪永基

122
走近『马崧良』——探寻江南史前文化演进轨迹
杨雪梅

128
玉路心史：玉帛之路文化考察札记
杨骊

上编　考察记

第十五次玉帛之路文化考察缘起
——在良渚遗址管理区管理委员会座谈会的发言

叶舒宪

　　首先，我想代表我们这个考察团，代表上海交通大学神话学研究院，向良渚遗址管理区管理委员会（以下简称良渚遗址管委会）的领导和专家们表示感谢！你们正处在申报世界遗产的紧张日程中，工作一定十分忙碌，还要特意抽出时间来隆重地接待我们。感谢惠赠的大作《良渚遗址纪实·2018年报道集》，让我们能较快理解你们为守护和宣传国家遗址所做的辛勤努力和智慧贡献，让我们考察团全体受益匪浅。

　　我们这个活动主要分为两个部分，先是2019年4月7号在上海交通大学举办了"神话学研究院首届新成果发布会暨专家论坛"，发布成果是国家社科基金重大招标项目——中国文学

良渚遗址管委会座谈会

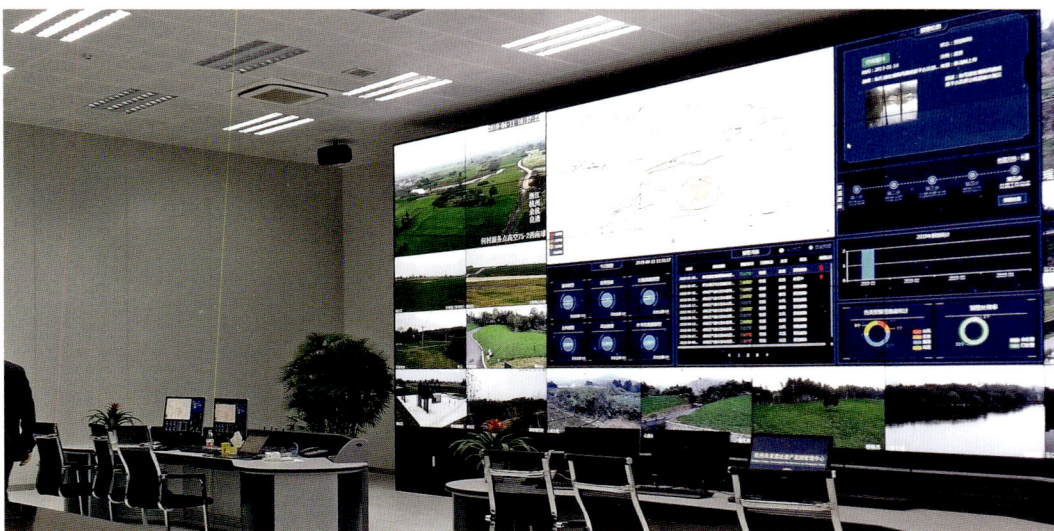

良渚遗址管委会座谈会（叶舒宪摄）

人类学理论与方法研究。此次出版有四部著作，打头的一部是《玉石神话信仰与华夏精神》。立项至今将近 9 年，结项成果今年刚问世。把文学人类学的理论与方法应用在中华文明探源课题上，这部著作是新的探索和新的尝试，希望找出华夏文明产生以前的史前文化主脉络，聚焦在玉石神话和信仰的传承方面。过去说到神话，好像都是文学界的概念。我们特意给"玉石神话"这个词组后面再加上"信仰"这个概念，正如良渚博物院展示的号称良渚文化"一神教的神徽"的这个图像系统。这其实都是通过神话意象表达出来的信仰和崇拜。雕刻神徽的行为本身即可理解为一种仪式行为。作为社会群体凝聚的可感知对象，神徽又兼具政治功能。过去研究神话都是依靠书本文献，像《山海经》《楚辞》，都是 2000 多年前的文献。而咱们本地（反山和瑶山等）出土的玉礼器实物上，有精雕细刻的神徽，这就将国人所说的神话一下子带到 5000 年以前的真切语境中。

除了有神的形象塑造以外，我们认为玉石这种材料本身在东亚地区就被神圣化了。所以不一定雕刻出神徽才有神话观念和想象，一个玉玦戴到耳朵上，一个玉璜或玉环挂在脖子上，它们都可以象征升天的天桥和天国之门。《山海经》里明确表达过：夏启佩玉璜而升天。所以根据这样的拜物教联想，只要一出现史前的玉器生产和使用，就马上可以联系到华夏文明最早的一个信仰传承的主脉。当然从玉文化发生发展的整体看，南方的良渚文化不是最早的，但它是东亚史前期玉文化发展得最体系化、最完整、最接近宗教信仰极致表现的一个典型。

上海交通大学的神话学研究院，号称全球第一家以神话学这样一个专业方向为名称的研究机构，是 2017 年底新成立的，到现在才一年多，这是上海市政府扶持的社会科学创新研究基地，也是一个高端智库。我们希望从跨学科的角度，包括文、史、哲、宗教、艺术、考古、生态等，作为一个融合多种学科的学术平台和传播平台，与社会机构和媒体产生互动，提供专业咨询和创意内容。大家都知道上海交通大学是一个工科强校，文科相对较薄弱，学校希望从边缘学科方向上获得超常规发展的契机。建立神话学研究院有一个好处，可以将考古学、文博界、艺术史学，还有史学界的国内力量汇聚和联系起来。神话学研究院现在聘请了几位校外专家。本次考察团成员、考古学家王仁湘先生就是其中一位，著述等身，兼任纪录片《舌尖上的中国》总顾问；还有考察团的易华先生，他是研究人类学的，来自中国社会科学院民族学与人类学研究所。还有香港中文大学的邓聪先生，大家都知道，他是玉器加工痕迹科学检测和专业摄影第一人。

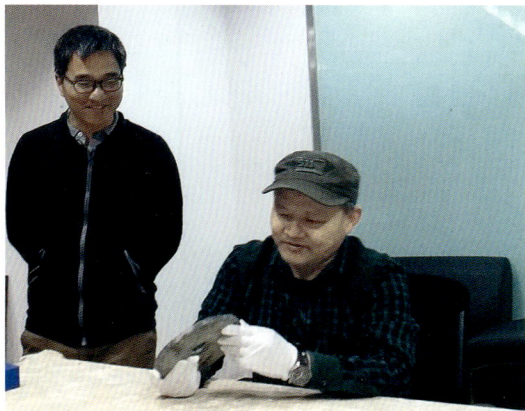

观察良渚玉器

鸟瞰良渚古城（良渚遗址管委会供图）

神话学研究院未来的主攻方向包括中华文明起源期的玉石神话这个脉络，通过对遗址和文物的研究将华夏的信仰之根尽可能找出来，并通过创意转化而传播开来。

在此次发布会上还提到邓聪先生作为第二主编刚出版的一部大书《哈民玉器研究》，可能你们在座的各位也都看到了。其中有吉林考古学者王立新和王春雪的一篇文章，介绍吉林白城双塔遗址发现的一件绿灰色透闪石玉环，距今约 1 万年。在 2017 年底，黑龙江发现了 9000 年前的玉器群，在乌苏里江畔的小南山遗址。根据这些最新资料，玉文化 8000 年的旧说法需要更新。只要玉器出现，它就不只简单地具有美化和装饰作用，而是被神圣化的石头，即玉石拜物教的起源证据，以玉为神的观念就可能出现。如今的大传统理论，让我们能够借助万年的大历史视野来重新审视中国文明的源流，这是以往的知识人梦寐以求的认知境界。本次环太湖的田野考察，称为第十五次玉帛之路文化考察。前面十四次主要都是在西北地区进行的。近五年来，以拉网的方式，把西部七个省区所有已知出玉石的地点都做了调研和采样，共出版文化考察丛书 3 套 20 部（前 2 套已经出版 13 部书，第 3 套即将出版）。考察对象一是自然的玉矿资源，二是西北齐家文化玉器和龙山文化玉器，兼及中原仰韶文化庙底沟期玉器和常山下层文化玉器、客省庄二期文化玉器等。重构出总面积达 200 万平方公里的中国西部玉矿资源区，聚焦西部玉矿资源的散点分布与中原国家玉文化兴起的依赖关系，总结出 4.0 版的西玉东输之 5000 年历史。如今在文学人类学方面，说 5000 年华夏文明，已经不再是一种古代遗俗或现代口号。上海市委托神话学研究院完成的重大项目"中华创世神话的考古学研究·玉成中国"系列的第一部书《玄玉时代——五千年中国的新求证》（上海人民出版社 2019 年 6 月出版），即是此前十四次玉帛之路文化考察的成果结晶。

至于上海方面，2018 年 11 月在上海举办首届进口博览会，国家领导人正式宣布将"长三角一体化"上升为国家战略，把

古城城址区（良渚遗址管委会供图）

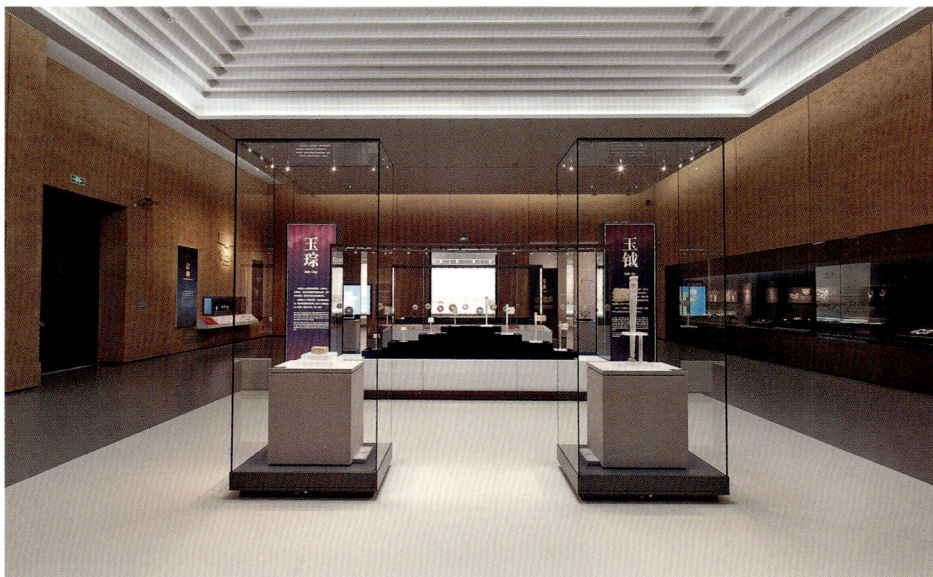

良渚博物院展厅（良渚遗址管委会供图）

三省一市看成一个经济发展互动的区域整体。神话学研究院及时做出学术的回应：长三角地区早在 5000 年前就已经形成明显的一体化格局。我们提出"玉文化先统一长三角，再统一中原，并最终统一中国"的学术命题，其主要的考古依据就是良渚文化遗址的环太湖分布现象。这就是本次发布会后要紧接着开展第十五次调查的缘由。设计的路径是沿着太湖做环形考察。我们从上海青浦的崧泽遗址和福泉山遗址出发，围绕昆山卓墩遗址、草鞋山遗址和赵陵山遗址，到苏州的张陵山遗址和苏州博物馆，到张家港的东山村遗址、武进的寺墩遗址等，到南京博物院和常州博物馆，再绕到太湖南面的湖州博物馆和德清县博物馆，顺便考察德清县的国家级非物质文化遗产地防风神话和防风祠。这一圈转过来，抵达杭州余杭的良渚遗址。时间虽短，因为有国内重要媒体参与，大家需要重点了解玉文化怎样在 5000 年前长三角地区实现一体化的过程，即从马家浜文化到崧泽文化再到良渚文化的玉器衍生脉络。

　　当然这边跟安徽凌家滩那边的玉礼制还有区别。首先都是玉礼器，数量惊人，这是在世界史上都罕见的一个地域现象。

参观良渚博物院

以前的研究没有上升到区域一体化的文化认同这个高度。以前的良渚文化研究力量，主要集中在浙江这边，江苏的遗址和墓葬相对来说等级要稍低一些。至于上海，上海这么大的一个直辖市居然没有一个考古所，主要靠上海博物馆的研究力量，仅有少数人在参与，这很可惜。今天既然国家顶层设计引导整个长三角的一体化发展，以后的统一趋势会加速。人文研究方面，也需要重新打造长三角的厚重历史文化形象。就良渚文化的玉礼器王国而言，当然离不开良渚本地，这里毕竟起步又早，规模宏大，而且政府投入也多，已经成为全国大遗址保护和展示的一个标杆。目前赶上申遗的活动，一旦申遗成功，我想这里也会是一个更加让世界瞩目的地方。本次考察相当于是在长三角地区做的第一次以玉为主题的田野调研。为了和丝绸之路国家战略对接，我们采用"玉帛"合称的古汉语习惯说法。丝绸在古代就叫帛。帛一般都是排在玉后边，如"禹会诸侯于涂山，执玉帛者万国"，又如"化干戈为玉帛"的习语。国人早已经习惯把这两个字放在一起。长三角地区从上山文化开始，1万年的种大米文化已经发端，到8000年的跨湖桥文化，再到7000年的马家浜、河姆渡文化。玉文化大约从7000年前开始，玉玦、玉璜率先出现。至少玉琮、玉璧、玉钺的这一套礼制是在长三角地区率先孕育完成的。

良渚文化在距今4300年或4000年已经消亡了，后来的马桥文化已没有玉礼器体系。但是玉文化犹如"野火烧不尽，春风吹又生"。它顺着长江流域西传，顺着北边的淮河流域传播到大汶口文化，即黄河下游的山东半岛。又通过龙山文化的发展，沿着黄河水道进入黄河中游地区。玉文化的重要礼器是从咱们这里率先体系化的。红山文化的那些带有动物形象的玉佩、玉筒等形器都中断了。只有长三角这边琮、璧、钺三组合（加上玉璜则为四组合）进入中原，加上山东半岛龙山文化的玉璋和玉璇玑，全部荟萃到中原，后来就演变成石峁、陶寺、二里头的整个玉礼器体系。后来《周礼》总结的玉礼"六器"中，玉

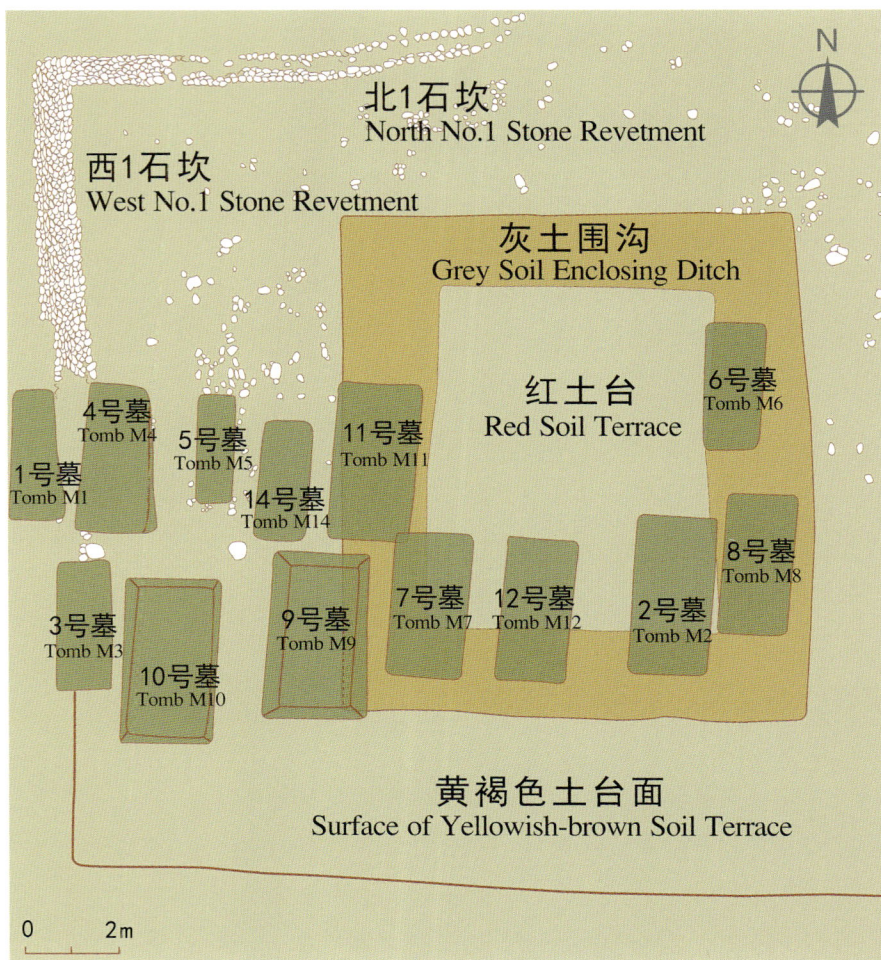

瑶山平台图（良渚遗址管委会供图）

　　琥在史前期是基本不存在的，剩下的五器即琮、璧、圭、璋、璜，多半都是史前长三角地区的产物，所以其意义非常重要。以前我们按照文献史学的范式做研究，根本看不到这方面的内容。由于《周礼》列入古典的六经之一，没有人敢怀疑其内容的虚实。今天参照出土的玉礼器实况，再看《周礼》，认为它反映的不是周礼，至少不是西周时代的礼，而应该是战国到汉代的礼，因为只在汉墓里才发现"六器"同在。

　　旧的经书权威的倒塌，意味着新的玉礼器系统的重现天日。要依照长三角地区率先发展起来的玉礼器系统实况，重新拟定先于夏商周的玉礼器传承主脉。我们尝试把马家浜文化的三种玉器梳理出来，即玦、璜和玉石钺。然后到崧泽文化，六器雏形为：钺、璜、玦、镯、龙和口琀。再发展到良渚文化的六器：钺、璜、琮、璧、冠（冠形器和三尖冠）、锥（锥形器）。后二种玉礼器没有传播到中原，就随着良渚文化的消亡而中断了。冠形器和三尖冠、锥形器，其实都跟"冠"（即人头上的符号物）有关。神话学认为，有一类神话的起源可称为"仿生学神话"。从生物学视角看，鸟有冠而人无冠。冠，一定与仿生学神话观念的驱动相关，都跟鸟文化和鸟崇拜有关，良渚神徽的突出特点，是神人兽面上要凸显巨大羽冠的形象，其冠由鸟的羽毛构成。我们可以结合整个环太平洋的史前萨满教流行，有效解读此类羽冠的神话学意蕴。可惜良渚文化玉礼器的半数在本地完全中断和失传了，没有传过去，而琮、璧、钺、璜的礼制则传到中原去了。这就是我们依照四重证据重新梳理的新、老"六器"说。

良渚文化毫无疑问是南方5000多年前最高等级的文化，是接近文明国家水平的玉文化。但是放在长三角来看，它又是一个整体，因为崧泽文化和马家浜文化都是从北边的嘉兴和上海先发展起来的。这样看长三角的玉文化，它真是一个逐步形成的整体。玉文化用2000年的时间完成了对长三角地区的整体覆盖，最后老的玉礼在本地终结，但能向外传播，最后传到中原国家。这个传播过程的当代意义在于：一是从学术上重新认识中华文明礼制起源的核心价值和核心物质；二是对上海和长三角的历史文化形象的再造，产生非常重要的启蒙作用。

此前说到良渚文化，亮点都集中在浙江的杭州湾这边，长三角的江苏和上海都不够给力，安徽则好像更加游离于良渚文化整体之外。未来长三角一体化还需要从龙头那里重新整合文化资源和研究队伍，给上海这个举世瞩目的国际化大都市重新塑造历史文化形象。大家总认为上海是始于一两百年来的殖民背景下的十里洋场，以前那里好像是个渔村云云，没有什么文化底蕴可言。如今看来，这完全是对史前文化无知的结果。如何提高文化自觉，重新树立长三角的文化自信，我觉得要做的工作很多。希望神话学研究院以后和良渚博物院、考古文博界专家多联系、多合作，举办各种学术会议和会展、交流活动，重建一个拥有 7000 年厚重文化积淀的长三角地区的历史原型吧。

　　我就讲这么多，请各位多批评指教，谢谢。

莫角山之光（良渚遗址管委会供图）

赵陵山：疑在琮镯之间
——由玉琮说道古代中国宇宙观体系

王仁湘

在昆山赵陵山遗址调查采访

　　风和日暖，在一丘金灿灿油菜花的引导下，我随环太湖玉文化考察团一行来到昆山赵陵山遗址。这是阳澄湖边一处非常典型的良渚文化高台遗址，经过正式发掘，收获颇丰，引起广泛关注。

　　想来最近对玉的兴趣，完全集中在玉琮这一个点上。好不容易刚完成《方圆一体》的写作，掉在这个坎坎内还没来得及爬出来，却好似又陷入了更深的渊薮。

　　我要爬出来，就从这赵陵山遗址的油菜花里爬出来。

　　在良渚文化遗址中，赵陵山并不算大，出土玉器也并不是太多，但也有精品，我更在意的是在一座墓葬中出土了一件玉琮。

　　《赵陵山：1990—1995年度发掘报告》（以下简称《报告》）已经出版，发掘者此前有赠书给我，非常感激。那就由《报告》的记述，来说说这件玉琮吧。

赵陵山遗址保护碑

书影

1. 墓葬位置

出土玉琮的这座墓编号 M77，处于墓地东部边缘位置，属于年代较早的一座。还不能确定它是否为墓地最先埋入死者的，但墓地布局似乎是以它为坐标形成的，而且它还是规模最大、随葬品最为丰富的一座墓。

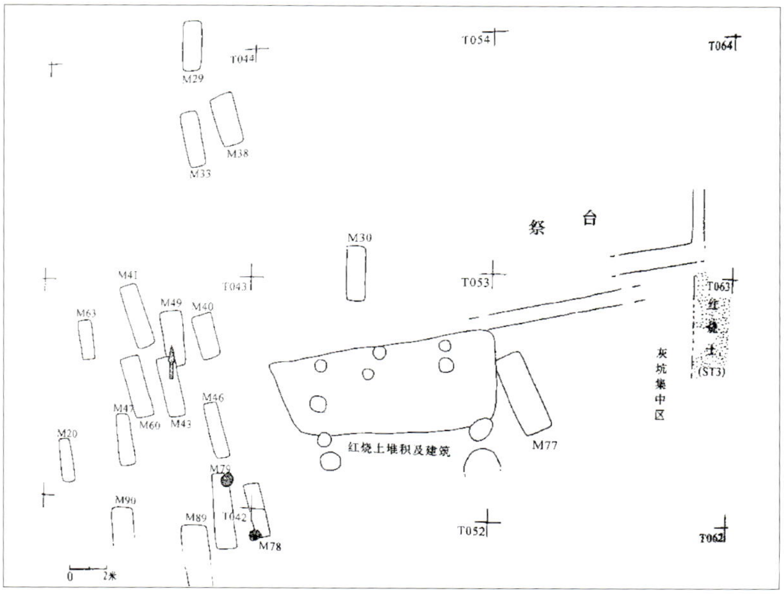

墓地布局

嘉兴姚家山出土良渚文化大石钺（摄于嘉兴博物馆）

2．玉琮放置部位

这座墓是赵陵山墓地唯一出土玉琮的一座。我们读《报告》的文字，注意这么三个要点，一是随葬品很多，二是随葬品以玉器为主，三是玉琮放置在右手面上。

注意他的左手腕有玉镯和象牙镯各 1 件，右手腕有玉镯 2 件和象牙镯 1 件。重要的是这件琮不大可能是作玉镯用的，虽然它与右手指有关联，但并没有戴在手腕上。它放置的原位，应当是在墓主的裆下位置，看附图和现场照片不难做出这样的判断。

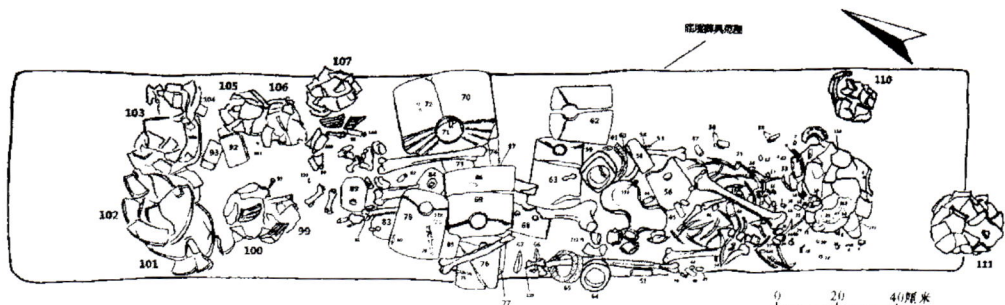

赵陵山 M77 平面图

3．墓主性别

　　墓主的性别，在发掘现场鉴定为男性，这一点非常关键。男性，葬有玉琮，出土在裆下位置。

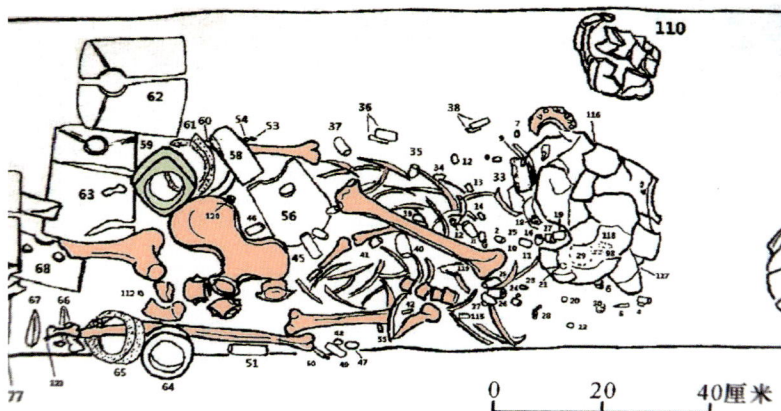

赵陵山 M77 局部

赵陵山 M77 现场图

4．墓主身份

　　因为墓位有坐标性质，又因为随葬品多且重要，其中有 1 件罕见的神人玉雕像，可以判断墓主的身份很不一般，应当是一辈首领。

　　这是一位男性首领，而且应当是生活在赵陵山一族中最高的首领。

5．玉琮特征

　　墓主随葬的并非一件典型的玉琮，《报告》中对玉琮的描述比较详细。要点有四：一是形制为矮方柱形，二是四面平直无纹，三是对钻穿孔，四是没有写明的无圆形筒口。

　　琮1件 (M77∶59)。出土时位于墓主右手上，琮下端叠压墓主右手指骨。灰绿色，不透光，玉质内夹杂黄白色斑块、深灰绿色及灰黄色结晶，表面有灰褐色绺裂，器表附着少量褐色物质。呈矮立方柱形，四面平直，倭角，光素无纹，中部管钻对穿孔，错位台痕明显，虽经修磨，仍保留了管壁厚度及修磨痕迹。两端面留有预料的破裂面，靠近四边倭角都有打磨修饰痕迹，一端面和侧边还留有切割痕迹，除孔内壁外，通体打磨光洁。最大对角径10.8、射径8.2~8.55、一端顶面四边长7.75、7.8、8.2、7.75、

M77 随葬神人玉雕像

另一端顶面四边长 7.7、7.8、7.4、7.8、高 3.49~4.2、孔径 6.88~6.9
厘米,复原管钻壁厚度小于 0.11 厘米,转角大于 90°。

　　它更像是一件宽大的玉镯,却又是方外之形。它确是一件
玉琮,却又没有琢成圆形筒口。似琮非琮,似镯非镯,可以当
作镯佩用,但又更接近琮的形态。

　　它外形正方,中空内圆,更像是琮的半成品,或者就是演
变过程中尚未完全成型的琮,所缺少的只是上下筒口明确的造
型。

　　不能将它看成镯,亦不能因出土在手指附近就认定是镯。

　　虽不是镯,也不能看作是由镯至琮演变的中间形态,它至

上图:赵陵山 M77 出土玉琮
下图:赵陵山 M77 出土玉琮俯视图

多只是借鉴了镯的制作工艺和大小规
格,如环状,如大孔。

　　我们还注意到 M77 的年代,似乎
是在良渚文化早期,是玉琮出现的初
期阶段,它的形态还未定型,也是可
以理解的。

　　杨建芳推定琮源于镯,所利用的
证据有张陵山的发现。对于赵陵山
M77 的发现,黄翠梅认为该器是原始
型玉琮的代表,其功用明显与手镯无

异，应可视为一种方形玉镯，且主张该器的发现一定程度上支持了早年梅原末治以为玉琮起源于手镯之主张。

琮源于镯这个观点，目前颇得研究者们的赞同，毕竟无论是张陵山还是赵陵山，这两件玉器都与典型的琮在形制上比较接近。

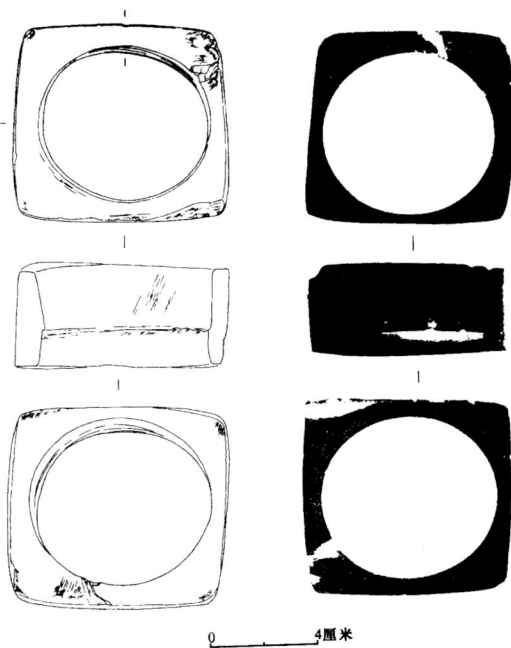

M77 玉琮多视角图

6. 用途

讨论这件玉琮的用途，首先要确定的是它与镯无关。这件琮，《报告》提到它是放置在死者手上，许多人被误导，以为它就是戴在右手上的一只琮形镯，由此推导出琮起源于镯的结论。

要注意的是死者的手指并没有套入琮内，而且他相关的右腕上已经有了3只镯子。仔细观察《报告》上的附图和照片，发现玉琮放置在死者胯下，再强调一下，他的性别被鉴定为男性。

这座墓随葬有较多玉器，最特别的玉人鸟形器也在其中，表明死者的地位较高，他享用以玉琮殓葬这种特别的礼遇，这件琮是作性器套筒使用的，我在讨论玉琮这样的用途时，将它取名为"宗函"，论据可参阅相关论文。

玉器研究者热衷的玉琮，它的这个用途，过去没有受到重视。要作特别思考的是，这是早期的琮，早期的琮以这样的身段出现，而且成为通达历史时期一以贯之的传统，我们没有想到。没有想到也罢，暂时不能接受这个事实也罢，这可不仅仅是个例外，宗函是一定在历史上存在过的事实。

最近恰好见到公众号"珠饰与文明"刊文，报道考古出土的 6600 年前的黄金艺术，是保加利亚黑海西岸瓦尔纳墓地 43 号墓的发现。墓主随葬了许多黄金饰器，引起我关注的是他胯下出现的黄金性器套。

西与东的风俗巧合，金与玉的异曲同工，也真是让人觉得意外，似乎又在情理之中。

西方与东方的古文化之间，是交流认同还是偶然巧合，任由评说，但首先要认可的是事实，即五六千年前殓葬要使用性器套或宗函，而且是上层男性所享有的特别待遇。

前不久在上海交通大学神话学研究院"首届新成果发布会暨专家论坛"上，我讲到了良渚人用玉琮做宗函的理由，有不少统计学资料作依据，当然许多人要接受这个认识会有障碍，希望这在 N 年（也许 >30 年）后能成为一种常识。

我感兴趣的是，主持过赵陵山遗址发掘的陆建芳老友，他是在现场听了演讲的，我注意到接下来他在微信朋友圈跟评，明确说不同意我的结论。

6600 年前保加利亚黑海西岸瓦尔纳
墓地 43 号墓

这下好了，我要拿赵陵山 M77 说事，先道一声"不敬"，在 M77 中发现的玉琮，它正是一个宗函呢！

查证考古报告后还知道了一个事实，这个墓葬的发掘当时应当是现任江苏考古所所长林留根直接负责的，他当时有怎样的判断，现时又会有如何的评说，我们一起等待他发表高见吧。

7．琮地璧天与琮阴璧阳

想来古代玉器中琮、璧体现的观念，由《周礼》的记述看，已经是比较复杂化了，一些学者很是怀疑周代的礼制，怀疑玉中"六器"体现的信仰体系。

六器所对应的是"天地四方，是为六合"，这样的方位体系及信仰传统，在商、周的传承毋庸置疑。

我还是比较相信文献中记述的周礼仪轨，那并非只是一种理想而已，可以相信是现实的写照。当然就琮、璧体现的信仰而论，周人可能更多接受的是齐家文化的传统，近水楼台，齐家文化是"琮地璧天"的玉器象征体系，这是一种天圆地方的神话宇宙观体系。

周人同时也包容了良渚文化的传统，是"琮阴璧阳"的玉器象征体系，也是一种宇宙观体系。琮起源并率先发达于良渚文化，它如何传播到黄河流域并进入夏商周三代礼制的过程，折射着"玉文化先统一长三角，再统一中国"的进程。

齐家与良渚一处西北、一在东南的琮、璧信仰，在认知上并无矛盾冲突，周人将它们很自然地融汇在一起，形成一个大宇宙观体系。天地方圆阴阳，这正是中国传统主流的宇宙观体系。在琮与璧上，我们看到了放射着整个认识论体系的炫目光芒。

良渚玉琮（良渚遗址管委会供图）

甘肃临夏出土齐家文化
青黄色长形玉琮

（摄于临夏州博物馆文物库）

静宁七宝之一的齐家文化
青玉琮

（现存甘肃省博物馆）

陕西安塞县出土
龙山文化玉琮

（洛川县政协文史委员黄玉良供图）

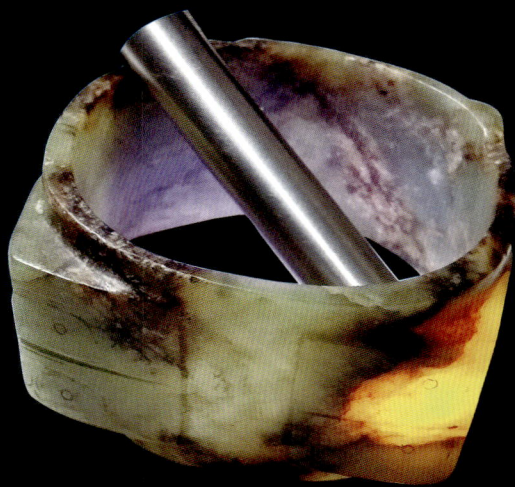

延安芦山峁出土
龙山文化玉琮

（摄于延安市文管所文物库房）

环太湖玉文化考察日志

胡建升

概说：文学人类学从田野调研开始

　　文学人类学的学科起点是理论翻译，从翻译原型批评与结构主义理论开始，利用这些理论资源对中华传统经典进行阐释，这是在 20 世纪 80 年代与 90 年代做的事情。21 世纪以来，文学人类学开始转向本土文明与文化的神话探源工作，这一转向最大的特点就是要在文字之外，利用田野调查的实物材料来探究华夏文明的文化起源。要跳出文字文本的局限，必须从脚下做起。因此，文学人类学的本土文化转向是从田野调研开始的。

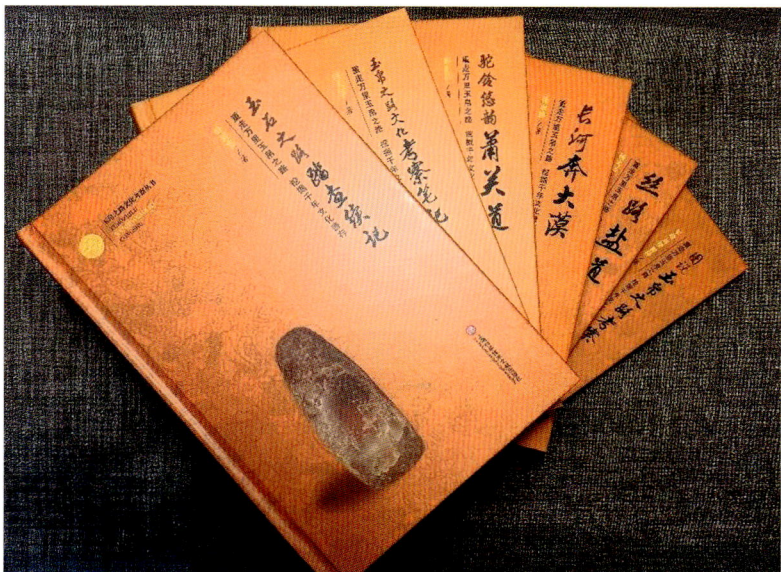

"玉帛之路文化考察"丛书之第二套（上海科学技术文献出版社，2017 年）

良渚古城遗址公园（良渚遗址管委会供图）

　　之前，叶舒宪、易华、冯玉雷与杨骊等人，已经在祖国的西北地区沿着玉帛之路进行了 14 次田野调研。共编写文化考察丛书 3 套，有了相当丰厚的经验积累。

　　2017 年 12 月，上海市十三五社科创新基地"中华创世神话"在上海交通大学成立，同时，上海交通大学神话学研究院也随之创建。2018 年，神话学研究院得到了上海交通大学的大力支持，获得了学校双一流重点学科建设的文科项目。年底，叶老师决定开始筹划在长三角组织开展第十五次玉帛之路的文化考察。得到这个消息，我跃跃欲试，主动向叶老师申请参加这次玉帛之路的文化考察。

　　为了顺利开展这次玉帛之路的文化考察，叶老师早早发来了一个关于长三角的考古资料书目，让大家开始熟悉长三角的史前文化。

　　为此，在 2019 年元月 26 日至 27 日之间，叶老师还带着一个小分队对马家浜文化展开小范围的文化摸底。小分队成员还有唐启翠、吴玉萍与孙梦迪。叶老师将自己的新车无私奉献出来，吴玉萍临时充当司机，并负责生活安排，而我当时还没有任何知识准备就匆匆上路了。那次考察时间较短，叶老师安排了七个文化考察点，分别是桐乡博物馆、嘉兴博物馆、海宁博物馆、海盐博物馆、平湖博物馆、嘉善博物馆与广富林遗址。虽然时间匆忙，也没有知识的储存，又是过年前几天，我们依然收获很多，信息量也很大。但考察结束之后，我就回老家过年了，也没有来得及好好消化文化调研所得到的新东西。

2019年4月6日至7日，上海交通大学神话学研究院"首届新成果发布会暨专家论坛"在上海交通大学闵行校区举行。此次发布的新成果，是国家社科基金重大招标项目免检结项成果"中国文学人类学理论与方法研究"专著系列，由复旦大学出版社2019年出版。发布会详细介绍此次新成果的组成与理论架构：《玉石神话信仰与华夏精神》通过考察万年文化大传统的玉石神话信仰，揭示出华夏文明的精神根脉；《文学人类学新论——学科交叉的两大转向》反思当今世界学术的两次重要转向（人类学的文学转向与社会科学的人类学转向），表明文学人类学是世界性的跨学科潮流在中国生出来的新学科与新理论；《四重证据法研究》梳理国学与西学的方法传统，彰显四重证据法的综合优势，其整体释古和深度释古的阐释效果，是国内外具有领先地位的方法论；《希腊神话历史探赜——神、英雄与人》基于文学人类学的"神话历史"理论视角，重新阐释古希腊文明进程，是中体西用的鲜活事例。

此次新书发布会是对文学人类学本土文化研究与本土理论创新的一次重要总结。这一系列的研究成果，最大的特征就是通过十四次实地考察调

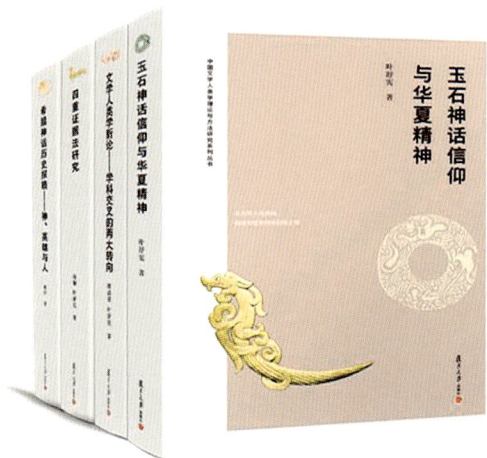

神话学研究院首届新成果发布会的四部著作

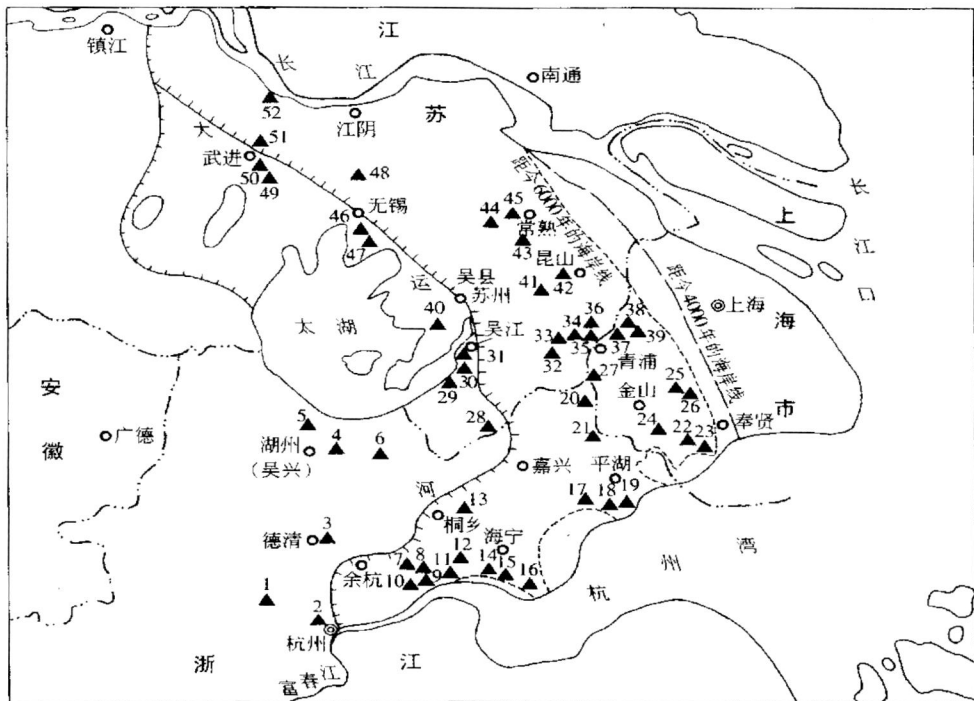

环太湖地区良渚遗址分布图

研，用田野调研的大量物质图像，来揭示潜藏在历史文本之下的未知文化信息与华夏精神。它完全摆脱了文字文本的叙事局限，极为重视文化文本的图像叙事，为聚焦本土文化精神与思考本土知识信仰，提供了一条行之有效的认识途径，也为文学人类学乃至人文学科在新时代的理论创新，提供了有效可观的实际经验。

　　神话学研究院组织的第十五次玉帛之路文化考察，是文学人类学田野调研转向的重要延伸。此次考察团共有 11 人，文化考察团团长为中国社会科学院考古研究所主任、研究员王仁湘与上海交通大学资深教授、神话学研究院首席专家叶舒宪，团员有 9 人，分别是中国社会科学院民族学与人类学研究所研究员易华、文物出版社资深编辑张征雁、西北师范大学《丝绸之路》杂志社社长兼主编冯玉雷、新华社高级记者汪永基、《人民日报》主任记者杨雪梅、《三联生活周刊》记者艾江涛、四川大学锦城学院文传学院副院长杨骊、上海交通大学人文学院副教授唐启翠和我，司机为上海交通大学车队的王郑伟。

此次文化考察目标很明确：一是要重新认识玉文化发展如何用 2000 年时间在长三角先获得区域性的统一的，历经马家浜文化（距今 7000 年）——崧泽文化（距今 6000 年）——良渚文化（距今 5000 年）；二是梳理清楚"玉文化先统一长三角，再统一中国"的文化历程。

此次文化考察的路线也很清晰：以太湖为中心，沿途考察环太湖区域发掘出土的史前遗址、考古工作站与重要博物馆。

千里之行，始于足下。作为考察团的一员，我有幸可以全程参加此项考察活动，获得了全面梳理史前玉文化在长三角发展情况的机会。

前奏：首届新成果发布会暨专家论坛

四月的交大特别美丽，樱花娇艳白皙，桃花红颜娇美，万物争荣，百草丰茂，将整个校园装点得极为艳丽精致。

2019 年 4 月 7 日正是交大 123 岁华诞，交大人从各地回到母校，为母校喜庆生日。上海交通大学神话学研究院"首届新成果发布会暨专家论坛"也在此日举行。学术活动中心人声鼎沸，来自全国知名专家共 80 余人，其中包括中国社会科学院学部委员 2 人，国家一级学会会长、副会长 7 人，涵盖了考古学、人类学、

为什么良渚顶级大墓出土的玉钺均为南瓜黄玉质？
瑶山 2 号墓出土玉钺
（摄于良渚博物院）

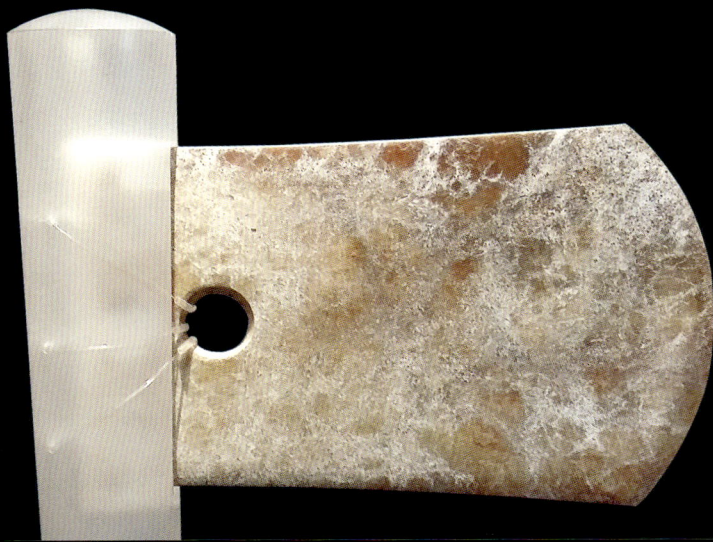

首届新成果发布会暨专家论坛合影

民俗学、史学、文学、电影学、传播学、艺术学、古典学等诸多学科，这些学者聚集一堂，开怀畅谈，共同研讨中国人文学科的理论创新问题，尤其是文学人类学在本土理论创新方面的现有成果与实际经验。

　　上午，在学术活动中心的小礼堂里举行新书发布会，由人文学院院长、神话学研究院常务副院长杨庆存主持。上海交通大学党委副书记顾锋作为学校代表，对神话学研究院取得的重大新成果表示热烈祝贺。他说："如今，我们正处在中华民族伟大复兴的新时代，全国上下与学术界都在呼唤中国人文学科的新话语与新理论。文学人类学团队积极作为，不断探索，积聚三十年的本土文化阐释经验，调研了大半个中国，提出了一系列人文理论与话语体系，诸如文化大小传统、神话中国、玉石之路、玉石神话信仰与华夏精神等等，形成了四重证据法的文科优势方法论，成绩斐然，可喜可贺。神话学研究院取得的新成果，形成的新思想，发掘的新精神，提出的新理论，倡导的新方法，是上海市、也是上海交通大学向祖国 70 华诞献上的文化厚礼。我们有理由相信，神话学研究院将发挥多学科的研究优势，今后在中华优秀文化传统研究方面还能够取得更大的突破。"

上海市社会科学界联合会专职副主席任小文回顾了上海市社科创新基地"中华创世神话"的创立过程，阐明了"中华创世神话"对引领人文社会科学的积极意义，对基地团队在短期内取得丰硕的研究成果表示祝贺。他认为，随着中国文化在国际上的影响力越来越大，世界各国人民对华夏文明、中华文化的好奇与学习热情逐渐高涨，传播中华文化理论与精神，推动华夏文化走出去，成为学术界当前紧迫的学术使命与文化任务。上海交通大学神话学研究院推出的最新成果，是对中华传统文化的创新性发展，也是本土理论的重量级成果，具有一定的开拓性。

分论坛一　中国文化深度认知的理论和方法论专场

分论坛二　神话学成果的创意和传播专场

上海交通大学新校区

　　复旦大学出版社总编辑王卫东表示，叶舒宪教授以史前玉文化为重心，利用跨学科的多重证据，阐释史前华夏文化的重要精神，勾勒出大传统时期中华文明独有的文化编码，找到了华夏文化的独特性与本土性，先后提出了"大小传统""神话中国""玉文化先统一中国"等主要理论命题，挖掘出中国文化潜藏的精神信仰与文化根性，找到了中华文化与民族认同的信仰之根。

　　上海交通大学神话学研究院首席专家叶舒宪作了题为《文化自觉与中国文化理论》的报告。叶老师以"国"字的文字图像为引言，引出文学人类学近十年来的中国文化理论建构历程：文学人类学作为一个跨学科研究的本土新学科，1986 年萌生，1994 年提出三重证据法，2005 年提出四重证据法，2009 年提出神话中国论，2010 年形成了文化大小传统理论，2013 年提出文化文本与多级编码论，同年，还提出"玉文化先统一中国"论，2014 年提出神话观念决定论。叶老师以紫禁城、景山、十三陵等古代建筑为例，讲述在文字之外，通过文化文本所潜藏的、具有支配作用的神话编码规则，进一步讲到史前玉器的神话信仰，梳理了被文字遗忘了的万年中国玉文化历程，揭示出"中国何以为中国"的文化潜藏秩序与核心文化价值，突显文学人类学的理论超越在于整体思维与深度认知。他还指出，文学人类学的大传统史观与国际大历史观具有相通之处，从玉器文化来看，中国就应该是万年中国，而从文字小传统来看，中国只有3000年。只有跳出3000年的文字中国，才能看到万年的玉文化中国。

立足玉石文化，不仅对认识古老的中华文化有着重要意义，还对发掘中华民族长期久远的民族凝聚力具有举足轻重的作用，同时对新时代中国文化的发展与重建也具有不可忽视的理论引领和现实意义。叶老师认为，文化自觉不是口号，而是整体思维、深度认知的中国文化，只有认清了华夏文化的根部知识，才能将文化自信落到实处，而不至于只是空谈。文学人类学以认知华夏本土精神为己任，脚踏实地，积极调研，身体力行，祛除文字传统的历史遮蔽，积极建构中国本土特色的文化理论。

此后，杨庆存（上海交通大学）、萧兵（文学人类学研究会荣誉会长）、王一川（北京大学艺术学院）、段勇（上海大学）、朝戈金（中国社会科学院学部委员）、宋镇豪（中国社会科学院学部委员）、王宁（上海交通大学）、邓聪（香港中文大学）、唐际根（南方科技大学）、杨朴（吉林师范大学）、彭兆荣（厦门大学）、李继凯（陕西师范大学）等十多位学者结合自身的研究专业，围绕这批新成果，交流了自己的心得体会。

下午，来自中国社会科学院、北京大学、上海交通大学、复旦大学、华东师范大学、中国人民大学、南京大学、四川大学、厦门大学、浙江文物考古研究所、南京博物院、扬州大学等单位的五十多位专家、学者参加了两个专家论坛，这两个论坛分别以"中国文化深度认知的理论和方法论"和"神话学成果的创意和传播"为主题。

专家们以自己的研究专业为话题，围绕着文学人类学的新理论与新方法，对跨学科研究的学科意义、学术视野、理论体系、方法论、创意理念、传播策略等方面，都有着深入的思考，并展开了热烈的讨论。

本人在参加论坛讨论的时候，深深体会到了不同专业、不同视野、不同方法的和而不同，感受到了文学人类学的新理论给不同专业人士带来的焦虑、矛盾与困惑，也深刻认识到本土理论的建构并不是一蹴而就的。文学人类学现阶段在人文学科中的理论建构，还处于新生阶段，很多学者对文学人类学的理论方法虽充满好奇，也愿意参与讨论，但还是很难一下子放弃自己原有的理论框架，还是处于面对新生事物时的观望状态，甚至充满怀疑的态度。专家们的理论焦虑主要表现在以下四个方面：一是"文"与"物"的矛盾。文学人类学重视发现史前出土之物，用物质图像来叙事，这与传统学术界重视文字文本的学术惯习截然不同。二是"想象"与"实证"的矛盾。文学人类学要用有形的出土器物揭开被文字遗忘或遮蔽的文化编码与精神信仰，出土器物是形而下的，精神信仰是充满想象的，彰显科学实证的有效性，避免人为想象的虚构性，这是专家们对文学人类学新理论表现出来的警惕之心。专家们的这种警惕是对文学人类学的鼓励，希望能在未来更加重视平衡实证与想象之间的文化关系。三是如何处理文学人类学过去与现在的矛

在上海交通大学学术活动中心举行启程仪式

盾。文学人类学最初是借鉴人类学的跨学科理论来阐释本土经典，其实是从阐释文字文本开始的，现在提出大传统，就是要摆脱文字文本，走向文化文本，解决学科自身过去与现在之间的发展问题。文学人类学一开始就是跨学科研究，从过去到现在经历了几十年的学科发展，的确实现了学科范式的转型。大传统的范式转型，首先是对小传统范式的扬弃，同时也是对文字文本的大传统文化精神的建构，这样一种既解构又建构的双重文化策略，可能还需要一个很长的时间才能弥合这两者之间的裂缝。四是四重证据法的焦虑。有学者提出，证据越多，并非意味着文化意义就越明朗，有时候文化意义并不在证据上，那么，列举的证据越多，反而会遮蔽证据的有效性，尤其是在三重证据上叠加第四重证据，很可能会忽略意义生成的文化语境与社会语境。文学人类学以四重证据的整体信息，来发掘潜藏的文化编码，重视证据之间的信息连贯与历史链条，并非不重视语境，特别是第三重证据，它是口传活态的证据，本身就活在无文字的民间，是口耳之间活生生的文化存在，尤其是仪式活动的原生态语境得到了极大重视。

梳理专家论坛提出来的焦点问题，可以让有点发热的头脑保持冷静。要清醒地认识到，文学人类学的理论开拓得到传统学术界的关注，他们用一种好奇、参与并犹豫的态度，审视着文学人类学这边风景独好，将眼光注视这边的同时，从中汲取有用的成分，满足自身理论的需要，享受其中的快乐。当然，要得到传统学术界的真正认可，文学人类学还需要继续前行，用更多具有解释力的学术成果，展示自身理论创新的真正能力，实现这个目标还任重道远。

文学人类学从学科诞生之初就是一个自我不能满足的开放学科，其对本土理论的文化建构只有十年历程，用十年时间难以穷尽具有万年历史的中国，也难以讲清楚万年中国玉石神话信仰的千面形象。这次新成果发布会意味着一个新的文化起点，也意味着新的目标开端，我想，这个新开端就从第十五次玉帛之路文化考察开始。

2019 年 4 月 8 日考察日志

2019 年 4 月 8 日，在上海交通大学学术活动中心举行了一个简短的启程仪式后，第十五次玉帛之路环太湖文化考察活动就开始了。大约八点半，我们从上海交通大学闵行校区出发，踏上考察的征程。

上海的四月，春风浩荡，风景迷人。一路上，春光明媚，喜气洋洋。

第一站，我们来到上海西郊的崧泽遗址博物馆。博物馆四周绿树环绕，崧泽遗址碑掩映在繁花之中，显得极为静穆。今天是周一，原本是不开馆的，王仁湘老师早联系好了崧泽遗址博物馆相关人员，上海历史博物馆工作人员戎静侃老师早已站在门口迎接我们。崧泽遗址是上海最为古老的一处原始社会遗址，被评为 20 世纪中国百大考古发现之一。崧泽文化距今 5900 年 ~5300 年，崧泽先民创造了中国南方文明的史前文化，也为后来良渚文化的到来奠定了玉器文化的基础。

离开崧泽遗址博物馆，我们奔赴上海市青浦区的福泉山遗址。考察团受到青浦福泉山遗址博物馆工作人员、青浦重固镇

考察团在福泉山遗址

上海文化底蕴的年代学层次（摄于福泉山遗址）

负责文教工作的崔卫琪与上海博物馆福泉山考古队队长周云等
人的热情接待。福泉山遗址考古最重要的成果是良渚文化遗存，
共发现墓葬 32 座，祭祀遗迹 4 处。墓葬多为高等级的贵族墓，
随葬了大量精美的玉器、陶器和石器等。工作人员带领我们环
山而行，随处参观墓葬遗迹，尤其考察了人殉的墓葬现象。据
推测，殉葬很可能不是强制的残暴行为，这对我们现代人来说，
是一种文化观念上的巨大冲击。在祭祀遗址中，还发现有火烧
的祭坛、积灰坑等，这些都充分反映了当时的社会文化与信仰。
在福泉山遗址，我们还瞻仰了陆机的雕塑。陆机是魏晋时期上
海的大名士，才高八斗，文章写得极为绚丽华美，其《文赋》
行云流水，极富韵味，是文化史与文论史上的传世名篇。

接着，我们顺路去了太仓博物馆。在太仓博物馆，苏州市
考古研究所太仓分队负责人张志清带着我们参观了刚刚出土的
大元瓷器库房及其残片整理现场。随后又参观了太仓樊村泾元
代遗址。遗址位于元代太仓城内东门附近，城内东西主航线致
和塘的南岸。在近 700 多年前，数以吨计的龙泉青瓷曾经聚集
此地，等待着跨越重洋，这里成为元代海外贸易的世界性港口。
如今 4 万余件的元代瓷器出土于此，足以展现天下第一港口的
空前盛况，也足以昭示昔日海上之路的辉煌。

吃完中饭，我们也没有歇息，马不停蹄地直奔下一个考察

地点——绰墩遗址。几经周折，我们终于找到了那个遗址点，可惜现在只剩下一个遗址碑石，其他什么也没有。这多少给考察团员留下了一些遗憾。由此可见，以前的人对文化遗产与出土遗址不太重视，也没有敬畏之心。

紧接着，我们就直奔草鞋山遗址。草鞋山遗址东起东港河以西，西至司马泾河以东，北起阳澄湖大道南侧，南至面店河北岸。它是江南地区迄今为止发现的文化发展序列保存最为完整的遗址，被考古界誉为"江南史前文化标尺"。它共有十个文化层，包含了马家浜文化、崧泽文化、良渚文化以及马桥文化等。可惜现在遗址发掘处只剩下全国和江苏省里的两块遗址碑石，草鞋山已经被铲平了，遗址上面长满了绿葱葱的树木。想当年，此地繁华非常，人畜兴旺，史前文化延绵数千年之久；现如今，只留下绿树掩映中的孤碑，显得有点凄清荒凉。

昆山赵陵山遗址是今天计划安排的最后一站。因为接近遗址处正好在修桥，考察车子不能直接通行靠近。我们只好沿着正在建造的高低不平的泥土小路行走，穿过一片小森林，走了很久，才找到一个开满油菜花的小山坡。在小山坡周围是一圈

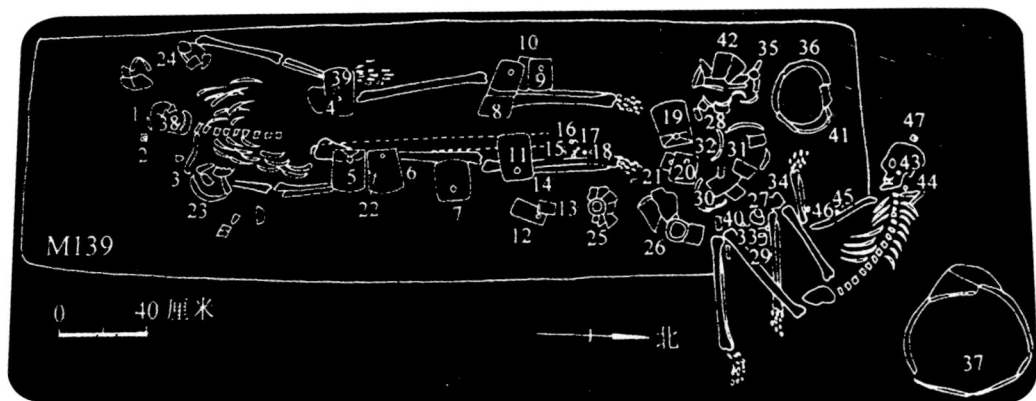

1、 玉锥形器	14、40、43、46 玉管	24、25、29、33 陶壶	38 玛瑙汉玲
2、3、31、45 穿缀玉件	15-18 小石卵	32、34 陶罐	39 小玉饰
4-12、19-21 石钺	22 玉镯	35 陶匜	41 陶尊
13、28 残骨器	23、26 陶鼎	37 大口缸	44 玉环

上海地区 5000 年前社会领袖级墓葬结构示意图（摄于福泉山遗址）

不高的围墙，围墙上面已经满是岁月留下的斑迹，可见，已经很久没有人重视这个遗址了。沿着围墙又走了一段路，才找到进入遗址的入口。赵陵山遗址石碑就掩隐在茂盛的油菜花丛之中，油菜花新鲜滋润，而赵陵山石碑却显得极为苍老厚重。我们围着遗址碑石拍完照，就沿着土坡上的菜园小路来到山顶考察。土坡上开满了黄澄澄的油菜花，显示出此处春意正浓。没过多久，当年参与遗址发掘的村委会老主任马群民也来了。现年72岁的他，走路很稳健，兴致也很高，好像一个久被冷落遗忘的人现如今突然有人来探望，遇到了知音，他有点兴奋，话儿滔滔不绝。他给我们讲述了很多往旧故事，诸如如何发现遗址，以及发掘遗址时的精彩故事。他与夫人偶然间也挖到了一块玉冠形器，当时他很高兴，也很谨慎，他想到这是国家文物，最终还是下定决心，将这块宝贝捐献给国家。说到此处，老马脸上还微微泛点光晕，一股自豪与荣耀之光将现场点燃了。我也为老人对历史文化的守望真情所感动。叶老师常常说，读书人天天在书斋读书，不如走出书斋，去田野调研，才能发现事实真相。自己以前只在考古报告中看过赵陵山遗址出土的良渚玉器，没有想到每块玉器背后还有这么多不为人知的故事。口述是第三重证据，是激活第四重证据的重要线索。

晚上住宿时，南京博物院的陆建芳研究员看到考察队与老朋友马群民在赵陵山遗址的合影，引发了当年他发掘赵陵山遗址的青春记忆。我也将其这段记忆录在此处：

第一次到赵陵山遗址是1990年9月18日，秋高但不气爽，天还相当热。昆山文管会陈兆弘、程振旅陪我们到张浦镇，然后雇了一条水泥船装上行李和队员，蜿蜒曲折地到了七里路外的赵陵山。那时赵陵山和镇里还不通车，除了水路，只有一条可以走自行车的小路。当时我和张照根、王荣是队里最年轻的队员，领队是南京博物院考古部副主任钱锋。

赵陵山的得名源于一个传说，说是宋代有个王妃死后葬于此地，后来的考古发掘发现坡上有一口保存完好的宋代古井，

福泉山遗址出土玉琮

（摄于上海博物馆）

良渚玉璧

（良渚遗址管委会供图）

由小青砖砌成，深达 11 米。当时（宋代）用一块大石把它盖好，直到我们把它发掘出来。不知何故，难道有人在此投井？

赵陵山一共发掘三次：1990 年秋天的收获是发现了一座春秋时期墓葬，发现遗址是一座完整的良渚时期高土台，在西北部发现没有墓坑的 17 位殉葬人骨骸；1991 年发现土台上埋藏了大批良渚早期墓葬，最重要的是 M77；1995 年春天的第三次发掘解剖了高土台的南坡，发现了清晰的夯筑痕迹。综合各种现象分析，赵陵山地区是中华文明重要发祥地之一。

昨天，上海交通大学玉帛之路考察团登上油菜花盛开的赵陵山，当年好友村主任马群民亲自介绍，睹照片思当年，有感而发。当年的小学操场下雨后会出现许多长方形的潮湿土面，发掘后发现是明代平民墓葬。考古队离开后小学搬迁，此地成为庙宇。

晚上，汪永基先生的老朋友请客，地点在江苏省苏州市姑苏区白塔东路 278 号的锡兴源食府。参加的人员很多，主要有苏州市考古所所长张照根、苏州大学博物馆副馆长朱兰、东吴博物馆馆长陈凤九等人。张所长温文尔雅，他和朱副馆长在宴

崧泽文化陶器群（摄于张家港博物馆）

会前抱来几大包书籍，包括《昆山绰墩遗址》与《太仓樊村泾元代遗址出土瓷器精粹》，考察队员每人一套。在晚餐时，他还谈起玉器的鉴定诀窍，几十年的考古发掘经验和独特的考古人眼光，令人大开眼界，这些都是在书本上看不到的活态知识。

今天跑了一天，尽管很疲惫，但感觉收获还是很多。有些东西，以前只是在书本中看过，从崧泽遗址到赵陵山遗址，尽管还没有看到很多珍贵的出土宝物，以及各类稀奇古怪的文化遗物，但是亲身走过那片古老的土地，躬身感受那份富有历史韵味的气息，心中总是充满敬畏。那些埋在地下的史前史后人类遗迹、遗物，还有多少是我们不知道的，还有多少是我们难以想象的。我也深深感到，遗址发掘其实是一种破坏。很多遗址发掘完以后，就完全被遗弃了，留下来的只是一片废墟。尤其像赵陵山遗址这么重要的遗址，竟然这么荒凉，后人看到的只是一片荒草与庄稼。哎，古老文明的深邃故事，被人遗忘了；古老文明的精神，也被人遗忘了。这是一件多么令人痛心的事情！

通过第一天的考察活动，我深刻地明白，随着时代的变迁，远古无文字时代的大传统文化精神，已经被文字书写小传统深深掩盖了，甚至被遗弃了。只有重新发掘出文化大传统的核心精神，才可以让那些被小传统完全遗弃了、遮蔽了的深层内涵，重新焕发出文化活力，散发出它们曾经有过的光芒与芳香。这也使我深深地感到，作为一个华夏子孙有责任和义务，将那一段被人遗忘的故事讲清楚、讲明白。当然，这不是一件容易的事情。

2019 年 4 月 9 日考察日志

早上爬起来，写了一篇短小的《玉琮一问》，竟然差点忘记了吃饭的时间。迅速关机，直奔餐厅，但是住宿的小区地形复杂，竟一时找不到早餐处，绕过几道弯，几经周折才终于按时解决了早餐，没有耽误今日启程。

今天考察的第一站是苏州博物馆。几年前，我曾经与家人

良渚龙首纹玉镯
（良渚遗址管委会供图）

良渚社会领袖玉项饰：
三璜十四璧加二方璧和五个玉锥形器
（摄于南京博物院）

参观过苏州博物馆，还有过苏州一日游的美好经历。在车上，我还回味起昔日参观苏州博物馆的场景，现在打量着博物馆外面排着的长长游人队伍，就想起当年自己排了两个多小时队才得以进入博物馆，享受这顿来之不易的精神美餐。

这一次可是今非昔比了。苏州市考古研究所所长张照根与苏州大学博物馆副馆长朱兰已经在博物馆大门口等候多时了，在他们的热心帮助下，考察团队员很顺利地进入博物馆参观。馆内曲径通幽，极富江南园林"芥子纳须弥"的文化韵味，可惜展品依旧是昔日的布置景象，我们主要考察了一下苏州地区出土的良渚玉器，就匆匆结束。

在张所长与朱副馆长带领下，考察团来到陈凤九的东吴博物馆。东吴博物馆是一家私人捐献、公办管理的博物馆。苏州市吴中区张军副书记与陈凤九馆长在门口等待，热情地带领我们参观了青铜器馆、陶瓷器馆、铜镜馆，以及馆内遍布的各种雕塑。陈馆长为人热情，考古收藏颇有经验，信心十足，不停地讲述他当年收集馆内各种宝贝的传奇故事，尤其讲到那些重要的宝贝时，还常常流露出一种意外的满足。看来，陈馆长还是与一般的商人不同，他对自己的馆藏品充满发自心底的喜爱，也从中获得了文人自得的满足。参观完毕后，我们还到陈馆长办公室参观良渚玉器珍品，并作了简要的会谈。临走时，陈馆长还叮嘱工作人员，一定要给每位考察团成员邮寄一份馆藏的铜镜图集。

这两天温度骤然上升，高达 30 度，前些日子还有几分春寒的苏州城，突然变得炎热起来。但江南的天气就如小孩子的脾气，说变就变。我们刚出东吴博物馆的大门，天就下起雨来。

文化考察的第三站是苏州木渎古城遗址。遗址考古队队长及队员早已经准备好了，我们一到，他们就开始讲解。据考古队队长介绍，木渎古城遗址已经发掘了十余年，遗址环绕着整个木渎镇，已经发现了四处重要的古城遗址，现在可以初步判断，古城遗址可能是春秋时期的古城，至于是否与伍子胥有关，还

苏州博物馆展出的良渚大玉琮

有待进一步考证。此后，我们移步二楼，考古队队员已经将一些考古出土的良渚玉器摆放在工作台上。作为一位以考古材料来研究华夏文明起源与文化编码的学者，我以前只是隔着玻璃柜欣赏、研究早期文化遗址的出土玉器，今天得以近距离观赏、研究古老的良渚玉器，心中还真泛起阵阵涟漪，有几分激动之情。那块大大的玉璧，尽管玉料不是很好，但是块头很大，而且表层的沁纹斑然可见，承载了5000年历史变迁的沧桑痕迹，尤其表层还有红色的沁纹，令人产生了诸多敬畏之情。面对极为古老的历史遗物，我似乎能感受到，那些当初手捧它的良渚祖先是何等的神秘，当他们手捧着这些充满神秘意味的玉器时，是怀揣着何等的敬畏心情。除了观摩玉璧，我们还着手研究了其他玉器，诸如玉管、玉珠、玉璜、玉镯等等，收获颇丰。

结束了木渎古城遗址的考察，车子继续在泥泞中颠簸前行，我们冒着细雨来到张家港市的黄泗浦遗址，南京博物院考古所副所长周润垦陪同我们参观。黄泗浦遗址被评为2018年十大考古遗址，据史籍记载，大唐鉴真和尚曾经在此东渡日本。整个遗址还在发掘中，由于天下细雨，遗址地面上还铺上了麻布，踩在渗透着泥水的麻布路上，还能够感觉到泥水交加的细腻与

在苏州木渎古城遗址观摩良渚玉器

崧泽文化东山村遗址发掘现场

滑动。在这种细细滑动的步履中，我深深体会到考古人的艰辛与毅力。立足于古遗址的边缘，举目望去是一片沉甸甸的历史遗迹。在这片荒无人烟的地方，又有何人会想到，在历史的岁月中，这里曾是车辙马迹汇集之处，是唐宋时期重要的文化活动场所？

　　接着周润垦副所长带领我们参观了张家港博物馆。张家港博物馆珍藏着马家浜文化、崧泽文化、良渚文化的重要玉器，张家港市金港镇南沙街道东山村遗址是长江下游地区发现的最早的新石器时代文化遗址之一，尤其代表了崧泽文化发展的最高峰，博物馆内还悬挂了著名考古学者严文明先生的题字——"崧泽王"，这意味着在这里所展示的器物均属于崧泽文化的顶峰时期。崧泽文化出土的玉器类型很丰富，有玉斧、玉钺、玉璜、玉玦、玉管、玉环等等。它们用无声的语言讲述着具有6000年之久的文明故事。这里崧泽玉器的大量出土，使得我们对长三角文化充满困惑。6000年左右的崧泽文化，玉器类型已经很丰富，而且玉器组合也很成熟。这次张家港博物馆之行，我一边打量着这些古老的玉器，一边心中不断泛起各种古怪的想法，华夏文明的历史是从北方的兴隆洼文化写起，但是为何在崧泽文化中出土的玉器如此壮观，玉器的组合如此完美？尤其那些玉斧、玉钺体形都很大，而且出现了五个玉璜礼器组合出现在一个墓主人胸前的情况。

周所长继续带领着我们参观著名的东山村遗址。遗址位于金港镇的东山村，1989年被发现，出土了大量马家浜文化与崧泽文化的玉器文物。那座被严文明称为"崧泽王"的大墓就位于东山村遗址的西部。在这位崧泽王的墓葬中，发掘出体型硕大的玉钺、玉斧。东山村遗址夹杂在几处高楼之间，这位崧泽王如今每天都处于喧嚣的车马声中，真不知道此时他是带着几分惊喜，还是带着几分感叹，甚至是几分厌恶。

参观完东山村遗址，已经是下午4:10。我们告别周所长，带着各种收获与兴奋，向常州出发。路上虽然有点波折，雨点还是淅淅沥沥地击打着车窗，考察团成员在车上讨论了一会儿学术问题，都显得有些疲惫，就打起盹来。

到达常州，下车时寒风袭来，我不禁打了几个寒战。南方的天啊，犹如现代人一样，脾气也变得极为古怪。你再看看叶舒宪教授，还只是穿着一件花格子衬衣，在寒风中精神依旧那么饱满。

常州博物馆的黄建康馆长、南京博物院的张雪菲、常州博

崧泽文化石钺群〔摄于张家港博物馆〕

崧泽文化的文物盛宴（摄于张家港博物馆）

物馆的常辉热情接待了我们。因为太晚了，我们就没有参观常州博物馆的展厅，直接来到库房。工作人员已经将寺墩遗址出土的玉器摆在桌上，有玉琮、玉璧、玉璜、玉镯、玉锥形器等，这又是一顿文化盛宴。

　　考察团队员都十分兴奋，疲惫的神情顿时消失。寺墩遗址出土的良渚玉器块头很大，都是良渚文化晚期的典型玉器。我细心地观察玉器，看着这些器具时，我显得有些茫然失措，不知道该从何处来发问，也不知道该从何处来展开思索，此时，心中只有一股灵气悠然而起，没有更多的逻辑思索与理性推理，而是泛起了一种神秘幽眇的好奇之心。我们不能直接用手去触碰出土玉器，必须戴上手套，以免人的灵气将玉器盘活。那件黑色的玉琮共有五节高，上下大小不一，有些差异，我心中始终在不停地追问："这黑黝黝的家伙啊，你的身上到底藏有什么不可思议的文化秘密？"它似乎在回答："我的秘密就在我身上，只有理解我的人，才能知道我要说的秘密。"谁才是这位史前文化使者的文化知音呢？是叶老师，还是王老师，我够格吗？我不知道，也许玉琮也在用它神秘的眼光，在困惑不解地看着我。只有它最清楚、最明白，而在它面前，我们不知道的东西实在是太多了。在它眼里，也许我就是一位小学生。

黄建康馆长很有文人风度，文质彬彬，话语不多，但学者风范很足。常辉主任虽然精神饱满，但鬓角已经添有一些白发，给还很年轻的面孔带来了几分考古人的苦涩与深邃。临走时，他们还给每位考察成员赠送了一本厚厚的《常州新岗：新石器时代文化遗址发掘报告》，这是他们近期出版的发掘成果，凝聚了考古人的文化追求与执着信念，也是我们了解古代文明起源与神话故事不可或缺的新材料。

晚饭过后，我们匆匆离开常州，南京博物院的张雪菲随车一同回到南京市。晚上，我们住在南京博物院旁边的南京维景国际大酒店。

临睡前，冯玉雷为4月9日的文化考察写了一篇日记，发在中国甘肃网上，我将其转发在微信朋友圈，香港中文大学邓聪教授看到了，在朋友圈中发表了长篇议论。我也将其顺录在此，

寺墩遗址出土"琮林世界"
（摄于南京博物院）

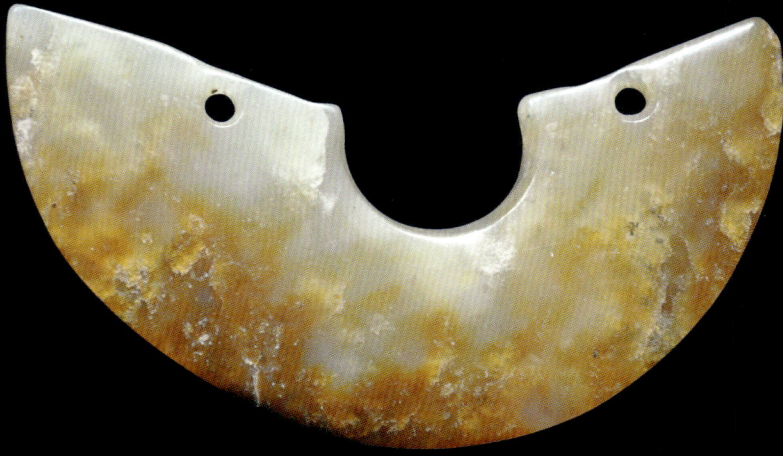

上海青浦出土崧泽文化白玉璜
（摄于上海博物馆）

浙江桐乡梧桐俞桥出土良渚玉璧
（摄于桐乡博物馆）

其云：

　　因教学缠身，未能一同，执玉问学同行，切磋分享，十分遗憾。惟转念此行大家对玉学定必更痴迷与执着，又收获良多，可喜可贺！真庆幸玉学同道上，添加交大一队的新力军。劝学谓：玉在山而草木润！叶老师说玉文化已征服中国，今后宜努力以玉团结世界。金声玉振！玉以文德服人，以力取人为下策！六瑞中，圭璋为贵，不见戈铖。君子无故，玉不去身，并非虚语！

　　邓聪教授是研究东亚史前玉器的大家，他对玉石文化有着一辈子的特殊情感。考察团出发时，他还亲自为我们送行，表达了对玉石文化的情有独钟，但人在现实世界中，有些事情总是不如意，他未能参加此次考察活动，在字里行间也流露出一些无可奈何的失意情绪，我对此也极为理解。

2019 年 4 月 10 日考察日志

　　南方的天气最爱耍小孩脾气，尤其是春天，今天的气温骤然下降，幸好我把毛衣带上了，现在可以派上用场了。

　　早上去结账，才发现有一位考察团队员身体出了一些状况。

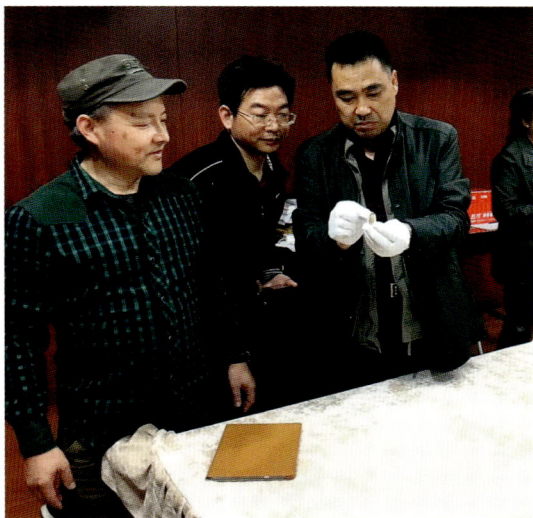

在常州博物馆观摩玉器

新华社汪永基因为前两日劳累奔波，又加上天气忽冷忽热，有些发烧，因此，他主动提出先在酒店睡一会儿，然后打算提前回北京。这个消息给考察团带来了一丝低沉的气息。有人建议，汪老师应该多喝水，还有人说，如果汪老师病情较为严重，最好还是先送医院治疗。叶老师认为，汪老师先暂时休息一个上午，待会看看病情是否有好转。我们其他人还是先参观南京市博物馆与南京博物院，到了吃中饭的时候，再回来打探一下他的病情。

说起南京市博物馆，我是 2017 年就打算去参观的，可是那一次真不巧，博物馆正好不开馆，至今还抱有几分遗憾。

南京市博物馆设在朝天宫。朝天宫的名字就蕴含着华夏文化的神话密码，"朝天"就是以天上的自然秩序作为人间的文化标本，展示了古人崇尚自然的神话观念。

朝天宫的第一门是棂星门，这是在孔子文庙中轴线上常用的牌楼式建筑，门边有两尊麒麟雕塑，在两边门栏上还镶嵌了两块玉璧形饰，其中的文化含义极为深奥。"棂星"是指天上的文曲星，这意味着孔子是天上的文曲星下凡，来到人间广育英才，传播天人合一的文化密码与自然秩序。

在棂星门对面，是一个形状犹如半璧的瑶池，周边围着汉白玉栏杆。半璧形的池子，清水可掬，碧绿澄澈，如一弯月亮与棂星门相对。在玉器的形制中，半璧为璜。朝天宫门口是璧、璜相对，蕴含日月玄机的深层隐喻，将棂星门的文化意蕴展示无遗。

穿过棂星门，在中轴线上摆放着孔子行教的高大雕塑。孔圣人不是以人间的规则来讲述人在社会中的为人为事原则，而是以天上神话的文化秩序来教育后人，只有摆脱了人在世间的各种流俗状态，人才能始终保持自己的天性本分与仁义真情。

中国文化的全部密码都藏在一个"聖"字之中，若不理解大传统时期的玉石信仰与口传文化，就难以参悟出延绵几千年的圣人文化编码。在朝天宫的大成殿中悬挂着三块巨匾，中间一块为"圣集大成"，左边为"圣神天纵"，右边为"斯文在兹"，这几块匾额文字属于小传统文化，但这些小传统文化的文字书写也将口传时期的圣人文化蕴涵其中，也是包含了以圣人文化为核心价值的神圣编码。

江苏历史博物馆主要陈列了北阴阳营、浦口盘山遗址出土的精美玉器。此时，唐启翠上完课就搭高铁赶到南京，与考察团会合，这种对玉器文化的热情实在可嘉。

结束朝天宫的文化考察，我们就匆匆赶往南京博物院。

张雪菲为我们入馆做了特殊的通道安排。我们直接从江苏省考古研究所办公楼进去，穿过特殊的内部通道，径直来到博物院大楼的展厅。

几年前，我曾经来过博物院，对这里的展品稍有了解。此次，我将考察重点放在了史前玉器上。南京博物院的史前玉器展品很丰富，真是令人大饱眼福。特别是摆在展厅前面的几个崧泽文化、良渚文化的大墓文物，出土玉器琳琅满目，排列位置都是模拟出土时的情景，可以看到一些原始的出土模型。尤其是寺墩遗址3号墓出土的玉璧与玉琮有100余件，极为壮观、璧、琮组合，天地辉映，似乎在透露着一些不为人知的史前神话与

部分考察队员与南京博物院考古研究所张雪菲在棂星门前

朝天宫大成殿左边匾额题写"圣神天纵"

文化信息。

　　一个小时匆匆而过，叶老师就来告知说要吃中饭了，我们只好在依依不舍中，结束对史前玉器的观摩。

　　博物院餐厅在展厅大楼地下第一层。张雪菲分发了中餐券，我们好好品尝了一番博物院内部食堂的清淡味道。汪永基休息了一个上午，身体也有所好转，便也赶来吃中饭，并决定继续参加文化考察。他的毅力和文化精神令人鼓舞。

　　中饭过后，张雪菲带领我们参观江南考古工作站。江南考古工作站原名为江南土墩墓博物馆，之后又改名为先吴文化博物馆。我们先参观了博物馆大厅里数年来考古工作的图片信息展，之后来到工作站二楼。工作站副站长朱小汀已经摆好了土墩遗址出土的一些玉器，等待着我们的到来。我们又可以近距离观摩土墩遗址最新出土的良渚玉器，真是振奋人心。在所有摆出来的玉器中，只有一件带有兽面纹的玉琮，可见，土墩遗址在整个良渚文化圈中的社会地位可能不是很高，除此之外还有一些玉璜、玉环、玉管、小玉璧，这个古文化遗址没有出土大的玉璧。朱小汀详细介绍了这件兽面纹玉琮的出土情况，它在出土时是佩戴在墓主人的手臂上的。还有那件小玉环，出土时正压在墓主人的背部，可见这件玉环是用来箍头发的。后来，张雪菲告知，江南考古工作站的站长因为有事不在，所以不能现场介绍土墩遗址的发掘情况，颇有一些遗憾。

寺墩遗址良渚玉琮
（南京博物院藏）

东汉鸦形尊
（湖州博物馆藏）

与张雪菲告别后，我们就向湖州出发。今天是文化考察安排中稍微轻松的一天。大约五点半，我们来到了湖州酒店，晚饭就随意解决了。在饭桌的正上方，悬挂着依据玉琮形制制作的灯具，极富远古的文化意味，也为简单的晚餐增添了些许文化气息。可见，神话研究与文化创意实际上是连在一块的，利用古老神话的各种意象，可以将今天与过去在时间与空间方面连接起来，让现代生活回归到历史的神话意蕴中，也可以打破现代人单纯的理性思维模式。

2019 年 4 月 11 日考察日志

大家已经习惯了 6 点起床写作、7 点吃饭、8 点 15 分准时出发的作息安排，可是今天的第一站是湖州博物馆，大家上了车才记起来，全国的博物馆都是 9 点开馆啊。既然动身了，大家商量着还是到博物馆周边去走走吧。

8 点 30 分我们就到了博物馆，可是大家一下车就看到博物馆门口张贴着《关于"吴兴赋：湖州历史与人文陈列"暂停开放的公告》，我们询问门卫闭馆的原因，门卫回答说："你们来得不巧，历史陈列馆要重新装修，所以今天闭馆。"考察团的气氛顿时凝固起来，队员们心里都凉凉的，都认定这次可能是白跑了。

考察团在江南考古工作站

考察团在湖州博物馆

　　叶老师看到这种情况，急中生智，对我说："建升，我们不是带了公函吗，还是先拿着公函找找领导。"说完，他就匆匆赶到车内，找来公函，交给了我。我如负重担，拿着公函，十万火急，四处寻找入馆之门。在博物馆正大门的后面，我终于找到了博物馆行政办公的小门。我先咨询了一下门卫，他告知，这种事情要找 318 室的办公室主任陈海蓉。我一口气爬了几层楼梯，气喘吁吁地来到 318 室，正好有一位值班的小姑娘在，我将情况给她解说了一遍。她告诉我，陈主任正好出去了，要我耐心等待一下。没过多久，陈主任回来了。我主动介绍了上海交通大学此次文化考察活动的基本情况与学术重要性，并强调此次考察团的组成结构，还有 4 家国内重要媒体参加。陈主任一听，二话没说，劝我稍等，她立即去请示馆领导。没过多久她就回来了，接着给陈列部的胡红霞打电话，同意让我们参观历史文化展厅。在湖州博物馆可真是虚惊一场。为了节省时间，趁工作人员去拿钥匙开门，考察团就在大厅拍了集体照，看来经过一番周折得来的东西，就是感觉特别珍贵。

　　湖州博物馆内的藏品较为丰富，涵盖了马家浜文化、崧泽文化、良渚文化、钱山漾文化与马桥文化等史前文化序列。尽管所藏各个文化时期的器物数量不多，但史前文化年代序列较为完整，前后连贯，出土文物的种类也较丰富。

马家浜文化出土的象牙簪形器，出土于女性墓主人的头部，形状似簪，尺寸硕大，这明显不是普通人的发簪，而是一件具有神圣力量与特殊编码的文化器具。从形体来看，这种象牙形簪子可能是良渚文化中各种玉锥形器的文化源头，当然，这还需要详细考究。崧泽文化有石钺、石刀等；良渚文化有玉璧、玉冠、玉镯与玉簪等；湖州的钱山漾文化还出土了一些真蚕丝，这可能是中国丝绸文化的史前源头之一，而且这里各种史后丝绸织物也很多，是研究中国丝绸之路的重要场所。湖州的历史名人众多，有沈约、皎然、赵孟頫、吴昌硕等等，古代湖州可谓人杰地灵，俊采星驰。

考察完湖州博物馆，我们正准备动身去德清，湖州市非遗中心的沈月华老师匆匆赶来送给我们两本书，其中一本为《防风氏历史资料汇编》。她是叶老师的学术粉丝，还热情邀请叶老师合影。我们趁机询问她关于防风祠的考察路线，她主动联系了相关部门，安排了防风祠的文化考察。看来文化考察的人脉机缘很重要，防风祠原本不是此次活动的规定地点，现经沈

反山 M23-23 良渚玉璧（良渚遗址管委会供图）

月华的一张罗，就成了今天考察的重头戏。

文化考察的下一站是德清博物馆。德清县是太湖南边极为精致干净的小县城，尽管高楼不多，但是街道极为安宁祥和，路边春光秀丽，显得恬静秀美，宛如江南的小女子，给人留下婀娜多姿、柔婉甜美的美好回忆。

下车后，看到德清博物馆几个硕大的题字，大家就摆好姿势照相，为了不遮挡这几个大字，老师们站在题字的后面，举着考察的横幅。

德清博物馆史前藏品主要是良渚玉器，包括硕大的良渚玉璧，以及形体大小不一的玉镯，还有两个玉琮与一些其他器型，诸如玉璜、玉管等。博物馆内还有防风氏碑与防风祠的详细介绍，这些信息更加激起大家一定要去防风祠的意愿。

出了博物馆，已经是11点40分了。我问大家，是先吃中饭，还是看了防风祠之后再吃呢？年龄较大的王仁湘老师提出，还是先看了防风祠之后再吃饭吧。看来，大家参观出土的玉器文物以及当地的文化风俗，都是发自内心深处的喜爱与执着，都

良渚博物院北立面（良渚遗址管委会供图）

充满了一股子热情。好吧，我们就先考察防风祠，然后再填肚子。

大禹会盟天下各方诸侯，东方的防风氏迟到了，被大禹杀了。作为一方诸侯的防风氏，因为个人参会不准时，为事不谨慎，招来杀身之祸。这是一个古老的神话传说，但是过了几千年之后，德清县周边的居民依旧代代相传防风氏的故事，并将其作为自己的祖先来祭祀。可见，作为第三重证据的口传证据活在居民的口耳之间，具有强大的文化生命力，因为口头传统不是一种外在于书写文化的僵死传统，而是活在一代又一代的居民心中，它们以祖先灵魂的方式存在着，成为一个古老的心灵印迹与集体记忆。

我们在高德地图上按照防风祠导航，走过一些乡村小道，穿过崇山峻岭，导航竟然将我们带到一个毫无人烟的山旮旯里。

杨骊立即联系沈密（沈密是沈月华推荐的当地非遗方面的负责人）。沈密回复说要开到二都村，并将定位发了过来，这样，我们才顺利来到防风祠。

车子开进二都村，附近的游人逐渐多起来了，也热闹起来。防风祠的建筑布局十分别致，显得有些神秘。在下车处，有一幢方形的建筑，上面纹饰用的都是良渚神徽的简化图像。防风祠的景点处还立有一个仿古的门牌，门牌的横梁上雕刻着二鸟拱珠的古老神话意象。穿过门廊，我们看到书写古朴的"汪芒之地"四个字，这与大禹、防风氏治水的神话传说有关。茫茫洪水，淹没大地，防风氏带领良渚地区的先民，展开了艰苦的治水活动，因此，防风氏成为"汪氏之源"。

新华社的汪永基特别高兴，此次来到防风祠就是来到了祖先起源之处，可以亲自祭拜一下自己的远古祖先。2011年，防风传说入选第三批国家级非物质文化遗产。防风氏远古的神话传说，可以说在当代完全被激活了。防风祠的建筑不高，在祠堂的中间写着几个鎏金篆体字"防风氏祠"。防风祠的前面有一个小池，池中摆放了六只乌龟雕塑，其寓意可能是将防风氏比喻为神龟，与天久长，永恒存在，永不消亡。在祠堂的右边还建有一个小亭子，在小亭内立有一块"新建凤山灵德王庙记"石碑。据说，此碑是由吴越王钱镠所立，年代为吴越宝正六年（931），已经有上千年的历史了。在唐亡之后，钱镠建立了吴越国，拥有两浙十三州，保境安民。根据碑文记载，吴越王钱镠起兵的时候，曾在防风祠祈祷，并承诺事成之后要重建防风祠庙宇。时隔数年之后，他真的成事了。有一次重病，他梦到了防风氏，防风氏问他是否忘记了什么事情。钱镠醒来，才知道梦中所指乃是当年要重建防风氏庙宇的誓言。钱镠认为，防风氏祷告极为灵验，不仅保佑自己获得了地方政权，而且托梦自己，不要忘记誓言。由此，他重建防风祠，封防风氏为凤山灵德王，并为他建碑立传，永为纪念。

防风祠的正殿书有"凤山灵德王"的匾额，左右对联为"地裂防风国，天开下渚湖"。大殿上还立有防风氏的雕塑，环壁绘着防风氏的各种神话图像。传世文献对防风氏的记录极少，而民间口头传统却将防风氏与防风古国故事讲述得相当丰满，在汪氏后代子孙的灵魂深处，依旧保留了鲜活丰厚的文化记忆。要讲好防风氏的远古故事，就要善于将防风氏的口头传统与书写传统结合起来，在这方面，文学人类学所提倡的多重证据法

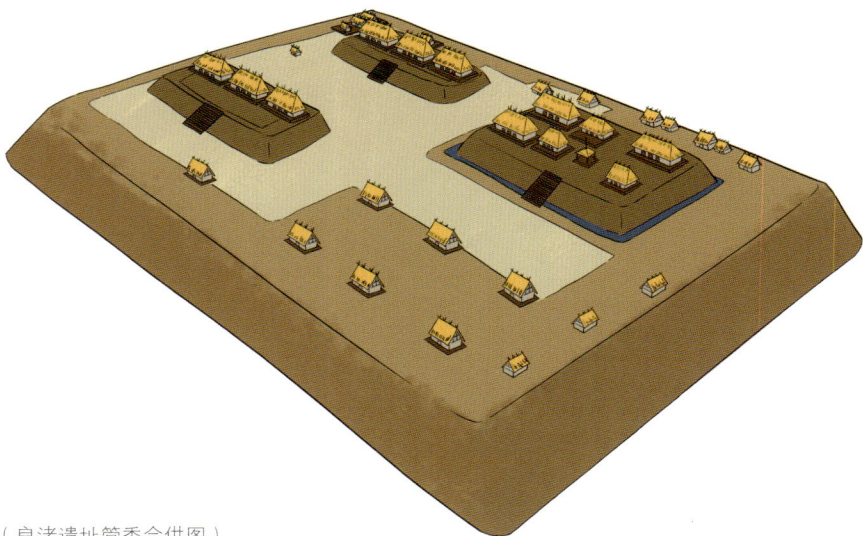

莫角山台地复原图（良渚遗址管委会供图）

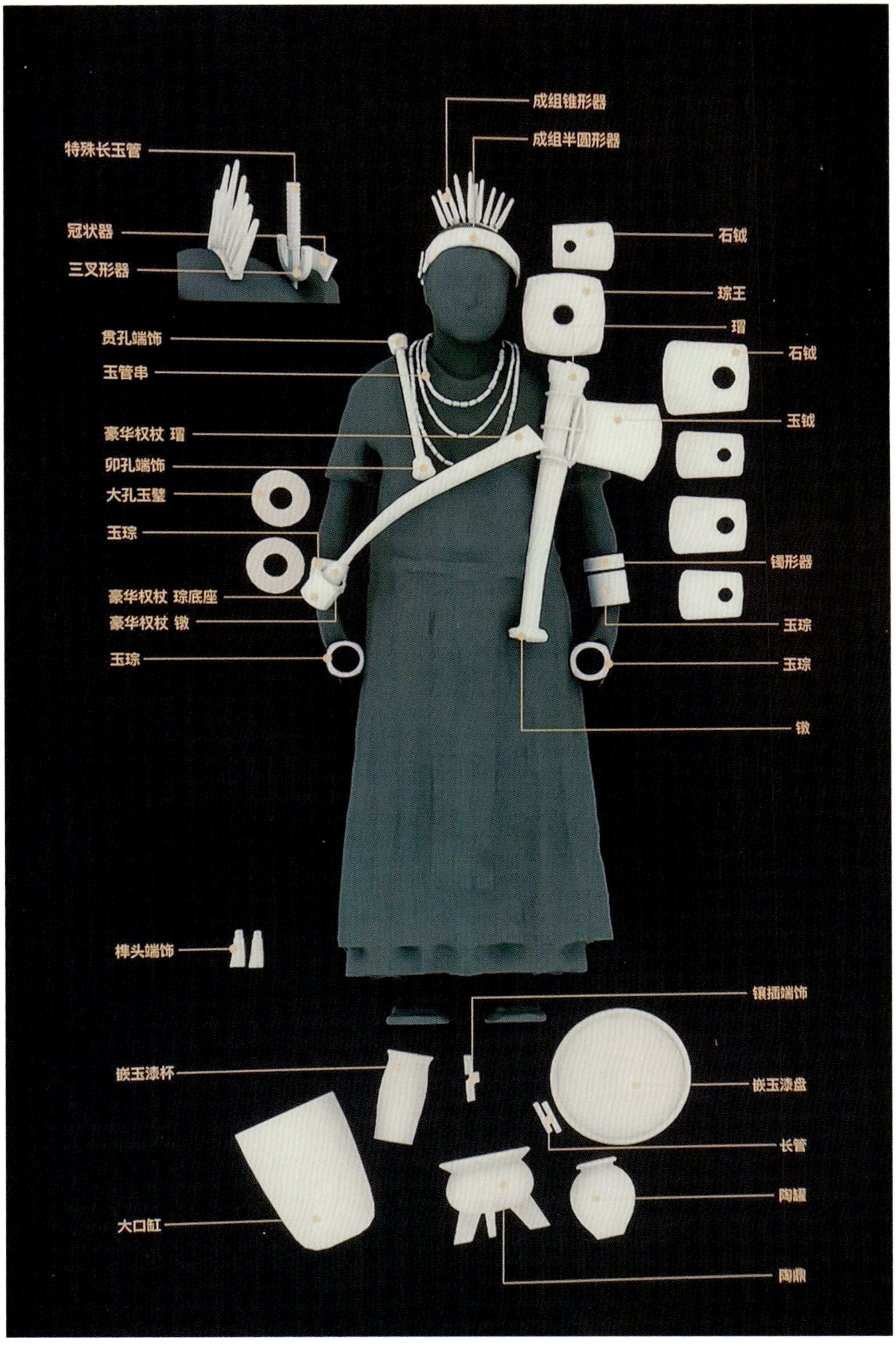

成组锥形器
成组半圆形器
特殊长玉管
冠状器
三叉形器
石钺
琮王
瑁
石钺
贯孔端饰
玉管串
玉钺
豪华权杖 瑁
卵孔端饰
大孔玉璧
玉琮
镯形器
豪华权杖 琮底座
豪华权杖 镦
玉琮
玉琮
玉琮
镦
榫头端饰
镶插端饰
嵌玉漆杯
嵌玉漆盘
长管
陶罐
大口缸
陶鼎

反山 12 号墓复原图（摄于良渚博物院）

就可以发挥长处了。

参观完防风祠，沈密为我们安排了高老庄农家菜。大家猛吃了一顿，填饱肚皮，就又要启程了。

作别防风祠，我们来到良渚博物院。在考察团出发前几天，神话学研究院秘书刘俐已经将考察公函发给了良渚遗址管委会。前两天，良渚遗址管委会的小周主动联系了我，一路上多次接到她的电话与短信，她对考察团的文化考察做了很多准备工作，可见，良渚遗址管委会非常重视我们此次文化考察。下车之后，接待我们的是良渚博物院院长周黎明以及杭州良渚遗址监测管理中心主任郭青岭，还有良渚遗址管委会的小周和讲解员王祺程。简短的客套之后，小王就带着我们参观良渚博物院。

这是我第三次参观良渚博物院。第一次是 2014 年 4 月，随着叶老师、吴玉萍、唐启翠、章米力等人，参观了在良渚博物院举办的"夏代玉器展"。第二次是 2018 年暑期，良渚博物院刚做了全新的布展，我带着家人来观看了一次。这一次考察，我就显得轻松多了，带着温习的姿态，重点考察良渚文化最具特色的玉器类型，尤其是反山、瑶山主要墓葬出土的整套精美玉器。

参观完良渚博物院，按照良渚遗址管委会的安排，我们前往瑶山遗址，考察瑶山祭坛。今天的天气不冷不热，也没有风，

良渚博物院外景（良渚遗址管委会供图）

是外出考察考古遗址的绝佳时机。瑶山遗址位于群山之中，沿着沙子路，我们走过一段竹林，远远就能看到瑶山上红色的祭台远景。在瑶山下，小王介绍了瑶山遗址的发掘故事。再爬过200米坡度为45度的斜坡，过一个木板过道，我们登上了瑶山祭坛。瑶山祭坛东面较为空旷，西面高山耸立，南面空荡，北面的不远处还有一座北山，形成了一个以西部高山为靠背的环山结构。瑶山祭坛不大，可在5000多年前，这里可能是良渚居民最为神圣的地方。一切良渚先民的精神寄托与神话信仰，都在这个祭坛的有形空间中徐徐展现。另外，在祭坛中间还发掘出13个墓葬，其中男性墓葬在祭坛南面，北面为女性墓葬。

从瑶山下来，我们还处于神游之中，良渚遗址管委会副主任李新芳、良渚博物院院长周黎明与杭州良渚遗址监测管理中心主任郭青岭带着我们参观了良渚遗址的监测管理中心。此后，就在监测管理中心举行了一场学术座谈会。座谈会由李新芳主持，我代表考察团简要介绍了考察团的全体队员。王仁湘老师讲了一下考察团的大致情况，叶老师重点讲述了神话学研究院的研究计划、长三角玉文化一体化的史前规模，以及未来与良渚博物院的合作意向。易华与唐启翠先后提出一些与良渚玉器文化相关的问题，浙江考古研究所良渚考古工作站的王宁远老师做了一些回应。座谈会气氛和谐，王宁远老师的学术回应较为中肯，而且能够联系良渚考古出土的实际情况。

良渚遗址管委会与博物院的领导对良渚申报世界非物质文化遗产这一事项都很认真，也很有信心，他们介绍了近期申遗的工作进展，以及迎接建国70周年的故宫良渚玉器展。他们对良渚文化的考古、研究、保护、传承都有自己的一套文化理念，对我们神话学研究院也充满友好与期待，希望能在良渚玉器与古国文化研究等方面开展全方位的、跨学科的合作。这是文化考察团取得的重要成果，有利于进一步推进玉石文化先统一长三角的史前文明探源研究。

瑶山祭坛（良渚遗址管委会供图）

2019 年 4 月 12 日考察日志

今天是文化考察的最后一天。一大早起来，先完成昨晚未写完的日志。一来到酒店大堂餐厅，就感觉到了浓浓的离别气息。唐启翠、杨骊与王仁湘老师等人已经开始吃饭了，她们趁着吃饭的机会，不停地探讨一些关于玉器鉴定与考古类型学方面的学术问题，珍惜这最后的学习时光。

8 点 30 分我们按时从良渚古镇出发，今天文化考察的第一站是桐乡博物馆。我今年两次参观这个博物馆，第一次是 2019 年 1 月 28 日，叶老师临时组织的玉帛之路文化考察，如今是第二次参观此馆。桐乡作为一个县级市，却是马家浜文化遗址的主要所在地，是长三角史前玉文化的重要发源处。桐乡的历史文化陈列馆起名为"凤栖梧桐"，极富诗意，其寓意指向江南史前久远的凤鸟神话意象，凤鸟之所以愿意栖居此地，可能与整个长三角地区史前鸟崇拜积淀深厚有关（详见本书下编有关创世鸟神话图像的专论）。

马家浜文化是长江中下游地区的新石器时代文化类型，因嘉兴的马家浜遗址而得名。遗址主要分布在太湖地区，南达浙江的钱塘江北岸，西北到江苏常州一带，年代为距今 7000 年到 6000 年左右。桐乡境内的罗家角遗址、谭家湾遗址、吴家墙门遗址、新桥遗址及张家埭遗址等丰富的马家浜文化遗址表明，远古时期的桐乡地带就是马家浜文化先民的重要居住地。

马家浜文化与河姆渡文化年代几乎相同，桐乡的罗家角遗址位于桐乡市石门镇颜井桥罗家角村民组，东到小庄桥以西，东北秋田圩西南角一部分，斜田

7000 年前长三角人复原像
马家浜文化的人种外观

兽面纹陶支座放置在锅底起支撑作用（摄于桐乡博物馆）

圩西南大部分，北濒大运河南岸的庄圩南部，西到陈家村的庵河圩东部，南达罗家角村。遗址东西长约 400 米，南北宽约 300 米，总面积 12 万平方米，于 1956 年发现。1979 年，省文物部门对遗址进行了局部发掘，发掘面积 1338 平方米，文化层堆积厚 20~350 厘米，叠压着四个文化层，包涵物十分丰富。经碳十四测定，第四个文化层距今 7040±155 年，属于马家浜文化早期类型。

罗家角遗址出土的兽面纹陶支座是长三角较早的兽面神话图像，其图像结构为一双圆环形的眼睛和宽阔的大嘴，形象有点狰狞可怕。而且兽面纹陶支座是放置在煮饭陶锅的下部，可以支撑和隆起陶锅，便于放柴烧火，这个兽面形象可能是马家浜文化先民心中的火神形象。火神送来神火力量，成为一切生命力量的能量来源。

考察团团长王仁湘先生与团员冯玉雷都很喜爱这个兽面纹陶支座，他们不约而同地在微信圈里发了兽面纹陶支座的图片，而且还都配了一首小诗。兹将其录在此，以为留念。

冯玉雷的诗云：

人类生活在神话中

从史前到纪年

造神运动一直没停

万变不离其宗

万变不离表情

王仁湘先生的诗云：

初次见面

看不懂你的惊愕

从此一别

忘不了你那一丝欢悦

　　两位诗人都表达了初次观赏兽面图像的感受。7000 年前的马家浜人，用神秘、穿越的神话符号，表达了他们自己对生命宇宙的文化理解，也表达了人类存在的历史通感。今人古人，可以在器物特殊符号方面，获得一种超越寻常、跨越时空的心灵对话，由此，而达到古今心灵上的灵犀相通与神话会通。

　　桐乡博物馆所藏马家浜文化玉器不多，只看到一件小玉管。玉管的形制较小，但文化意义相当重要。玉管中间小小的圆孔，

考察团在桐乡博物馆

马家浜遗址出土兽面形陶器耳
（摄于嘉兴博物馆）

展示了马家浜人的超凡智慧，也蕴藏着他们精神深处的神秘情怀。马家浜文化玉器以玉玦与玉璜为主，这个小玉管可能是坠饰组件中的一员。

桐乡博物馆所藏的良渚玉器颇丰，三楼专门设有"琢玉良渚——良渚文化玉器精品展"。桐乡是良渚文化分布十分密集的地区之一，如今已发现良渚文化遗址 70 多处。在此，可以尽情饱览桐乡先民的精美玉器，也可以领略他们鬼斧神工般的琢玉技艺。

离开桐乡，我们直奔嘉兴博物馆。2019 年元月，叶老师为了更好地计划开春之后的玉帛之路文化考察，先行带领我与唐启翠等人，调研了与马家浜文化有关的重要遗址与相关博物馆，嘉兴博物馆就是其中重要的一站。上次对嘉兴市考古出土的史前系列文物意犹未尽，现如今通过环太湖的文化考察，带着对史前文明的全新知识与整体眼光，我们又一次开启了嘉兴博物馆之旅。

中国现代革命的航船发源于嘉兴南湖，而此次文化考察的最后一站就是南湖边上的嘉兴博物馆，也使得此次嘉兴博物馆的文化考察别具纪念意义。

嘉兴是马家浜文化的命名之处，也是长三角环太湖流域史前文明的重要区域，被誉为"禾兴之源"。马家浜遗址的发现，是南方新石器时代考古的重大突破，表明了长江下游、太湖流域的新石器时代文化自成体系，并具有鲜明的地域特色。1959年初春，在嘉兴市区西南 7.5 公里处的马家浜（现属嘉兴市经济开发区西南片区），村民在挖坑沤肥的时候发现了大量的兽骨与古代遗物。当年 3 月，浙江省文物管理委员会与杭州大学历史系、杭州师范学院历史系等 6 个单位组成考古队，进行了抢救性发掘。马家浜遗址的发掘引起了考古学家的重视。

马家浜文化的命名也经历了很长一段时间的讨论才得到学术界的认可。1975 年，吴汝祚在《考古》第 5 期发表了《从钱山漾等原始文化遗址看社会分工和私有制的产生》一文，论述了太湖流域文化的序列，率先提出"马家浜文化"的命名。1977 年，著名考古学家夏鼐在《考古》第 4 期上发表《碳十四测定和中国史前考古学》，正式提出命名"马家浜文化"。1977 年南京召开的长江下游新石器文化学术讨论会，确认以马家浜遗址为代表的马家浜文化是长江下游、太湖流域新石器时代文化的代表。牟永抗、魏正瑾提交的会议论文《马家浜文化和良渚文化》，首次对马家浜文化展开比较系统的阐述。1982 年，姚仲源的《二论马家浜文化》，不仅进一步明确了马家浜文化的命名，而且对其文化性质作了全面的总结。2009 年在嘉兴召开的马家浜文化国际学术研讨会，进一步明确了马家浜文化在长江下游、太湖流域史前文化的地位。

走进嘉兴博物馆，在展厅进门处悬挂着一张精致的兽形陶面。兽形陶面的两只眼睛是圆圆的，而且是双圈构形，犹如两块玉璧，周围还刻有若干放射状的眼睫毛，粗鼻微微向上翘着，张着巨口，成吼叫状。两只眼睛微微斜视，大小也略有差异，面部表情有点夸张，属于史前神话信仰的重要遗留之物。从这件马家浜的兽形陶面，我们似乎能感受到良渚神徽极为深远的历史文化渊源，也可以体验到这很可能就是良渚神徽的早期神话原型之一。

嘉兴博物馆所藏的马家浜玉器也不多，主要有玉璜与玉玦。

马家浜遗址出土玉玦
（摄于嘉兴博物馆）

吴家浜遗址出土玉玦
（摄于嘉兴博物馆）

内蒙古赤峰市兴隆洼遗址出土玉玦

蓐收左耳有青蛇

引自（晋）郭璞原著，国家图书馆特藏组主编，《山海经图》，清代彩绘本，台北：台湾"中央"图书馆，2011 年

玉璜有两种类型，一种是平环形的一半，另一种是半环形。至于马家浜文化时期，玉璜与玉玦的文化意义值得探讨。

另外，河姆渡文化与马家浜文化的玉玦（距今 7000 年）与兴隆洼文化的玉玦（距今 8000 年）在形制上是一致的，值得思考的问题是：马家浜文化的玉玦是从北方传播而来的，还是具有南方的本土起源？这个问题一直萦绕在心，未能获得通解。

在使用方法上，马家浜文化的玉玦与红山文化的玉玦是一致的，都是戴在耳朵上。为了方便起见，博物馆人员用图像的方式形象地介绍了玉玦的三种戴法。一为夹耳垂法，二为穿入耳洞法，三为绳系法。

2013 年，田家沟红山文化考古发掘出土的蛇形玉器，放置在墓主人头部的左耳边。玉玦与蛇形耳坠都是在耳部，具有相似的文化功能，红山文化的玉猪（熊）龙为玉玦形制，猪（熊）头蛇身，犹如蛇体蜷曲。考古出土的红山蛇形耳坠将玉玦与蛇的生命观念联系起来。

在传世文献《山海经》中，多次记载了神人佩戴蛇形耳饰。世人通常将《山海经》的文献记录当成是神话传说，以为是不可信的虚构叙事。但通过考古图像的一脉贯通，尤其是玉玦与蛇形耳坠的神话图像，可以证实在《山海经》的神话叙事中，已经很形象地将兴隆洼文化、红山文化、马家浜文化中普遍存在的一种神秘文化展示出来。《山海经·海外西经第七》："西方蓐收，左耳有蛇，乘两龙。"《山海经·海外东经第九》："奢比之尸在其北，兽身、人面、大耳，珥两青蛇。"《山海经·大荒东经第十四》："有神，人面犬耳兽身，珥两青蛇，名曰奢比尸。"《山海经·海外东经第九》："雨师妾在其北，其为人黑，两手各操一蛇，左耳有青蛇，右耳有赤蛇。"《山海经·海外北经第八》："北方禺彊，人面鸟身，珥两青蛇，践两青蛇。"清代人根据《山海经》的文字记录，绘制了各种神人图像，将清代套色印刷《山海经图》中的蓐收神人图像录下来。从清人所绘的神人图像上，我们可以非常直观地看到，耳朵的装饰不是一种纯粹的审美纹饰，而是与神人密切相关的。"玦""珥"等耳朵上的玉器饰物，就不是一种普通的装饰品，而是渗透了玉石神话信仰与生命精神的神奇之物。这种神奇之物的原初文化意义，不仅在文字书写中保留下来了，而且从考古出土的器具图像看，可以将这种神秘的耳朵精气神话信仰追溯到兴隆洼文化与马家浜文化。

如今海南省乐东黎族自治县抱由镇居民还保留了佩戴玦形饰物的古老习俗。从黎族妇女的玦形耳饰形制中，我们依旧能感受史前玉玦这种神圣耳饰在当下的物质转换与活态形式，尽管已经由玉石材料变成了银质物质，但这种耳饰的文化原型是发迹于古老的玉玦文化。

嘉兴市博物馆所藏的象牙梳也是很神奇的，其形制犹如人的手掌，梳指共有五根，从外形来看，应该不是用来梳头发的，而像是用来盘住头发之物。海盐博物馆也藏有一件良渚时期的

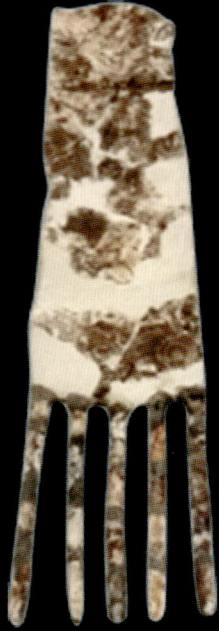

吴家浜遗址出土象牙梳
（摄于嘉兴博物馆）

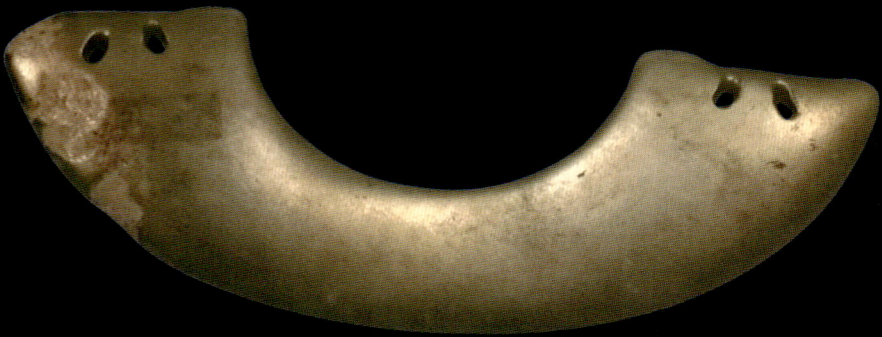

南河浜遗址出土崧泽文化玉璜
（摄于嘉兴博物馆）

象牙梳，不同的是，海盐博物馆所藏象牙梳还装有玉背，是玉质与骨质的结合器具，显得更加奢华。

前两天，我们看过了"崧泽王"墓。在嘉兴这片滨海的沼泽平原，也发现了用来祭祀的高高祭台，象征着人神交流已经翻开了新的一页。嘉兴博物馆所藏的崧泽文化玉器也是美不胜收的。在玉器形制方面，出现了方环形玉器，这种外方内圆的玉璧，在红山文化也出现过。在红山文化中，方形玉璧还比较流行，后来就逐渐消失了。而在崧泽文化中，方环形玉器很可能是玉琮的前身。玉琮内圆外方，同时在器型厚度方面有所增加，增强了方环形玉器的深度与厚度。

嘉兴博物馆所藏的崧泽文化玉璜颇有特色，做工极为精美，玉质温润，光泽依旧。与马家浜文化的玉璜相比，在形制上也出现了一些细微变化。如大桥乡南河浜遗址出土的几款不同形制的玉璜，形态各异。

南河浜遗址出土的崧泽玉镯是由两联组成的，这也表明"半璧"或"半环"为璜的史前器型观念。马家浜文化只有玉玦与玉璜，而崧泽文化用两个玉璜联合为玉镯或玉环。我不禁发问到底是玉璜在先？还是玉镯、玉环在先？按照器型的形制变化，应该是先有玉璧、玉环，然后才发展出玉璜。

嘉兴博物馆是文化考察的最后一站。易华的大学同学郭成华，听到考察团的行程消息十分激动，从杭州匆匆赶到嘉兴博物馆，一是想与老同学见个面，二是想与考察团的玉文化研究者结成良好的合作关系。郭成华是浙江斯加兰德石业有限公司的老总，主要从事玉石材料加工生意，对玉石加工有很深的研究。郭成华的意外到来，让考察团的团员十分高兴。

意犹未尽的简短总结

考察团结束了嘉兴博物馆的文化考察，在浙江德元顺饭馆用午餐。餐前，出现了一段小插曲，易华竟然在最后掉队了。

新石器时代良渚文化玉背象牙梳（摄于海盐博物馆）

易华与郭成华同行，由于司机按照导航走，没想到嘉兴有好几家浙江德元顺饭馆，导航将他们引到了另一家。几经波折，他们总算回归。杨雪梅老师打趣说："在以前的考察活动中，易华总是掉队，这次表现是最好的，但最后还是露馅了。"

吃完中饭，到了文化考察的总结时间。易华提出每个考察队员作一个简短的总结发言。

首先是叶老师作总结：我就用两种玉器来作为这次文化考察的总结，一是玉玦，二是玉环。凡是在嘉兴离开的，就如玉玦。凡是与我们回上海的，就如玉环。战国的时候，离别时，如果送人一个玉玦，就是要绝交，"玦"就是"绝"，这主要是文字上的谐音。但是马家浜与崧泽的玉玦，不是表示断交，而是戴在耳朵上通神的器物。《山海经》中将其称为"珥蛇"，龙头、蛇头的玦很多。通过文化考察，我们认为，《山海经》这部书是最能反映大传统知识的传世文献。这种大传统的知识在历史文献中沉默了2000余年，没有人认知。君子好环，送人以环，就表明两人关系很好，是哥们关系。这种东西在六七千年前就存在了，确实很值得研究。下一次考察，我们给每个考察队员都配上一个用和田玉作的LOGO，LOGO形状就用玉玦或玉环。明年我们从三星堆出发，走汶川这一带，前往大西北。具体策划可以早一点，每到一处，文管所、考古遗址、博物馆、库房、民间古玩城都是一体的，都要去。这一次时间太紧，没有照顾到民间的玉器收藏方面。

汪永基总结：有很多的器型，我对它们印象很深。在良渚这个地区，通过这次考察，作了系统梳理。在四五个考古学类型中，对它们之间的差异、传承、影响有所了解。另外，最重大的收获就是更新了对防风氏的认知。汪茫氏与防风氏不一定是一个人，可能就如轩辕氏一样。为何在姓氏上称为七姓？七姓是陕西渭河的一个支流，实际上是从陕西过来的，和夏代之间的关系很复杂，所以传说是不是大禹将防风杀掉，防风是不是七姓的祖先？还有一个是汉江，因为良渚就是一个冲积平原，有一个山就叫冲积山，汉江与中国西部有着文化的关联。另外，从崧泽到良渚用玉制度的变化引人关注。良渚中晚期后，用玉的玉种有些变化，已经有透闪石的玉器，以前没有关注到良渚还有这种玉石材料。感谢文化考察团王老师、叶老师、易老师的邀请，也感谢胡老师的精心安排，感谢大家的关照与爱护。

易华总结：这次能与王老师、叶老师一起考察，是我的荣幸。有几位老朋友，还有几位新朋友，我感到很高兴。

郭成华总结：很高兴与几位顶尖的学者在一起探讨玉文化，很遗憾这次没有在杭州接待你们。希望下次有机会到杭州，再请大家。

杨骊总结：这次文化考察是前所未有的豪华阵容，跟着王仁湘老师一路上受益颇多，王老师特别辛苦，我们也特别感动。这也是有史以来玉帛之路文化考察，条件最好的一次。当然，叶老师花费了很多精力，我在写《玉路心史》中记录过，在石峁考察时，叶老师劝我买了一些古玉，我从此就走上了玉文化的"不归之路"，我也希望能够一直跟大家走下去，能够玉演今生也是一件很愉快的事情。顺便也汇报一下，我这次考察，一共发了十条微博，点击量一共四十三万多，基本上每条都是四万多的点击量。我的能力很有限，以前很多模糊的概念，在文化考察中逐渐变得清晰，我也学得更加深刻。

唐启翠总结：非常感谢考察团给我这次学习机会，让我半路插进来参加考察。两天半来，我看到了个人跑博物馆看不到的东西，感谢各位老师一路上有问必答。做了近十年的玉礼器，大都在文献中梳理。这次是不是将一个一个遗址做一些微观研究会更好？我要学一点考古学中的类型学、地层学知识，以弥补以前只在文献中研究的不足，以后还要请大家多帮助，继续回答我的问题。

　　艾江涛总结：非常感谢有这么好的机会跟各位老师学习。我是一个外行，这次考察从地理上对马家浜文化、崧泽文化、良渚文化的玉璧、玉琮、玉斧等有一个梳理。这两天我还抓紧时间对叶老师进行采访，文化考察对于一个记者来说，是很好的体验。我以前写过一些瓷器方面的文章，这次考察有一些与瓷器有关的新东西，特别开心，希望今后还有机会继续学习。

　　我总结：首先，我个人对于文化考察行程与生活安排没有什么经验，各种安排可能疏漏不少，不足之处，请各位谅解。

良渚玉匠琢玉图（摄于桐乡博物馆）

其次，我在文化考察中，总在思考这样的问题，即"绘事后素"，"绘事"指"文事"，在文字还没有出现的大传统时代，就是指代以玉器符号为主的文化表意活动。"后素"指玉器材料的最初素朴状态，也就是说，史前玉器文化的文化意义。玉器材料是质素状态，犹如一张白纸，白纸就是原初无以表述的意义所在。在此基础上，人类文化逐渐开始丰富起来，即在犹如白纸的玉器上切磋琢磨，将神圣质素的玉石材料加工为各种玉器，玉器形状成为人类在这张白纸上第一次"涂鸦"。可见，玉器器型就是人类玉石文化的重要表意符号，这是第一次文化加工，如马家浜的玉玦、玉璜等玉器形式。再次，人类并不满足于器型符号的表意功能，在器型基础上，又进行第二次加工。这次加工又是一次文化提升的好机会，是"绘事"的重要部分，这部分是在器型图像上展开的，进一步刻画出"纹饰"图像。研究史前无文字时代的玉石文化，有三部分工作要做，第一部分就是玉石如神，即玉石神话信仰，揭示出玉石物质的神性特征。第二部分就是玉石器型，器型图像是原始玉石神话的第一次分化与成形，以物质形象的方式，来展示史前人类的文化意愿。第三部分是玉石纹饰。纹饰图像是原始玉石神话信仰发展的必然结果。

后素　——　绘事

玉石神话信仰　——　第一步：玉石器型图像

第二步：玉石纹饰图像

长三角史前玉石文化经历了一个极为复杂的演变过程，其中玉石神话信仰的器型图像阶段为马家浜文化与崧泽文化，玉石神话信仰的器型图像与纹饰图像共存阶段为良渚文化。

冯玉雷总结：此前我们组织了十四次玉帛之路文化考察，这次是全新的体验，感受是全新的，特别是王老师给我们做出了表率。有时候看到王老师腿都抬不起来、很疲惫的时候，我就感到很过意不去，但另一方面我又感受到一种发自团队的鼓舞力量。王老师德高望重，我们这些人愿意追随他，愿意跟着他。

王老师累了，但他也很幸福、很高兴，这是对我们团队的极高鼓励。

杨雪梅总结：以前参加这个活动，虽然很多次，但都没有这次活动规模大。大家的知识结构都不同，我以前对玉器知识、史前文化有很多偏见，以后可能每走一趟，都会打破一些偏见。

王仁湘总结：先说蚂蟥。我也觉得有点"荣幸"，自己也曾被蚂蟥叮过。再说文化考察，我对长三角文化是有感情的，40年前就关注崧泽文化的发现，研究生毕业后，我就申请到江南考古队，但是那时年轻，没有如愿。如果那时能够如愿，那么很可能良渚的发现就跟我有关联了。后来我被分配到西北去了，但对长三角这一块，我还是有个人情结的。这次文化考察，重点在玉器，关注了玉器在长三角的文化发展，同时，也了解了陶器的发展情况。我们判断年代，主要是根据陶器类型，也就是类型学。类型学很简单，比较出土器物，找到相同之处以及文化的差异，然后根据这种形制差异，找到地区的文化差异，判断时间年代的早晚与文化特征，从而发现时空的差别，建立起文化坐标。这次文化考察，大家彼此友善，互相关心。这次给了我很好的印象，谢谢大家。

在总结时，王仁湘老师提到的蚂蟥故事，是一段精彩的小插曲，兹补述之。

考察队员汪永基老师在总结的时候透露说，自己这几天之所以不舒服，很可能是因为在考察时被蚂蟥叮了，伤口有些发炎，皮肤肿大，由此导致身体抵抗力下降。

说到蚂蟥，叶老师讲起自己年轻的时候，也有过被蚂蟥叮咬的经历。那年，还是在海南工作的时候。因为办一个人类学的会议，会后环岛考察，夜宿五指山下。叶老师想拍高山落日，就独自拿着相机，傍晚时分爬上山峰。走着走着就迷路了，找不到回去的路，夜色又晚，四处黑压压一片，一个人在树木茂密的荒野，怎么办呢？只好选择一棵大树，爬了上去，躲在上面，待过漫长的黑夜。早上醒来，满身都是山蚂蟥，脸上、身上都是血迹。幸亏没有出现什么猛兽，否则命都要丢了。叶老师为了田野调查，可是冒了生命危险。叶老师说，经过那次以后，哪还有什么可怕的。

易华说，自己小时候就被蚂蟥咬过，都没事的。

王仁湘也感慨说，自己年轻的时候，多次田野调查都被蚂蟥叮咬过。王老师开玩笑说，看来经历被蚂蟥咬一下，也是很荣幸的事情。

遭遇蚂蟥，是田野调查中常常遇到的事情，当然，还可能有其他毒虫。每个田野人可能都有自己的特殊经历。

后来，杨骊透露说，自己田野调查时都要随身携带一些解毒药酒，专门对付田野调查中遇到的各种毒虫。她怪汪老师为何不早点告诉她，那样她随身带的药酒就可以派上用场了。

此次文化考察的蚂蟥故事，尽管并不存在生命危险，但很精彩，深深地触及了每个田野人的往事经历，每个田野人都有着不为人知的曲折经历，也有着因田野调查收获的惊喜。

反山王陵晚照（良渚遗址管委会供图）

玉帛之路（环太湖）文化考察笔记

冯玉雷

　　2019 年 4 月 8—12 日，第十五次玉帛之路（环太湖）文化考察活动成功举办。此次文化考察主要对"玉文化先统一长三角——系列史前遗址文物"进行实地调研。考察活动的首发站是上海崧泽遗址与福泉山遗址，沿途重点考察了昆山绰墩遗址、苏州草鞋山遗址、昆山赵陵山遗址、苏州博物馆、苏州木椟古城遗址、黄泗浦遗址、张家港博物馆、张家港东山村遗址、常州博物馆、南京市博物馆、南京博物院、南京博物院江南考古工作站、湖州博物馆、德清博物馆、德清防风祠、良渚博物院、良渚瑶山遗址、桐乡博物馆、嘉兴博物馆等等。沿途受到当地相关部门与领导的欢迎与重视，与上海、江苏、浙江三省市的一些考古研究所、考古工作站、博物馆建立了良好的合作关系。

上海交通大学神话学研究院首届新成果发布会暨专家论坛

考察团还先后在苏州考古所与良渚博物院举行两次学术座谈会，在苏州木渎古城遗址、常州博物馆与南京博物院江南考古工作站开展了史前出土玉器的现场观摩交流活动，在湖州与嘉兴两地分别举行文化考察的小结与总结活动。

上海文明之源

4 月 8 日早晨，以合影代替第十五次玉帛之路（环太湖）文化考察活动启动仪式：先是与叶舒宪、邓聪、杨朴等人在大厅照相，考察团人员聚齐后，邓聪、杨朴、王倩等学者前来送行，大家又到楼外会议宣传牌下合影。

这次考察团的人员有叶舒宪、王仁湘、易华、汪永基、张征雁、杨雪梅、唐启翠、杨骊、胡建升、艾江涛、我和司乘人员王郑伟。

邓聪与王倩送我们坐上车。

阳光明媚，鸟语花香，一派吉祥。8：35，叶舒宪老师宣布考察活动正式开始。汽车启动，我捕捉到邓聪先生恋恋不舍的眼神。此次考察本来也是他所期盼的，怎奈后面有课程安排，不能成行。对邓先生其人其事早就了解，在"神话学研究院首届新成果发布会暨专家论坛"相识、交流，非常愉快。4 月 7 日演讲时他往往会情不自禁地手舞足蹈，足见他对玉学的深情厚谊。邓聪先生任教于香港中文大学，多年致力于玉文化研究，足迹遍及国内史前玉文化重要遗址及俄罗斯贝加尔湖地区、越南、日本等海外与玉文化相关的国家、地区，搜集到大量珍贵资料。去年，中华书局出版了他与吉平合著的大书《哈民玉器研究》，上海交通大学学术会议中与叶舒宪先生学术团队出版的系列专著一同展出。哈民遗址是举世罕见的灾难遗址，位于大兴安岭东缘松辽平原西端内蒙古科尔沁草原腹地，五次发掘，清理房址78座，其中17座出土玉器84件，其中F57出土最多，达18件，F45、F46、F47、F37较多，分别为16、16、8、6件，其他12座出土1至2件。哈民遗址中F45—46多为黄绿色玉，F56—57多为白色玉。一般认为哈民玉器与红山文化玉器大同小异，但邓聪先生发现红山文化玉器与哈民玉器玉料来源不同，加工技术也有差异，他分辨出哈民玉器玉料有两大来源：贝加尔湖玉和岫岩玉。我对东北的红山文化与东南的良渚文化都比较陌生，开会间隙翻阅《哈民玉器研究》，还有4月7日深夜与邓聪先生在会议大厅中的交流，也算是难得的"恶补"。

汽车行驶不到一个小时，到达考察首站——上海崧泽遗址博物馆。崧泽村地势比较低，海拔仅3.03米，地下水位高，河道纵横，有南北向的崧泽塘、东西向的假山浜、村南的大河横泖。村北有一土墩，当地称为假山墩，长宽各约9米、高约4米。春风和煦，阳光明媚。崧泽遗址博物馆安安静静坐落在河边绿意中，无法想象5900至5200年前有群人在这里制陶、捕鱼、耕种、琢玉……导航显示，此地距上海交通大学学术中心仅18公里，与第二站福泉山遗址也不远。自从2013年开展玉帛之路系列文化考察活动以来，从来没有踏勘过这么近的文化遗址。

按常理，博物馆周一闭馆休息。1982年王仁湘先生依据崧泽文化写作硕士论文，因这个缘分，博物馆方面安排年轻的考古工作者戎静侃破例开馆，并为大家讲解。

崧泽遗址博物馆主展厅由"发现崧泽遗址""走进崧泽社会""传承崧泽遗产"三部分组成。关于崧泽地名，相传晋代吴郡太守袁崧曾在此居住，筑沪渎垒，死后葬在崧泽村北土山上，其坟冢便是假山墩，其后裔陆续移民于此，称"崧宅"，因它处于水乡泽国富庶之地，更名为"崧泽"。考古发掘时在假山墩没有发现晋代遗物，这个传说遂被否定。据明代南直隶松江府(今上海)人、文学家、书法家、藏书家陆深在《崧宅辨》中考证："松宅非崧宅，本名松泽耳。"《尔雅》上说："山高而大，崧。"《释名》里讲："下而有水曰泽，言润泽也。"可见，崧泽之名，应是古沼泽中的一块高地，因水利之便，明朝初年发展成为古老集镇。

　　上海崧泽遗址博物馆这样诠释崧泽的文化意义："上海人文之源，中华文明之脉。"从地图上看，青浦、崧泽所处位置仿佛马家浜遗址出土三角形开土石器后脑处，北面、东边、南边分别被长江、东海和杭州湾包围。一副电子示意图用四种颜色显示海岸线的变化情况：7000年前，这片三角洲还在汪洋大海中，或为沼泽地；距今7000年起，海岸东扩，陆地抬升；6000年前，马家浜文化人群率先来到崧泽，拉开上海地区人类活动序幕。此后，人类在这里的活动再也没有中断过。崧泽文化遗址创造了诸多的"上海第一"。其中"上海第一人"是一位年龄在25岁至30岁之间的男性，俯身而葬，面部略显低矮，鼻根低平，与东亚蒙古人相似。崧泽人的生产方式在6000年前由渔猎采摘转为以畜牧和农业为主，崧泽遗址出土各种野生

考察前与叶舒宪、邓聪先生合影

和人工喂养的动物骨骼遗存。1961 年，崧泽遗址马家浜文化地层中发现了炭化稻谷。2004 年发现的"上海第一房"是一座马家浜文化时期上海先民用树干、芦苇、茅草等材料构建的类似于谷仓尖锥顶的地面式"房子"，房址坐落在祭坛北面原生土上，平面圆形，墙体以竹、木为立柱，立柱外再糊上泥巴，屋顶用茅草覆盖，如斗笠状向周围披下。外圈柱洞 15 个，房内地面约 5.5 平方米，硬实。房柱底下使用方块垫板，防止地面下陷。室外挖有饮煮用的灶坑，与居住区分别。崧泽遗址上还出土了全国年代最早的马家浜文化时期水井，可见人们的生活饮水已经不必依赖河流和泥潭中的浊水。不过，有专家认为这也可能是当时海水返潮、水质变咸的客观形势所迫。

福泉山遗址见证 5000 年前上海在长三角文化中的地位

　　马家浜文化石器以石斧为主，随着农业发展，生产工具种类颇多，技术不断革新，到崧泽文化时期出现石犁和石镰等。生活资源的丰富也促进了生活炊具变化。据介绍，崧泽文化时期的制陶取得了划时代成就。首先开创轮制陶器，其前期采用泥条盘筑再加慢轮整修的方法，陶器器壁比较匀称，中期开始运用陶轮快速旋轮、捏泥坯成型技术，器型规整，器壁匀薄；其次是使用还原焰烧制陶器，由于陶器中铁元素在充分供给空气的环境下氧化，陶器变红。这是崧泽文化早期陶器特色。崧泽文化陶器除炊器（夹砂陶）仍为红陶外，其他器物多以灰陶为主。灰陶在窑中将要烧成时，将陶窑封闭，使窑内形成高温和缺氧的环境，迫使陶土中铁元素还原而出现灰陶。伴随着灰陶还出现灰胎黑衣陶，其制法是在窑中陶器即将烧成时，不但封窑，还塞入浸水湿柴在窑内闷烧冒烟，让黑烟渗入陶器器表微小的孔隙，达到不渗水的效果。以往，人们只知道乌黑发亮的泥质黑衣灰胎陶为良渚文化特色陶器。后来根据考古资料得知，这类陶器在崧泽文化时期已经出现。

　　崧泽文化陶器还讲究造型和装饰，在造型上充分运用弧线、折线的适当处理，器型繁多，如釜、鼎、罐、豆、壶、瓶、觚、杯、盆、匜等等。仅鼎足就有扁凿形、圆锥形、扁方形、三角形、凹弧形、扁铲形和角尺形等，有的在足根上捺两个凹眼，作兽脸形，有的将边侧捏成波浪形，也有在外向足面中间加一条锯齿堆纹的。马家浜文化时期炊煮器物主要以腰沿陶釜为主，使用方法大概有三种：一种是架在几个陶支脚上使用，另一种是地灶的方式搭配炉箅使用，还有一种是放在陶灶上使用。到了崧泽文化时期，将釜和支脚黏合套接在一起成为鼎，作为主要炊器。鼎的发明使食物烹饪更加便捷。鼎最初盛行于我国东南地区，后来逐步变成非日常生活用的礼仪用器，一直影响到夏商周的青铜鼎。

　　豆类把手也多种多样，有的作喇叭形，有的似灯台支座，有的呈迭珠形，弧曲多变。崧泽陶器的圈足往往剔刻成花瓣形，或分割成三块扁足。器盖捉手顶端也多有弧线或三角形，类似小兽凸起装饰，器耳则制成各式鸡冠形，甚至鸟首形。器表装饰方法有刻、镂孔、附加堆纹和彩绘（主要是朱砂红）等多种。刻纹样最常见的弧线（多双线）往来穿插的几何图案，形似藤竹编织，优美规整。浙江嘉兴崧泽文化遗址继1990年嘉兴大坟遗址出土人首陶瓶之后，在嘉兴雀幕桥遗址、南河浜遗址出土塔形壶、鹰头壶、鸟型三足盉、六足陶龟、兽面钟形壶及形制各异的器盖和器座等以往从未面世的陶器。

物质生产的丰富促使社会开始分化，兽图壶、人首甗、彩绘陶罐等礼器大量出现，人们将石、玉、骨、贝、陶等自然之物磨琢成装饰品，其中玉器已经具备象征身份和地位的功能，陶器上发现许多刻符，既有字符程度很高的单个符号，也有图画性刻画符号，显然承担着某种"类文字"功能。马家浜文化时期的石斧发展到崧泽文化时期通体变薄，由生产工具演变成象征权力的石钺，甚至还出现玉钺。甲骨文与金文中的"王"字就是钺的象形字，这种传统传承延续，后来成为夏商周三代礼器——青铜钺的前身。

崧泽文化时期的"王"到良渚文化时期更加拥有社会财富与权力，良渚遗址反山墓地出土象征最高祭祀权的"琮王"和象征最高军事指挥权的"钺王"。"钺王"把持祭祀权（神权），组织大量人力和物力堆筑大型土台用于宗教礼仪活动。苏秉琦先生说："这种权力集中到一人的政权转折，是中国五千年文明史上的一个转折点。"李伯谦先生《从崧泽到良渚——关于古代文明演进模式发生重大转折的再分析》（北京大学考古文博学院编《考古学研究》（十），科学出版社，2013年）以大量出土文物为依据，以凌家滩文化、红山文化、大汶口文化、仰韶文化为对照，具体分析崧泽文化向良渚文化演进的关系。公元前4000年前后长江下游地区由马家浜文化进入崧泽文化，并在环太湖周边水系形成聚落。崧泽文化晚期，考虑到木材、石材、玉材等资源优势，太湖周边的聚落最终选定良渚遗址群所在地区，开始城市定居生活，并产生了以琮、璧、钺和神人兽面像为代表的江南玉文化体系及原始宗教信仰。崧泽文化时期祭器和礼器丰富多样，而良渚文化时期琢玉工艺则有了固定模式，随着资源枯竭、艺术创造力式微以及外部因素冲击，良渚文化落下帷幕。崧泽文化和良渚文化分布地域基本重合，均在长江三角洲及其邻近地区。从崧泽到良渚，文明模式演进并非社会内部自然发生的，而很可能是社会精英们接受外来文化并强行推行的结果。

10：25 参观完，立即启程前往邻近的福泉山古文化遗址博物馆。

福泉山虽称之为"山"，其实是 4000 余年前人工堆成的椭圆形土台，形似覆船，故又名覆船山、薛道山，位于青浦区重固镇西侧乡钱家经村，经多次挖掘，清理宋、唐、汉、战国、良渚文化、崧泽文化墓葬 154 座及良渚文化祭坛、崧泽文化居址等重要遗迹多处，其中以良渚文化高台墓地最为重要。土台东部已发现 31 座良渚文化墓葬，出土琮、璧、璜、斧、钺、环、锥形器、冠形器、梳背、镶嵌玉片、绿松石片、猪形玉坠、鸟形玉坠、玉管等大量玉礼器、祭器和饰物，制作精美，工艺水平甚高，还有石器、陶器等生产和生活用具。67 号墓出土一件大汶口文化彩陶背壶，可以作为南北文化交流见证物。

福泉山古文化遗址至今仍完整地保存了一方有黄褐、灰褐、灰蓝、青灰、黄土等五色土层的文化叠压遗存，距今

国宝单位、省宝单位的双碑：草鞋山遗址

6000~7000 年历史各时期的文化叠压遗存，内含新石器时代的马家浜文化、崧泽文化、良渚文化、战国时代遗存，被考古学家誉为"中国的土建金字塔""古上海的历史年表""上海的发祥地"。重固镇宣传部部长崔卫琪、上海博物馆年轻考古工作者周云等人热情讲解，带我们看遗址。意外得知其地也是《文赋》作者陆机家乡，作为学中文出身的人自然有发自内心的亲切感。不过，良渚文化早期的 M139 墓已出现的人殉现象让我们感受到文明进程中的阵痛。墓主人为成年男性，仰身直肢葬，有大量丰厚殉葬品。墓坑东北拐角上还叠压着另一具青年女性骨头，屈肢侧身，上下肢弯曲而分开，状似跪倒，头向西北，头顶上有一颗玉珠，面额上有一件玉管，颈部有一件玉环，上肢上有一枚小玉坠，左右下肢骨上各有一件玉管。骨架背后有一口祭祀用的大口陶缸。前者尊贵，后者卑微，显然是殉葬人牲，并与祭祀有关。

那个时代，"人殉"是祝英台那样主动的，还是被动的？与几天前才从非洲回来的汪永基老兄讨论这个问题，设身处地遥想当年"原始共产主义"结构被打破、阶级开始分化的现实环境，不能完全排除主动因素，因为她（们）失去依托后，很可能陷于"生不如死"的状态。

上午最后一个考察点是元代中晚期以龙泉窑青瓷为主要遗物的大型遗址——太仓泾元代遗址，位于太仓老城区东部、致和塘南岸，2016 年 1 月樊泾河北延沟通工程施工时发现。截至2017 年 9 月，已发现房屋、道路、河道等各类遗迹 350 余处，出土以龙泉青瓷为主的遗物 150 余吨。

太仓有着深厚的历史文化底蕴，自古人文荟萃、英才辈出，古代有文学巨匠王世贞、张溥、吴伟业，画坛大师仇英、王时敏、王鉴、王原祁，昆曲鼻祖魏良辅、玉雕大师陆子冈等。虽然匆匆路过，但也留下美好印象。

下午考察计划中的三个遗址分别是绰墩、草鞋山和赵陵山。

绰墩遗址位于昆山市巴城镇正仪绰墩村，在阳澄湖边，发

现于 1961 年 1 月，是太湖地区发现文化序列最为完整、文化遗
存极为丰富的一处重要史前文化遗址，文化内涵从下至上依次
为马家浜文化、崧泽文化、良渚文化和马桥文化。特别是由水沟、
蓄水坑等组成的农田灌溉系统代表了整个江南原始文化。

　　草鞋山遗址位于苏州市吴中区唯亭镇东北 2 公里处，北距
阳澄湖 650 米，因中心有草鞋山土墩而得名。发现于 1973 年，
从 2009 年 9 月 1 日开始对距今 5500 年的崧泽文化晚期墓葬群
进行了抢救性发掘，遗址分为五个区，文化堆积层厚 11 米，可
分 10 层，从马家浜文化、崧泽文化、良渚文化到春秋吴越文化，
整个序列几乎跨越太湖地区乃至长江下游一带新石器时代到先
秦历史的全部编年，被中国考古界称为"江南史前文化标尺"。
墓葬群挖掘出的百余件随葬物品中以陶鼎、罐、壶、豆等陶器
为主，另有杯、钵、盆、盘等器类，个别比较大的墓葬中出土
了做工精美的石器，如钺、斧等，玉璜为该墓葬群唯一出土的
玉器。遗址发掘首次从地层上证明琮、璧、串饰等玉制品是良
渚文化遗物，为中国玉器研究开创了一个全新局面，对中华文
明探源意义重大。

　　绰墩、草鞋山两处遗址都在平坦温润的江南平原中，虽然
是初春，但燥热的空气已经咄咄逼人。

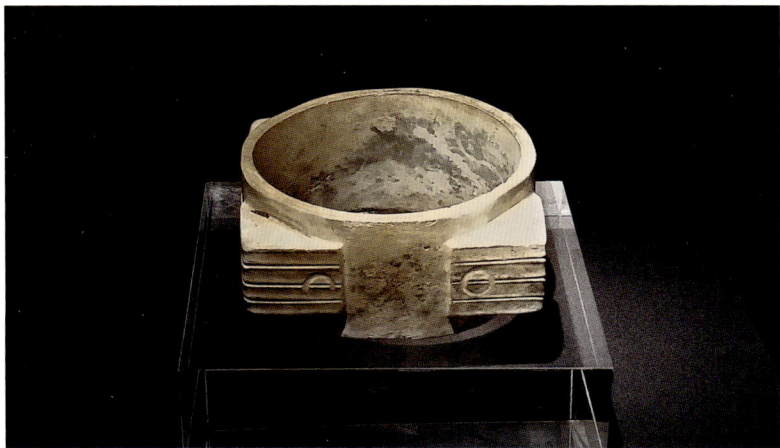

山东大汶口文化玉琮

最后考察赵陵山遗址。16：50 抵达，17：40 离开。赵陵山遗址位于昆山市张浦镇赵陵村，赵陵山是吴淞江南岸约 3 公里处一座人工堆筑的椭圆形台状土山，高出四周约 9 米，有古河道环绕，与唯亭草鞋山、甪直张陵山、千灯少卿山、青浦福泉山等古遗址处于同一纬度。1990 年、1991 年、1995 年三次考古发掘，文化堆积层厚 9 米，上层为春秋时代遗存，中层为良渚文化，下层为崧泽文化，出土文物有玉器、石器、陶器。我们踏勘遗址时，赵陵山遗址发掘者陆建芳先生打电话特别提示，这里共发现以良渚文化为主的墓葬 94 座，按墓主贫富贵贱分区埋葬，在良渚文化遗址中属首次发现规模较大的集中杀殉现象，有多达 19 人的集体殉葬！但男女性别目前还不清楚。19人！不管是主动还是被动，肯定都有一种强大的文化观念支撑着这种准社会行为！如同其地出土的头顶鸟灵玉雕神（人）像，肯定是观念先于造型和行为，这种玉雕造型与良渚文化中晚期的神像纹饰，与凌家滩文化中的玉鹰加两怪兽组合也存在某种联系。良渚人的社会行为、祭祀礼器、图像纹饰以及对玉料的选择，其实都指向生命本体的神话。不管灵魂升天还是入地，或是通过服用玉膏而达到永生，都受到神话观念支配。玉的品

山西陶寺文化玉琮

质让良渚人愿意寄托厚望，并且把这种观念传递到黄河流域的大汶口文化和龙山文化、陶寺文化、石峁文化、芦山峁文化，继而向西越过子午岭，通过常山下层文化传递给以"群玉之山"为基础兴盛起来的齐家文化。一直蔓延到该文化类型西缘的美玉汇集之地——昆仑山，才算是找到最后归宿。玉文化不但完善了，还演变成根深蒂固的信仰。后来，作为对这种文化信仰的注解，就是月宫里的玉兔捣药神话——以此神话为原型的图像大量出现在汉画像砖、画像石中。2017年4至5月，我们举行第十一次玉帛之路文化考察时，在陕北各县都能看到出自墓葬中的同类题材图像。其他省区也并不罕见。

今天上午路过太仓博物馆，参观整理出土元代青花瓷的宏大劳动场景时，不但看到八思巴文，也看到碗底残片有玉兔捣药构图，尽管那只兔子的耳朵和尾巴更像老鼠，但它的立姿和捣药行为，无疑与福泉山、赵陵山的玉雕，与远古神话遥相呼应！

第一天的田野考察在赵陵山遗址油菜花与豌豆花的交相辉映中结束，在赵陵山村原村主任、现年72岁的马群民的讲述中结尾——他曾参与过对这个遗址的挖掘。他是发现者、挖掘者，现在是保护者、守望者。他的淳朴感动了每个人。他站在长满绿草和豆苗的十几米高的小山上给我们讲述历历细节时，"平原落日圆"，微风变得越来越清凉。山脚下，村民还在堆积着春秋、良渚和崧泽文化的土地上浇莱、劳作、闲谈，古风习习，一派和谐恬静景象。

考察首日，满满当当，与博物馆、文化部门的工作人员交流密密实实，根本没有客套时间。虽然此前曾参观过良渚、跨湖桥等博物馆，但实地踏勘遗址，还是有意想不到的收获。尽管草鞋山遗址、绰墩遗址早都夷为平地了。

2019年4月9日凌晨，本想睡到7点呢，梦里还在考察，还在听陆建芳、戎静侃、崔卫琪、周云、左富根、张志清、马群民、张照根讲述。

手记即将结尾，外面已有越来越多的鸟儿鸣叫着开启黎明了。

4月9日晨，苏州

玉器玲珑"崧泽王"

4月9日考察，从早晨8：18开始，到晚上21：27南京博物院旁边的酒店"收工"，马不停蹄，经历了前往苏州木渎古镇及黄泗桥途中的大雨，经历了常州市天气突变的寒冷，但大家都沉浸在苏州博物馆、东吴博物馆、苏州古城考古工作站、黄泗浦遗址、张家港博物馆、东山村遗址、常州博物馆带来的冲击和喜悦中。大多人都有午休习惯，也只能在路途中匆匆敷衍一下。大家对照文物图册，结合观感交流。晚上8点多，离开当天最后一个考察地——常州，赶往南京，不到两个小时的车程，感觉汽车像是驰骋在洪荒宇宙里，无始无终。我困极，昏昏欲睡，对面叶舒宪老师和易华兄在梳理"西玛"之路，探析"中国红"的来龙去脉；旁边，从考古工地回南京的考古工作者张雪菲与王仁湘先生精打细算，计划10号的考察安排，能增加一个点就增加一个。后来，王老师也打盹了，张雪菲通过语音与孩子交流作业完成情况……

我猛地清醒了，聊聊田野，聊聊玉器玲珑的张家港东山村遗址。

在张家港博物馆看到阵容强大的玉钺，令人惊讶，难怪严谨的考古学家严文明先生题词"崧泽王"。文化学术界最忌讳"称王称霸"，这里的"王"指玉钺，让我们感受到严先生的惊喜。崧泽文化开始大量使用玉礼器，玉璜、玉钺、玉璧的文化功能越来越明确。东山村遗址在乡政府大院中被发现，生活区在中间，墓地在左右两边，其中一处出土了高级别的玉器。

这次考察与以往最大的不同在于，是在王仁湘、张照根、周润垦、黄建康、常辉等考古学家的指导、帮助下，参访博物馆，深入考古工作站看现场，他们讲述各种玉器出土时在墓主身体的位置，这对认识器物的诞生及功能更有帮助，有些还可能颠覆以前的观点。例如，关于琮的功能，至今考古学家都有不同的观点。

4 月 10 日晨，南京

穿越了时光"黑洞"的玉琮

早在 2015 年冬天就与梁二平兄仔细看过南京市博物馆和南京博物院。今年 4 月 10 日再看，又有很多新的展品。时间紧张，只能重点看马崧良器物，大量史前文物带着洪荒之力冲荡而来，目不暇接。可惜，汪永基老兄前天晚上睡觉忘了盖被子，受凉，发低烧，他怕拖考察团后腿，决定提前回北京。大家在参观间隙，不断创造阻止汪永基老兄返京的理由——易华兄通过语音与他交流，我们从旁边听到汪兄声音洪亮，元气充沛，显然已恢复很好。有了此"证据"，叶老师劝阻他更有信心，一口气说出数个让他留下来的理由，易华兄用手机录音，发送失误，发给了早晨坐动车赶来的唐启翠。估计她一头雾水——雾水还没弥漫开，易华兄又撤回了。

在朝天宫门前合影后，匆匆赶往南京博物院。大家一头扎

甘肃华池出土龙山文化玉琮（摄于华池博物馆）

四川成都金沙遗址出土玉琮

广东韶关出土石峡文化玉琮

进文物里，各取所需。仅仅看完史前、战汉两个展厅，约定时间已到——按计划，必须在 15 点前赶到溧阳才能看到博物馆。用午餐后，原本打算"饯别"的汪兄招架不住大家轮番劝说，不得不宣告继续考察。于是，在欢呼声中，车子绕回宾馆，取上汪兄行李，张雪菲带路，一路欢欣，直奔建在镇江的南京博物院江南考古工作站。车行一个半小时，到了之后先看陈列室，然后进工作站副站长、孔塘良渚遗址考古队队长朱小汀博士的人类学工作室观摩、交流。与以前的考察手记相同，涉及文物、学术内容部分以后详写，这里只略谈孔塘出土的玉琮、玉璜、玉镯及玉珠、玉管之类。本次考察，我们特别留意它们出土时所在位置。朱博士说，孔塘遗址中的墓主是大约 30 岁的女性，相当于现在妇女 50 岁。这些佩饰应是她生前钟爱的。玉琮在她手腕上戴着，与别处遗址略有不同。玉琮是良渚早期风格，但其他相关证据显示女性墓主生活在良渚晚期，这件琮可能是传了几代的传家宝。但是，新的问题又来了！既然传了几代，为什么在她这里不往下传了？因为早逝，还是因为她是像商代王后妇好那样的英雄，礼遇较高？史前先民在大自然中踽踽独行时，发现了寄托美好情趣的美石，反过来，又通过美石、美玉的搭配来体现他们的追求。孔塘女士的礼遇，让我感慨，再次想起几年前的小经历：2015 年冬天，在南京开会，下午与《深圳晚报》副总编、作家梁二平兄参观博物院，晚上与江苏画院美术馆馆长方向军聊天，前半夜，他谈兴很浓，我很困，在昏昏欲睡中同他对话。后半夜，因为错过睡点，我清醒了，他却沉沉睡去，千呼万唤叫不醒。睡不着，只好看手机。无意间看到有位朋友在群里发的视频：一位情绪失控的年轻母亲虐待自己两三岁的孩子。我心里很不是滋味，更难入睡，便构思创作《禹王书》，将小女孩哭泣着追寻母亲的情节处理成特殊的、慢镜头式的、有表现性的场景，分别出现在炎黄大战中的脩己、刚刚出生的大禹、得知新创文字被羊吃掉后的仓颉、行将渴死道中的夸父以及水灾中的受苦受难者身上。

《禹王书》全书 25 万字，缩略本已于 2018 年 11 月由《大家》在"锐小说"栏目刊发。去年我压缩小说时舍弃很多精彩处，但保留了这五处。

孔塘遗址中的中年女性及与其相伴 5000 多年的玉器，又激发了我无边无际的想象。中华民族之伟大，在于对天地万物的尊重，在于对生命本体及存在意义的哲学思考，在于穿越时光、不受黑洞影响的大悲大慈！

4 月 11 日晨，湖州

良渚古国的神啊，何时走出谜团

4 月 11 日上午，大家铆足劲，想美美地"看一顿"湖州博物馆，谁知车子开到门前，被赫然贴在玻璃门上的《通知》告知，昨天已闭馆，要装修。这闭门羹吃的！我们根本没时间沮丧，通过文博、考古界朋友沟通，不久，陈列部副主任胡红霞笑盈盈地到门口来迎接，让我们先于装修工人进了历史文化展厅。湖州多文人文事，这个展厅主题即以赵孟頫书法作品中得意之作《吴兴赋》命名，他的夫人管道升也是书法名家。还有皎然邀请陆羽游历始留《茶经》、沈约举荐刘勰始有《文心雕龙》闻名于世的典故。韩愈、苏轼也曾任刺史于此。著名的湖笔由秦朝大将蒙恬发明，在湖州完善推广。湖州还发现距今 4200 年的丝绸。那时，良渚文化已经消亡百年，是哪个文化族群在太湖之滨养蚕缫丝？

胡红霞兴致勃勃地说起她们幼时养蚕宝宝的经历，仿佛回到昨天，回到历史。

每个博物馆都有其特色，每件文物都是沉甸甸的文本，承载着巨量信息。限于时间，我们重点观摩史前文物，其他"文本"只能

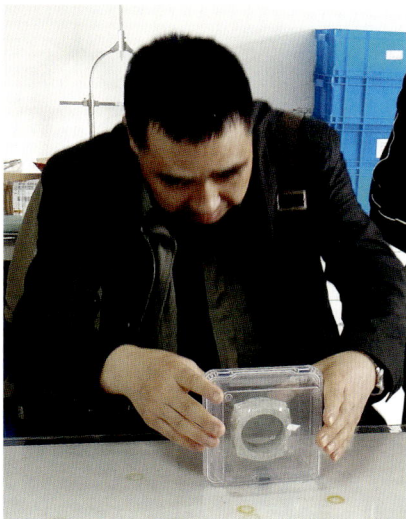

在南京博物院江南考古工作站观摩孔塘出土良渚玉琮

青海出土齐家文化玉琮

匆匆浏览一遍。

上车，即将出发，湖州市非遗中心的沈月华女士带着两本书匆匆赶来，站在车门口向叶舒宪老师问候几句，说："我能不能请您合个影啊？"

叶老师爽快答应，与她合影。之后上高速，前往良渚博物院。顺路还要看德清博物馆和防风祠。叶老师以赞赏的口吻说着湖州市文联主席钟伟今先生对当地文化的贡献，因为他的不懈努力，防风祭祀文化已成功申报，列入国家非遗名录。

一路上说着钟伟今与防风，说着汪洋氏，就到了位于东海之滨、长江与钱塘江两江平原下游最低处的德清。县境曾发现玉作坊遗址，博物馆里陈列的玉璧、玉琮及巨大石犁也证实了这河港交叉之地的富庶。参观博物馆后，去防风祠，误入龙凤村，意外观赏了一片清爽竹林。随后，在下渚湖街道办沈密女士指导下找到位于三合乡二都村的防风祠。二都村河湖密布，丘陵迂回，境内有防风山，山南有防风庙，山间有防风湖，相传大禹治水成功后大会诸侯，误杀防风，继而心生悔意，便敕封防风为灵德明王，令防风国建造防风祠，供奉防风神像，每年三月初三和八月二十五祭奠。梁朝任昉《述异记》记载："越俗，祭祀防风神，奏防风古乐，截竹长三尺，吹之如嗥，三人披发而舞。"二都村寿昌桥附近发现马家浜文化遗址，可见传说、记载不是虚假的。汪永基老兄说，很可能防风与近在咫尺的良渚古城有某种关联。

  下午的主要活动内容是参观良渚博物院，考察瑶山祭坛，座谈。瑶山原名"窑山"，曾有古窑址发现。大瑶山与大遮山之间有东苕溪流过，良渚人临河偎山而居，采集、耕种、打鱼、烧窑。这里河网交织，人们往来交通主要依靠独木舟。水能载舟，亦能覆舟，洪水灾害也威胁着良渚人的生活。考古发现，抗洪救灾在那个时期是世界性难题，不仅仅在良渚，在黄河流域，在西亚两河流域也是如此，只是灾害程度不同而已。瑶山海拔仅30米，在群山环抱中，遗址最初的功能是祭祀、葬地还是农业气象观测？现在还不能完全揭示。我们考察、探讨时，山下

以湖丝闻名天下的清代辑里丝标本（摄于湖州博物馆）

农民正在恬然采茶，另外几处坡地里，桃树、梨树修剪整齐，颇具道风仙骨。花期已过，衰败花朵还极力保持着盛开时的姿态，枝条间偶尔也有迟开的、明珠般的小小桃花、梨花，恍若梦幻，恍若良渚神人的神秘眼睛。

另外两处遗址的得名也顺带一笔。著名的"反山"原为"翻山"，乃是因为人们常常经过该山，便这样随便叫了，后来改为今名。汇观山原名是"汇棺山"，因早年来良渚做生意的人死后葬于其地而命名。考古发现重要文物后，就改了名字。

良渚博物院正在申遗，有些精美文物在七月全面开放后才能看到。几年前，我曾在余杭企业家陈玉国陪伴下看过良渚和跨湖桥两处博物馆，记忆犹新，今再看良渚及瑶山，感触颇深。座谈中，又从王宁远、李新芳、郭青玲、周黎明及李力行等文博界领导、专家的介绍中获得更多生动信息，浮想联翩。虽然时光过去 5000 年，但处处都能感受到良渚人的心跳和气息。文化只要生根，就永远处于生长状态了！

与良渚博物院院长周黎明先生交流时，我特别关注考古学术成果的转化问题。杭州动漫、文创发达，良渚先民创造的神像图式又极具表现力。良渚人从何而来，又经历了怎样的造神运动，后来，他们又流浪何处？这些充满悬念的问题都适合用文学和动漫艺术形式去探索。4 月 7 自在上海交通大学举行的神话学论坛中，不止一位学者谈到学术成果转化问题。如果不能转化，高深莫测的考古学成果基本上只在圈内交流，陈列在博物馆里的文物也只不过是遥远时代的物质残留，它们的喜怒哀乐，它们的希冀与悲怆很难被读懂，而这些，其实与现代人的内心丝丝相连，古今贯通！不理解过去，如何走向未来？

传承创新是新时代由多学科学者、作家与影视艺术家共同完成的重要课题，任重而道远！

4 月 12 日晨，良渚

当线条遇到神圣玉器

4月12日，早发良渚镇，9点多即到桐乡博物馆参观，大家不约而同地被出土于石门镇罗家角遗址马家浜文化时期的兽面纹陶支座吸引。这可是距今大约 7000 年的史前艺术品啊！叶舒宪老师推测它的原型可能是蟾蜍，其凸出的大眼睛和裂到耳根处的大嘴巴与良渚神像纹神似。另一件兽面纹陶支座残全不全，模糊不清。这种造像的陶器主要作为支撑煮食陶器的支架，可能还兼有原始巫术功能。含山出土的南朝青瓷"虎子"兽面造型中的神兽眼睛与陶支座上的兽纹似乎有漫长悠远的传承关系。

桐乡发现迄今最早的人工栽培籼稻和粳稻，残留建筑木构件多有榫卯和企口，还有一件类似角尺的玉器，可能是工匠用的。它们从物质方面反映出生活在古桐乡的马家浜人是何等聪慧！人杰地灵，桐乡市素有"文化之邦"之称，是文学巨匠茅盾和著名漫画家丰子恺的故乡，如果他们生活在这个时代，将会创作出怎样辉煌的艺术作品来？可惜，五四以来的现代作家生活在考古学发轫期，未能赶上史前艺术浪潮的洗礼，他们的灿烂文学作品中便缺失了另外一种韵味。沈从文因缘际会，虽然关注文物很早，但后来直接转向研究了，晚年出版一部学术著作《中国服饰史》。

桐乡博物馆在三楼设有良渚玉器专馆，叶老师今年 1 月份带学生来参观过，工作人员似乎认出了他。因我们来得早，馆内没有其他游客，空间很宽松，大家争分夺秒，尽量细品各种玉璧、玉璧、玉管、玉钺及锥形玉器的功能和雕饰。有几种玉器质地显然与"长三角"的料有很大不同。它们来自何方？是桐乡人用大米交换来的吗？

嘉兴博物馆是计划中的另一个观摩点。至此，第十五次玉帛之路（环太湖）考察团绕太湖大半圈，路线呈 C 形龙；再到上海，将是完整环形了。

良渚古国外围水利系统分布图（良渚遗址管委会供图）

　　嘉兴是马家浜文化命名地。门厅前，首当其冲的是马家浜遗址出土的兽面陶塑，神韵与罗家角兽面纹陶支座相通。嘉兴与桐乡地缘相连，文化从源头上很接近。带甑陶鼎、陶豆等炊具、餐具显示了马家浜人生活的富足安逸，而南河浜遗址出土的鹰头陶壶、塔形陶壶、三足鸟形陶盉、水波纹陶罐、陶龟及兽面陶壶，则反映出他们"衣食足而知礼仪"和"衣食足而知艺术"的自豪感。马家浜文化虽然比钱塘江南岸的新石器文化晚了3000年，但对上山文化、跨湖桥文化及河姆渡文化的继承上颇有英雄襟怀，河姆渡文化遗址出土的堆塑陶釜上的"螺旋纹"，猪纹陶钵、十八角芽叶纹肩脊陶釜及五叶纹陶块等带有植物纹和波浪纹的陶器上的纹饰表明，河姆渡人通过古朴的表现手法把水波、绿叶、眼睛等意象凝练成各种线条，刻在与他们朝夕相处的器物上，传递给马家浜文化及其后的崧泽文化，到良渚时期终于升华成神人图像，并与精美玉器结合，成为神圣象征。以前审视神秘的良渚文化神人纹饰，总感觉扑朔迷离。

这段时间对各个时期文物考察、观摩，以文学眼光去看，神人纹中的线条很可能就是从上山、跨湖桥、河姆渡等文化发展而来，到良渚集大成后，又向外扩散。经过几千年流变，传递给商周青铜器，到南宋杭州官窑出土的陶祭祀器残片上还能看到其余絮。

嘉兴博物馆的三足鸟形陶盉也值得一提，这只表情极凶的"大鸟"泥质灰陶，拱背鼓腹，以凸弦（两侧微微伸双翅）界饰，前塑长颈粗脖鸟首，直挺高昂，尖嘴张口，双目鼓出，尾部开圆形侈口，翘仰伸出，腹下饰三足，背脊以直线与环线突纹，使项圈与尾口相连。跨湖桥文化遗址曾出土太阳纹彩陶片，神话传说中太阳有三足鸟，其深远的文化渊源是否与这两种隔着钱塘江的文化曲折融合相关？这样思考时，我内心越来越敞亮，越来越有信心：史前先民及其文化生活虽然很久远，但只要不是虚构的，只要在时空中留下这些雪泥鸿爪式的印迹，只要我们用美玉般的纯朴心灵去感知，或能解读那些"形散而神不散"的线条与器型中蕴含的丰富信息。

昨晚，我和王仁湘先生不约而同发了兽面纹陶支座图片，并且配了小诗。

君子比德于玉

第十五次玉帛之路（环太湖）考察活动，我首次以考察人员身份而非组织者参加，尽管叶舒宪先生几次说让我多操心，尽管我不遗余力与大家一道把考察的事当成自己的事，但到底心理上没有太大压力，比较轻松。没想到，参观完嘉兴博物馆后在一家小饭馆茶叙、小结时，汪永基、王仁湘、叶舒宪等诸位先生情不自禁透露各自遭遇过的险情后，我的心情又变得沉重了。

首先是汪永基兄。他从非洲回来不久即参加本次考察活动。在南京时他说感冒了，要提前离团，大家苦苦相劝才留下。总

桐乡出土良渚玉钺
（摄于桐乡博物馆）

嘉兴出土崧泽文化鸟型陶盉
（摄于嘉兴博物馆）

结合会上发言时解密：其实他说感冒只是托词，真实的原因是在
赵陵山考察时大家陶醉于黄昏时的油菜花和马群民先生讲述参
与考古挖掘的经历，一只蚂蟥咬了他的腿。晚上，发现伤处肿胀，
便割破伤口，挤出"毒汁"。他不知"毒情"会不会继续发展，
又不想影响大家情绪，所以没说实情。观察两天，没有感到不适，
知道身体没危险了才公布实情。他说得很轻松，我们却倒吸一
口凉气，后怕。大家都沉默了。王仁湘先生率先打破寂静："多
年前，我也曾被蚂蟥咬过！干我们这行的，长年累月在野外，
什么事都可能遇到！"我又吃了一惊。

　　几年前，《丝绸之路》组织每次考察活动前，叶老师都再
三强调要邀请考古学家参加进来，于是我们就做过这方面的努
力。刘学堂、张天恩、王裕昌、朗树德、张德芳、马明智、段
清波、张华等考古学家和郑欣淼、李宏伟、吴正科等文博界领导、
工作者都参加过相关学术、考察活动，但参与最多的是王仁湘
先生。王老师德高望重，对学术志虑忠纯，对后学奖掖勉励，
既能进行严肃缜密、冷静客观的学术研究，又能书写神采飞扬、
激情四射的华美诗文，性情与理性调和得恰到好处，将考古学

史前水乡古国景致（良渚遗址管委会供图）

术成果通过温润如玉的文字向社会各界人士传递，真正做到了雅俗共赏。这次考察中我们深深感受到环太湖省市县区考古、文博部门各个年龄段的学者都对他充满敬意。王老师在博物馆，在车上，在用餐中，随时随地、不厌其烦地解答考察团成员提出的各种问题。有时候，当他看到与问题相关的文物时会主动提醒我们关注。王老师非常热忱，非常投入，但毕竟年过花甲，与我们一起奔波，有时累得腿都抬不起来，看着他疲惫不堪的背影，我百感交集！他已经退休多年，可是海内外很多学术活动都邀请他。王老师成人之美，尽量无条件满足举办方，往往下半年的活动在上半年就排满，不得不推掉无法出席的活动。

王老师在湖州小结时曾语重心长地说："当一个人研究进行到一个阶段，感觉到孤独时，就已经成功了一半；再到一个阶段，能遇到两三个知己、同行者时，就成功了一大半。"这是他多年考古、探索、研究的心得，至真至淳。几天来，大家都感叹说心有戚戚焉。他接着又谈了对这次考察活动的感受。受益了，感动了，竟然忘了问他当年被蚂蟥咬的具体细节。

叶舒宪先生有感而发，也说起在海南大学工作时的一次险遇。那年，办一个人类学方面的会议，会后考察时听人说五指山顶有座湖，便只身前往。穿越原始森林，没有找到湖，也没有拍到落日，回头一看，夜色苍茫，满眼都是越来越深的滔滔绿色，哪里能看到来时的道路！叶老师不敢冒险"夜穿森林"返回。为避免野兽伤害，就爬到树上蹲守到天明，全身都是蚂蟥。他顾不得疼，也顾不得害怕，听得山那边有汽车声，才摸索下山。那次整整在家躺了七天，"从此以后，我就不怕死了。都死过一回了，怕什么呀！"叶老师如此总结。

跟随叶老师考察以来，有过各种险遇，但都没有这个"历险记"惊心动魄。他也从来没提起过。大家再次沉默了。沉默中，大家不由自主盯着易华兄看。王仁湘先生笑着说："易华没学考古亏大了！"就我所知，易华兄没被蚂蟥咬过，但经历也是跌宕起伏。他幼年立志考古，但从庭训，初入农大学畜牧。

学在外，父命有所不受，攻读硕士学位时毅然决然改弦易辙投身民族学、人类学领域。据传，工作后，他本来向往东夷文化，忘情奔赴时，遇到挫折，愤而掉头向西，以夸父为师，激情奔跑、游学，自 2004 年至今，硕果累累。易华兄任性如童，恣肆好酒，重义轻利，兼取湖南娄底话与甘肃秦安方言之至难处，极难懂。我因工作关系，努力参悟，终成合格翻译。这次考察发现，他吸收了更多方言成分，更难懂了，初到湖州的晚上说起著名诗人"zhaoyan"，我竟然想不起是谁，直到次日参观博物馆时，才惶然大悟，他说的是皎然！

叶老师赞扬易华兄的开拓能力，又充满敬意地说起萧兵先生，他上学时就捧着先生的大作读。萧兵先生走了不同寻常的自学成才之路，结合文物研究人类学，与时俱进，著作等身，经历坎坷却又形成令人瞩目的"萧兵现象"。先生已 86 岁高龄，前几天在上海交通大学与会中，自始至终不离席位，认真听每位不同学科、不同年龄的学者发言。4 月 8 日考察出发前，我和杨朴兄特意拜访他，并呈送《丝绸之路》和刊发《禹王书》缩略本的《大家》。先生幽默达观，真诚坦荡。他说正要写有关《山海经》的一部书，希望我寄些往期《丝绸之路》："但不要浪费，把你们不用的边角料给我，也许能发现点什么。"

先生的纯朴令人肃然起敬！

之后，易华兄的同学、专程从杭州前来小聚的郭先生及杨骊、唐启翠、艾江涛、杨雪梅、张征雁等人都各抒己见，谈了真挚感想，其乐融融，其乐淳淳，关键词都集中在玉和德上。孔子曰："夫昔者，君子比德于玉焉。温润而泽，仁也；缜密以栗，知也；廉而不刿，义也；垂之如队，礼也；叩之其声清越以长，其终诎然，乐也；瑕不掩瑜，瑜不掩瑕，忠也；孚尹旁达，信也；气如白虹，天也；精神见于山川，地也；圭璋特达，德也；天下莫不贵者，道也。诗云：言念君子，温其如玉，故君子贵之也。"

回想我们这些年遇到的很多人、很多事，感慨万千。对比德于玉的君子，还有什么语言能够表达对他们的尊重和感恩呢？

浙江海盐出土崧泽文化玉璜

（摄于海盐博物馆）

良渚玉瑗

（良渚遗址管委会供图）

良渚古玉寻踪

汪永基

日前，由学术界两位重量级学者王仁湘先生与叶舒宪先生引领的一次特殊体验的考察活动，使田野考古学文化与文学人类学研究领域新材料重构大数据形态或成为一种新的研究模式，也是该领域的一次首创。

通过这次环太湖区域的实地考察，笔者最大感触便是：大数据的建立，在于其结果的相关联性，这是其他研究模式不可取代的全新模式。

在一般考古人的眼里，马家浜文化、松泽文化、良渚文化以及后来相对应的马桥文化和大汶口文化等一直是碎片化的存

良渚反山大墓随葬玉礼器景观（摄于良渚博物馆）

观摩良渚玉琮

在，但通过对实地遗址和博物馆的梳理，加强了知识体系的系统建构。其核心平台，便是以上几种考古学文化凝聚物——高古玉。

良渚文化玉器，是古玉研究领域中异军突起的重量级部分。它脱颖而出于红山文化玉器、凌家滩文化玉器、石家河文化玉器、龙山文化玉器和齐家文化玉器，成为中华文明探源中 5000 年文明的主要实证之一，这样的国家之表述来之不易。

良渚文化的玉器在十数年前的研究只是局限在器型学研究和工艺学研究，而全无一种类型学的表述。随着考古学材料的增加，地域性的扩充，前后叠压关系的明确和专业研究的深入，一个形态愈发清晰的古文明被学界突出认可，这是中华文明探源的重要突破与收获。

这次考察活动突出的感受是，使考古学文化与良渚文化玉器间获得零距离的梳理。地层关系与陶器组合是传统田野考古断代的两把标尺。但随着高等级墓葬不断突显的高等级玉器，使形而上的礼仪形态迎面扑来。有相当数量的专业学者开始关注高等级墓葬中玉器的组合，开始用玉器的等级组合来测量文明的等级，还包括墓葬的年代。玉器材料的使用和工艺技术的应用，反射了时代的相关进步信息，同时也提出了族属认同和文化认同的课题。

伴随新技术在学术研究领域突飞猛进，分子考古学大有势不可挡的趋势，特别是跨学科观察研究已成必然。

　　笔者长年在考古领域呼吁加强田野考古中人骨的广泛收集、细致整理、精心保管、系统研究和大数据库建设。这是新的研究学科，是现在和未来考古学文化研究的必然依据，是话语系统建立的重要保障。分子考古学材料的系统研究、归纳分析，使不同考古学文化间的异同一目了然，使文学人类学、考古学与历史学的多重证据有了重要依据，使每一种文化的初创与文明的建立、形成均和族属相联系起来，使我们无文字系统的人类神话有家可归。

　　当前，分子考古学领域和体质人类学领域及分子人类学等领域的研究现状是，大量田野考古出土的人骨在无序的状态中被堆积，被多层污染，被极度地不重视，它们如不受重视是考古界的严重缺失。而另一种现状是，古人类研究机构严重缺乏各考古学文化中的不同人骨，严重缺乏人骨数据，因而不能建立我们的多民族人骨大数据库。当这个领域的人骨大数据库建立起来，我们会惊喜地发现，那些离开红山文化、良渚文化的人群去向了哪里，解开古玉器的传承为何会"玉成中国"。

　　"玉者，国之重器。"当古国的统治者们认识到玉器对人群和社会有着意想不到和惊人的管控能力，对权力秩序有着天然辅助功能，玉器的设计使用与玉料的采集成为王者高度垄断的必需品与奢侈品，从而严加规定，不可能出现人人采玉和流通的局面。研究王者王道，是解析各文化用玉制度的前提，是研究古玉材料出处的根本。史前用玉史观，已清晰显示古人的用玉审美，或以土为德，尚黄；或崇夜尚玄；或敬宇宙而苍璧礼天；或祭日而主白。红山古玉以黄为上，可能有兴隆洼文化的传统。贝加尔湖地区文化传统的影响一直存在于我国古代社会中的海岱地区与中原地区。考古学大家邓聪先生长期关注我国古代社会用玉制度与玉美学之工艺传统，可谓画龙点睛，引领玉学成就。

　　目前，我国玉学领域研究庞杂，著书立说各有侧重。其中，关于"玉成中国"理论，应值得玉学达人们给予关注。不论最早中国、最初中国、最大中国的起始内涵，在古老中国统一的步伐中，玉礼制核心价值观的普遍认同是邦联或联盟或一统天下的核心基础，是各族属人群和亲、征战、融合的核心价值观。人们以秩序社会为和谐共生、和而不同的诉求，或只能用玉礼制的等级平台加以规定。良渚文化中的玉琮，即以天圆地方之说，祭祀祖先升天。甲骨文中"宝"字的释义，是否释明家中必须要有立琮？这是古人视为至上的"宝"。由此可见，"玉成中国"之论不为过。

本次考察硕果颇丰，更出乎预料的莫过于发现古人对防风氏的高度认可。

在良渚古城的不远处，似乎隐身于历史闹剧中的小小遗址，是后世帝王对防风氏歌功颂德、封王封地封谥号的原址，从淡季游人密度上看，关注或有兴趣来此者人数并不少，防风氏的知名度超乎想象。

防风氏为漆姓，史传巨人身材，傲视天下，统领东夷族人称霸一方，有大人之称谓。大禹治天下大水，定九州，想必至少有了先夏的邦联，或具王朝雏形格局，界已超越太湖区域。史前太湖区域从古海相沉积演化成古湖相沉积，咸淡水的转换促使水草肥美，更有河姆渡人祖先在此世代耕耘，享渔耕之乐。这里是百越人的祖先之地，或东夷人的祖先之地，这关系到是谁在5300年前于此地建立了文明初始的古国，创立了一套森严而不失随和的祭祀礼仪，造就了至今无人认识的礼制玉具与浩大的治水防水工程。

地质年代小冰河晚期之后，冰川北移，演化了新的地质构造，原来的海岱地区丛山翠野，温度适宜，包括百越人

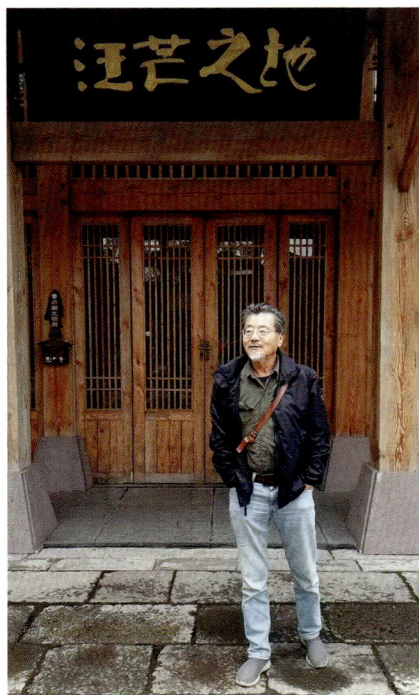

在防风祠考察

和东夷人在内的古人群聚而生生不息。良渚古国当时的地理位置与气候条件加之优良的资源配置，人心向往之，或成为兵家必争之地。

良渚古国的优质性不必多言。关键是一千年后，是何族何人领着古国民众走出良渚古国，使之沦为去国之地，成为千古之谜。我总在遐想，良渚古国或为百越人所建，后臣服于东夷人。大禹治水时期，为限制东夷人淫威霸势而以召集天下治水为名除掉防风氏，占了良渚古城，使防风氏的东夷族人散而向西、向北投靠大汶口的另一个文明之地，使文化碰撞融合，逐渐形成龙山文化之势。其实从良渚古城出走的人群，当代分子人类学已有简单证据，他们就是夏人的祖先。那么，大汶口文化与山东龙山文化的东夷面貌将再罩谜团。这只有蓬勃发展的基因说能再下结论。

而中国社会至今保留了初期玉文化形成的大部分传统，是玉这个天然媒介物，通过人的社会认知搭建起人群的血统社会与法统社会，使之成为优质的传统被保留延续下来。

东北地区的兴隆洼文化可能开启了古代人群用玉器呼应、

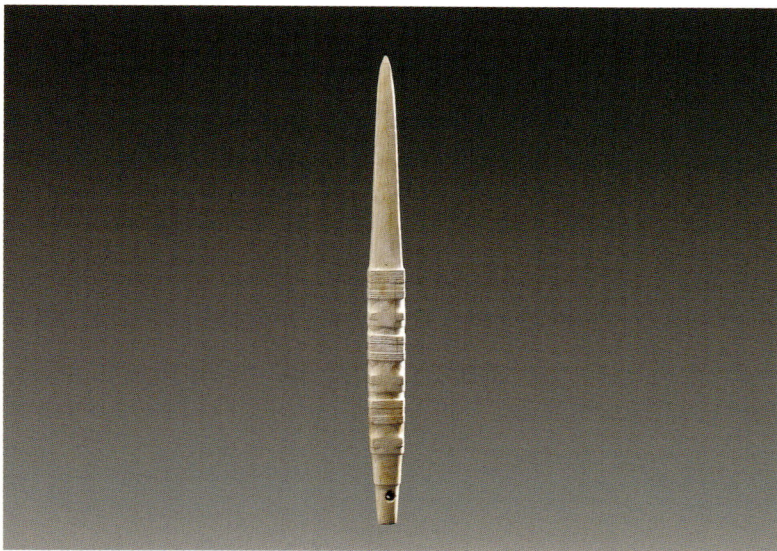

良渚玉锥形器（良渚遗址管委会供图）

沟通神灵的先河。"以蛇贯耳""以珑祷旱"的朴素仪式和认知，可能是人类对玉器功能最原始的表述。红山文化玉龙形器的出现就是欧亚干旱草原上原始农耕文明初现的产物，它通过强烈的仪式感来向天神祈雨，拯救干渴的农作物。玉器在人类初始的阶段，被赋予玉神器庄严的使命，让王者替天神向社稷允下承诺，让族人兴旺。

一些学者认为，最初、最高级的玉礼器，是以玉璧、玉钺形器、玉琮形器及玉牙璋、玉锥形器等为器型代表的核心礼器，最早形成于长江下游和环太湖区域，这种观点或多或少受中原汉文化核心论的影响，作为华夏文明的整体表述可能没什么问题，但忽略了早期北方狄夷、西部氐羌和南部百越文明的影响。正统的华夏史记载，使我们中国的文明史缺失了中原周边的正史记述，使我们完整认识中华文明有了令人遗憾的缺失。

红山文化的玉器更早地形成了强势的玉礼器组合，龙与凤的组合，神与动物的组合，各种称之为异形玉器的组合，各种玦形器和方圆璧形器等都被称为玉礼器而被忽略。从人群基因的转移图谱来看，这支文化的代表人群在夏家店下层文化后期开始南下，或部分进入海岱地区加入东夷。

还是从 4300 年前于良渚古城出走的人群说起。怎么或百越人或东夷人始创的良渚人群向西北方向迁徙后成了夏人的祖先？这一初有基因证据的亚结论太让人迷惑，也让人兴奋，这一前沿的学科研究有着无穷魅力。

试想 5300 年前的环太湖区域出现了"良渚化"的过程，可能因为某种因素而被区域内的其他文化所接纳。不同族属身份认同的消失，随之而来的或是生业习惯的认同，或是先进生产关系的认同，或是祭祀仪规的认同，或是文化观念的认同。总之，先进的文明程度使本地的百越文化与东夷文化快速"良渚化"，加快互补，形成"先夏格局"。

话说凌家滩文化的时代作用，目前研究的进度稍显落后。这个长江下游巢湖地区史前最大的古聚落遗址是否可定为古国尚未可知。它的文化年代经测为距今 5600 年至 5300 年，上限近崧泽文化，下限基本与良渚文化同，文化形态古老而独特，但明显遗留北方游走而来的祭祀元素。分子考古学研究中初步发现它是一个非常古老的族属系统，许多长江流域的聚落文明保留诸多它的源流生态。凌家滩文化晚于崧泽文化，但对凌家滩文化强势的古国形态及其对长江下游区域的影响力必须要有高度的认识，太需要分子考古学加强助力去揭开这个谜团，但严重的学科不互补现状，使凌家滩文化的人骨恐怕还深藏在冷酷的库房墙角而不能做实证。真是望眼欲穿呵！

时光匆匆，如同浏览博物馆期间的步伐。虽停留观赏短暂，不便与古人多加交流，但仅有的几次上手良渚玉器的机会确实弥补了大部分遗憾的时光。

当我茫然面对已经白化了的玉锥形器、玉冠状器、玉山形器，面对似乎是体现完整玉礼制的系统，对那个时代的乏知限制了我的想象力。没有生活在那个充满神灵巫术、等级王权、任性繁殖、随意杀生的时光框架中，无法想象、还原古人原生态的语境，一切先入为主的表述都显得那么苍白无力，尽管当代学者们的思绪可以自由驰骋。

考古学文化中古玉形态的复生是多元的，这显然是在差异文明区域不同时代的文化认同，我们所知的文明大一统的边界到底在哪里？在哪一个历史时期，玉的文明让我们五族共和的人群聚集一起，维护共同祖先的尊严与永恒的规矩？

玉学观察的路还很遥远，我们很模糊地摸索着这只玉文化塑造的大象，试图整体感受后描述，然而仍然是碎片化的释读。我们在史前古玉的材料中了解了多少玉文化的真相，各自著书立传的解读有多少真实？以红山文化玉器和良渚文化玉器为代表的古玉礼制系统究竟传递了多少史前信息？东北的方国和海岱的古国或许有着血亲之外的联系；中原的王国与西北的聚落可能有着联盟的情节；北方的城邦和大山之外的异域或许贸易频繁。玉帛之路，玉马之路，金玉之路，甚至茶玉之路纵横天地之间，玉文明沟通了东亚世界，塑造了玉之东方。

　　值得注意的是，在世界不同文化形态的角落中还有我们根本没有认知的玉文化。在贝加尔布里亚特地区、新西兰毛利人地区、亚马逊印第安人地区、南岛语族人地区、加拿大土著人地区、土耳其安纳托利亚高原地区，在古波斯色拉子的通道上，太多的玉文化有着与我们路径不同的传统，有些至今仍在流传。我们玉文化的核心是玉礼制，而有些玉文化的核心是玉毒咒与玉通神。

　　不要以为我们的玉文化是世上唯一的传承，当巍巍昆仑之玉仍然是世界玉文化的顶峰，当万年传承的玉文化仍然保留在华夏文明的核心之中，当我们的玉学研究精耕细作，我们的红山古玉、良渚古玉、龙山古玉、凌家滩古玉、石家河古玉和齐家古玉等都会瞬间恢复在历史长河中的尊严，永恒地散发出爱古玉人最信服、最喜欢、最崇拜的宝光。

浙江桐乡新地里遗址出土良渚玉璧（摄于桐乡博物馆）

走近"马崧良"
——探寻江南史前文化演进轨迹

杨雪梅

　　中国考古学家习惯用"马崧良"来简称马家浜、崧泽和良渚三个早期江南史前文化。考古学家严文明先生写过一首《良渚颂》，其中有"太湖文明五千年，崧泽良渚踵相连"的句子。随着2019年良渚古城遗址成为世界遗产，被中外学者认为是"中华五千年文明实证"的良渚文明也广为人知。事实上，良渚文明并非横空出世，从崧泽到良渚的演进过程与模式，是江苏、上海、安徽等多地考古工作者多年来孜孜不倦的追寻重心，而这也是破译江南史前文明的密码。

　　文人雅士笔下的江南，在不同历史阶段有不同的范围，但自从苏（州）、松（阳）、常（州）、嘉（兴）、湖（州）五府的核心区域形成后，就一直是全国最为富庶的"狭义江南"的代表，而这个区块恰恰也是考古工作者用力最勤、发现史前文化最密集的区域。如果你从上海出发，用一周多的时间便可把苏州、常州、南京、湖州、杭州、嘉兴等环太湖流域城市周边的史前遗址和主要博物馆饱览一番，可以感知遥远的新石器时代长江下游各地区文化的演进汇聚。

　　崧泽文化是根据20世纪60年代初上海青浦崧泽遗址的发掘而命名的。在上海、江苏、浙江等地发现的包含崧泽文化遗存的遗址很多。进入21世纪以来，最引人注目的发现则是东山村崧泽文化早中期大墓。

　　东山村遗址位于江苏省张家港市金港镇东山村，距离长江只有2公里，离获得2018年"全国十大考古新发现"的黄泗浦遗址不远。2008 年、2009 年南京博物院联合张家港博物馆做过两次较大规模的抢救性发掘，目前当地正在规划建设东山村遗址公园和博物馆，我们有幸进入考古遗址内部观看。除去一些更早时期的马家浜文化墓葬和少量更晚时期的马桥文化遗存，东山村遗址主要揭露出多座崧泽文化早中期的高等级大墓。墓长普遍在 3 米左右，宽 1.6 米左右，单个墓葬随葬品数量大多在 30 件以上，陶器种类丰富，代表墓主身份与经济实力的随葬玉器数量多、类型丰富。如编号为 M90、被称为"崧泽王"的早期大墓，随葬品数量 50 多件，包括 5 件大型石钺，玉镯、玉璜、玉玦、玉饰件等多种玉器和鼎、豆、鬶等多件陶器，是迄

2009 年发掘的崧泽文化东山村大墓 M92 现场（摄于张家港博物馆）

今发现的崧泽文化墓葬中随葬最多的。

周润垦副所长向我们介绍说，东山村遗址中心区域面积2万多平方米，东部主要是小型墓葬遗址，中部为多座房址建筑区，西部主要是大型墓葬。高等级墓群与小型墓严格分离，证明了长江下游地区在距今5700年以前已存在明显的社会分化，比中原仰韶文化的社会分化开始得早。

东山村的重要性在于它提供了一个参照系，我们可以拿它跟浙江良渚的反山大墓进行比较。反山9座墓葬出土的玉器比东山村种类更多，作为军权、王权象征的权杖、玉钺、石钺占据突出位置，新出现了玉琮、玉璧、三叉形器等具有更深刻精神内涵的玉器类型。

浙江嘉兴是马家浜遗址所在地。马家浜文化开始于公元前5000年左右，南达浙江的钱塘江北岸，西北到江苏常州一带，至公元前4000年左右发展为崧泽文化。在嘉兴博物馆可以看到马家浜文化的主要面貌。多处遗址中出土了稻谷、米粒和稻草实物，显示那时的居民主要从事稻作农业。渔猎经济也占重要地位，骨镞、石镞、骨鱼镖、陶网坠等渔猎工具大量出土。

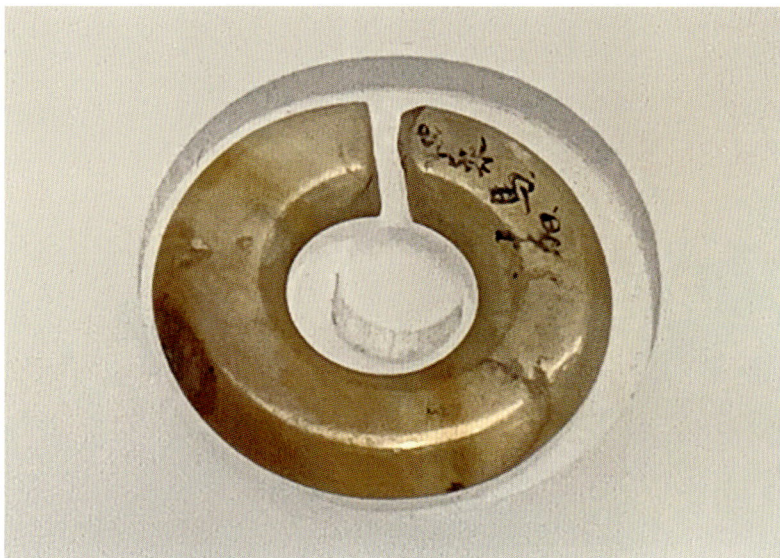

浙江嘉兴马家浜文化出土的玉玦（摄于嘉兴博物馆）

良渚文化典型玉器：刻有神面纹的三叉形器

东山村崧泽文化的圆底大口缸

圆底大口缸
崧泽文化（公元前4000～前3000年）
ROUND BOTTOMED CROCK WITH

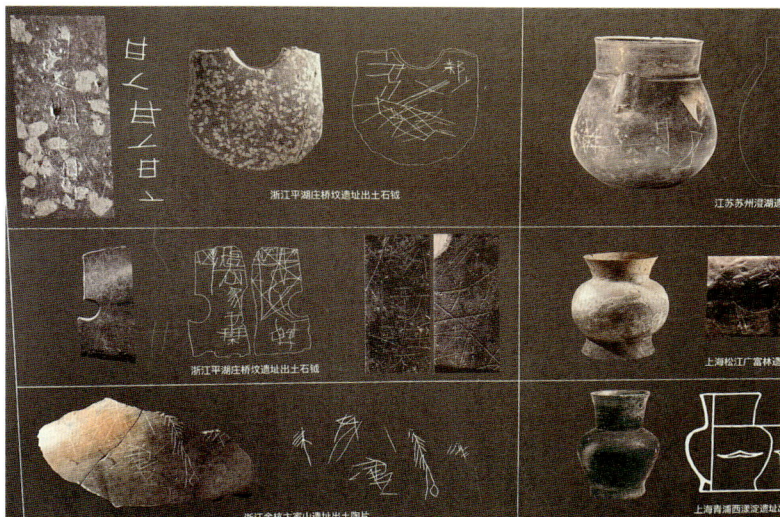

良渚文化中陶器上的符号

制陶业似乎尚处于初级阶段，主要是夹砂陶制品，泥质陶器很少，素面不加装饰的居多。炉箅、宽檐陶釜、圈足豆是马家浜文化比较典型的代表器物。玉石器制造技术较为领先，许多遗址都发现了制作精美的玉玦、玉璜、玉镯等装饰品，这应该是之后崧泽文化和良渚文化玉器的先声。

　　一路走马观花，我们发现，从马家浜到崧泽再到良渚，环太湖领域的史前文化虽然发展并不平衡，但各地文化的物质特征具有较强的一致性，尤其是出土玉器体现出高度一致的演化步伐。琢玉开始于先民对玉石的简单审美，但伴随着文明的进程，逐渐从偏向装饰性且造型单一的玉玦、玉璜向蕴含着复杂礼仪性的玉璧、玉琮等玉礼器演进，最终在良渚达到登峰造极的程度。良渚文化的神徽图案在整个太湖流域分布广泛，图案与工艺也非常一致，那纤如发丝的雕刻线条和密布的卷云纹，简约的平面像和节面转角立体像完美结合，显示当时的玉器生产已经进入非常成熟的阶段，而玉礼器也成为当时进入复杂社会后构建信仰与精神认同的重要载体。

　　也许大家都低估了中国新石器时代的发展程度，尤其是长江下游的江南地区。如果说崧泽文化利用太湖流域广阔的地域空间、优越的地理条件，同化了长江下游各地区文化，已经形成了一个"崧泽文化圈"，那么这一文化又是如何演进到更加高级的良渚文明呢？我们在余杭良渚见到的宫殿式建筑、高等级墓地和祭坛、高等级陶器作坊、玉器作坊、十数条大坝组成的完备水利系统，在受良渚文化影响的其他区域是否也存在？

　　任何研究都离不开进一步的考古。比如前几年江苏考古人发现的蒋庄遗址，是长江以北首次发现的高等级良渚文化墓地，墓葬十分密集，一次葬与二次葬并行，随葬玉琮、玉璧的多为二次葬，突破了以往学界认为良渚文化分布范围北不过长江的传统观点，可能是良渚文化北上的重要通道。启动于 2017 年的"考古中国"项目就包含了"长江下游区域文明模式研究"这样的重点课题，希望能够解决从崧泽到良渚的文明模式转变等问题。

良渚古国烟云中（良渚遗址管委会供图）

玉路心史：玉帛之路文化考察札记

杨骊

　　2019 年 4 月 7 日，上海交通大学神话学研究院、文学人类学研究中心在上海交通大学闵行校区学术活动中心举办"神话学研究院首届新成果发布会暨专家论坛"，我作为发布新书《四重证据法研究》的作者之一参加了会议。会后第二天，我参加了文学人类学研究会第十五次玉帛之路文化考察。考察团共计 11 人，由叶舒宪、王仁湘老师领衔，此外还有易华、汪永基、张征雁、杨雪梅、冯玉雷、胡建升、唐启翠、艾江涛和我。考

空中俯瞰瑶山遗址（良渚遗址管委会供图）

察活动历时5天，从上海出发，逆时针方向环绕太湖，重点考察了上海崧泽遗址和福泉山遗址，太仓博物馆，昆山绰墩遗址和赵陵山遗址，苏州草鞋山遗址、苏州博物馆、苏州黄泗浦遗址，张家港博物馆、张家港东山村遗址，常州博物馆，南京市博物馆、南京博物院、南京博物院江南考古工作站，湖州博物馆，德清博物馆、德清防风祠，良渚博物院和瑶山遗址，桐乡博物馆，嘉兴博物馆共21个遗址、工作站和博物馆，一路急行军，早出晚归，行程紧凑，可谓是大饱眼福，收获颇丰。我将途中随行所感写下几篇札记，以此记录一些不成熟的思考和印象深刻的片段。

玉衣的谜题

4月9日，考察第二天，早上8点18分出发去苏州博物馆，比正常上班时间早。在我的记忆中，前几次玉帛之路文化考察也是这样起早贪黑，大家写考察日记不是晚睡熬夜到两三点钟，就是早上四五点钟起来。昨天第一天考察，我们一口气跑了崧泽遗址、福泉山遗址、太仓博物馆、草鞋山遗址、绰墩遗址、赵陵山遗址……考察团吃晚饭的时候都在讨论白天所考查的内容，晚上10点才到宾馆。考察团年纪最大的是王仁湘老师，他年近七十却精神矍铄，腿脚利索，一个小水沟一下就跨过去了。他自任副团长，一路上跑前跑后张罗联系，说让叶舒宪老师当团长，叶老却笑说他只是后勤部长。冯玉雷老师自述昨天晚上只睡了 2 个小时，凌晨 3 点就起来写文章了……在车上，我们开玩笑说，做文化考察比农民工还辛苦！

苏州博物馆早上 9 点才开馆，馆外早已排着一两百米长的队伍，都是等待参观的游客。很早就听说苏州博物馆是贝聿铭为故乡设计的，走进去一看，既有苏州园林的古典韵味，又不失现代气质，简洁典雅且匠心独具，不愧是大设计师的手笔。

因为时间紧迫，我们一进博物馆就直奔玉文化考察的主题，在名为"吴地遗珍·晨光熹微"的展厅，我们一眼就看到了中心柜展出的十二节良渚玉琮。我在《东方文明之光》上查到南京博物院发表的《苏州草鞋山良渚文化墓葬》一文，其上记录了这个玉琮并非在草鞋山遗址正式考古发掘出土，而是 1972 年当地砖瓦厂取土时发现后征集的，后来发现取土地为一个大墓，编号为 M199:9。玉琮整体高 31.2 厘米，饰有简化人面纹 48 组，是草鞋山遗址节数最多、器型最高的玉琮。玉器为深褐色，表面油润，应当是文献中所言的"玄玉"。[1] 按照 1986 年王巍在《良渚文化玉琮刍议》一文中的分类，良渚玉琮可以分为"器宽比器高大的短筒形玉琮（A 型琮）和器高比器宽大的长筒形玉琮（B 型琮）"两类。[2] 这个是长筒形 B 型琮，另一类短筒形 A 型琮的典型代表应该是浙江省博物馆所藏的反山出土的玉琮王。

关于玉琮的造型含义，比较著名的有张光直的沟通天地说。不过，这次上海会议上王仁湘老师提出"宗函"之说，在会上还引起了不小的震动。其实，早在 1930 年，瑞典学者高本汉就认为，玉琮为男根的象征。1957 年，凌纯声也提出，玉琮"是女阴和男根，是古代人民原始的生殖崇拜"。王仁湘老师说他对此正在写系列的论证文章，应该比高、凌二人的研究更为深入、系统。在此行的一路考察中，在王仁湘老师的提醒下，我特地去查看玉琮的出土位置，发现确实有一部分玉琮放在男性生殖器的位置。不过我想，这也许只是玉琮的造型含义之一。后来，在跟南京博物院陆建芳老师交流中，他提出玉琮是祖先崇拜和

① 南京博物院《苏州草鞋山良渚文化墓葬》，见徐湖平《东方文明之光——良渚文化发现 60 周年纪念文集》，海南国际新闻出版中心，1996 年，第 8、13 页。

② 王巍《良渚文化玉琮刍议》，《考古》，1986 年第 11 期。

宗族观念的体现，我认为其说颇有道理。

不过，这里最吸引我眼光的，还是"吴地遗珍·争伯春秋"展厅展出的真山东周墓葬出土的中国最早的玉衣原型。我从考古报告上看到，考古推测墓葬年代大约为春秋中晚期，这座墓葬原本是经过盗扰之后进行的抢救性发掘，所以文物出土时已经发生了部分位移。在死者的胸部位置出土了很多珠串，材质为孔雀石、绿松石、水晶、玛瑙等的玉珠、玉管共有 1 万余件，腰部以下位置出土有近 200 片牌形玉饰和 3 组 6 件精美浅浮雕兽面纹的拱形玉饰（推测为玉阳具套）。苏州博物馆展出了这套重新穿制复原的玉殓葬饰件，包括玉面饰、珠襦、玉甲、玉阳具套，这就是被称为"珠襦玉甲"的最早的玉衣原型。③那些牌形玉饰两侧都有钻孔，缝制起来确实像一块玉甲。不过，博物馆人员告诉我们，玉面饰是根据推测、想象摆设的，并非出土时的原貌。我目测了一下尺寸，确实比面饰大出太多，眉眼和口鼻之间的距离也不合比例，与山西晋候墓地出土的玉面饰相比差异很大。

说起玉衣的起源，学界普遍认为最早的雏形应是"珠襦"和"鳞施"。"珠襦"是玉珠串成的，"鳞施"是玉片穿成的。文献上记载，"鳞施，施玉于死者之体如鱼鳞也"。④这种玉衣的形制可能跟早期的铠甲战服有关。此外，《史记·齐太公世家》正义引《括地志》载："齐桓公墓在临淄县南二十一里牛山上……晋永嘉末，人发之……得金蚕数十薄，珠襦、玉匣、缯彩、军器不可胜数。"⑤此处讲到齐桓公曾以珠襦和玉匣为玉殓葬，如果文献记录属实的话，那么春秋早期即有玉衣殓葬之俗。

③　参见苏州博物馆《真山东周墓地吴楚贵族墓地的发掘与研究》，文物出版社，1999 年，第 56 页。

④　庄适选注，卢福咸校订《吕氏春秋》，崇文书局，2014 年，第 24 页。

⑤　司马迁《史记·齐太公世家》，中华书局，1997 年，第 1495 页。

上海金山区亭林遗址出土神面纹多节大玉琮
（摄于上海博物馆）

苏州真山东周墓葬出土玉殓葬饰件

① 王静《汉代玉衣研究》，河北师范大学硕士学位论文，2008年。

② 黄怀信《逸周书校补注译》，西北大学出版社，1996年，第220页。

然而，根据目前的考古发掘，出土最多的是汉代玉衣，属于西汉时期的为40余套，属于东汉时期的为30多套，两汉之交的有2套，玉衣的使用在时间上贯穿了整个两汉时期。[1]其中比较著名的有满城汉墓 M2 窦绾金缕玉衣和 M1 刘胜金缕玉衣、徐州狮子山楚王墓金缕玉衣、广州南越王墓赵眜丝缕玉衣等。不过，汉代的玉衣基本上都是鳞施，而鲜有珠襦了。

那么，玉衣到底最早始于何时呢？我自己正踟蹰在的商纣王之死的谜题里，玉衣就是其中的一个关键点。《逸周书·世俘》记录："时甲子夕，商王纣取天智玉琰缝身后以自焚。"[2]也就是说，当周武王打败商朝大军之后，商纣王穿上玉衣后才自焚而死。我推测那是一种衣玉升天祈求永生的玉石巫术仪式，跟后世的玉衣殓葬以求永生出自类似的玉石信仰观念。遗憾的是，到目前为止，商代遗址的考古发掘并未提供印证文献的证据。在上海开会时，我跟殷墟发掘领队唐际根老师讨论过这一问题。他告诉我，目前商墓发掘出来的只是一些片状玉饰而已，但考古发掘也是有限的，他鼓励我不妨思考一下商代的玉衣可能会是什么样子。

我曾经看过洪迈所著的《夷坚志》，其中有《比干墓玉》一章：

政和间，朝廷访求三代彝器，陕西转运使李朝孺、提点茶马程唐使人于凤翔发商比干墓，得大铜盘（径）二尺，及白玉四十三片，其长三寸，厚一半指，上圆而锐，下方而阔，玉色明莹。程、李留玉于秦州军资库，而以其盘献。徽宗曰："前代忠贤之墓，安得发掘？"罢朝孺而反其盘。

真州六合县境有山曰方山，四面平直，左右多古坟。绍兴十二年，村民因耕田穿一墓，得玉百余枚，皆长二寸，阔一指，上有小窍，大抵与比干墓物同。为运司一属官所得，携过天长，以示县尉魏生。魏求其一，属官不可，识者谓此古王公殓尸玉押也。③

这是一则宋朝盗墓的传闻轶事。虽然未必可信，却隐约透露出一些线索。现在我们已知比干墓不在陕西凤翔，不过，盗贼所盗掘的也可能是其他的商墓。从远古人们对玉石驱魔辟邪的认知来看，如果不以珠襦和鳞施来定义玉衣起源，早期的玉衣雏形也可能是衣服上的玉片饰，类似于巫师穿的法衣，用玉石的魔力来增强穿戴者驱魔避邪的能力，如此推测，比真山东周墓葬的珠襦玉甲更早的雏形应该是玉组佩。西周晚期晋侯墓地63号晋穆侯次夫人墓出土的玉组佩，还被列入了国家文物局

③　洪迈.《夷坚志》（下卷），九州图书出版社，1998年，第2025页。

广州南越王墓赵眜丝缕玉衣

"第三批禁止出境展览文物目录"。这件齐人高的玉组佩精雕细琢、由玉璜、玉珩、冲牙、玉管、料珠、玛瑙管组成，共计204件，以45件玉璜为主体，是迄今见到的组佩中玉璜最多的，穿戴在身上简直相当于半件玉衣了。

要进一步追索玉衣的雏形，陆建芳老师提醒我，也许还可以上溯到安徽凌家滩遗址出土的5000多年前的五连璜玉组佩，大约同时期的江苏东山村遗址也发掘出了马家浜文化时期的五连璜玉组佩。

苏州博物馆出口是太平天国的忠王府，叶舒宪老师指着忠王府照壁背后"太平天国"四个字说，那个时候的古字"太平天国"的"国"里面没有那一点，但也是"玉"的象征（汉简里的"玉"字有时候有一点，有时候两点，那一点还可能在头上）。"国"字当中有玉，这就是"玉成中国"的来处。

王者之钺与巫者之钺

第二天的考察十分紧凑，我们从苏州博物馆出来，顺道参观了东吴博物馆。吃完午饭，接着又考察了苏州古城考古工作站、黄泗浦遗址。

紧赶慢赶来到了传说中的东山村遗址。遗址位于张家港市东山村香山东侧的斜坡上，西枕香山，北依长江。这里分别于2008年和2009年进行了两次抢救性考古发掘，发掘总面积约2300平方米，由南京博物院联合张家港市文管办、张家港博物馆等单位进行发掘。发现了一批马家浜和崧泽文化时期的高等级墓葬，首次发现崧泽文化时期高等级大墓和小墓分区而葬的阶层分化现象，勾勒出马家浜文化晚期到崧泽文化早中期的演进轮廓，具有十分重要的价值，入选国家文物局"2009年度全国十大考古新发现"。

晋侯63号墓玉组佩
（摄于山西博物馆）

东山村 M101 出土玉器

张家港博物馆展出了东山村遗址发掘出来的文物。M101 出土的玉器尤其令人瞩目，这是马家浜文化墓葬中出土玉器数量最多的一座，包括玉璜 5 件、玉玦 2 件、玉管 12 件、管形饰 2 件，共 21 件。5 件玉璜位于墓主人颈部，我从考古发掘报告上得知，这是马家浜文化晚期的墓葬，墓主人是一位成年女性，这 5 件玉璜可以说是史上最早的组璜佩。[①] 易华老师开玩笑说，这个可能是王后的墓，正好跟旁边的"崧泽王"墓对应。

所谓的"崧泽王"墓是指 M90。因为东山村遗址发掘了 10 座崧泽文化时期的大型墓葬，随葬品种类除普通的生活日用陶器外，还随葬有相当数量的玉、石器，其中的 M90 规格最高，出土玉器 19 件，是已发掘崧泽文化墓葬中出土玉器最多的，其中还有 5 件大型石钺。严文明老先生来考察东山村时，看到 M90 出土的 5 件石钺激动不已，亲笔题写了"崧泽王"三个字。从考古报告来看，这些石钺刃部没有使用痕迹，其中一件石钺下方土壤发现数道朱彩纹饰印痕，应是石钺穿孔上方的彩绘纹饰。[②]

"钺"在《说文解字》中被解释为"大斧"，甲骨文和金文中"钺"的写法几乎相同，分别写作"钺"和"钺"，其形状为带柄的大斧。在新石器时代，石斧是使用很广泛的砍伐性

① 钱峻、胡颖芳、钱春峰、肖向红、张永泉、周润垦《江苏张家港东山村遗址M101发掘报告》,《东南文化》,2013年第3期。

② 周润垦、胡颖芳、钱春峰、钱峻《江苏张家港市东山村遗址崧泽文化墓葬M90发掘简报》,《考古》,2015年第3期。

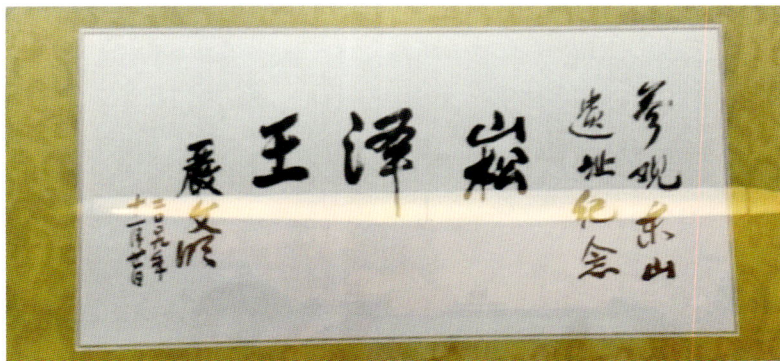

严文明先生题字"崧泽王"

生产工具，后来逐渐演变出薄身宽刃的石钺。石钺在诞生之初，应该是用作劈砍的生产工具。目前在墓葬中大量出土石钺的遗址为北阴阳营，北阴阳营墓地的 271 座墓共出土 142 件石钺。

有学者考察，良渚文化、红山文化、龙山文化等诸多考古学文化中，玉钺和多材质、多形制的器物并存，并存材质包括石、骨、木、陶等等。形制更是多种多样，各类器物之间无论从数量、种类、摆放位置、使用方法、搭配组合都看不出明确的规律性，看不出明确的使用功能，没有明确的专业职能分工，钺的演变经历了从石钺到玉钺，再到青铜钺的历程。[1]

从石钺演变到玉钺、青铜钺，学界普遍认为钺是王权和军权的标志。最典型的是反山高等级墓葬出土的玉钺，我曾有幸在浙江省博物馆欣赏到著名的"钺王""琮王"：雕刻有神人兽面纹的玉钺与玉琮同时在一座墓中出土，玉钺长 17.9 厘米，刃宽 16 厘米，厚 0.8 厘米，略带褐斑，近背处有一钻孔。左上角有一个浅浮雕神人兽面神徽，左下角有一浅浮雕鸟纹，因其工艺高绝、造型独特而被誉为"玉钺之王"。按出土部位，大致可以认定钺的柄端在墓主左手，钺身在左肩部。墓主人玉钺在握，正是文献中"执秉玉钺"的形象原型。加之玉钺无使用痕迹，显然不是实用的工具或武器，有学者认为应是武器的象征物，是代表权力的"权杖"之类。[2]

到了商代，商王后妇好墓出土了 4 件青铜钺，其中 1 件为

① 杨立民《史前玉钺的形上观察》，《华夏考古》，2013 年第 1 期。

② 王明达《反山良渚文化墓地初论》，《文物》，1989 年第 12 期。

著名的虎扑人头钺，重达 9 公斤，另外还出土了 2 件玉钺，一为棕色、一为褐色，刃面较钝，没有使用迹象。[3] 何保军分析了商代墓葬中出土的玉钺和青铜钺的搭配之后，发现一个可能涉及等级差异的殉葬规律：只有在妇好墓、花东 M54、郭家庄 M160 三座墓葬才同时用玉钺和青铜钺殉葬，这三座墓主人不仅处于王畿地区，而且地位极高，具有极高的军事领导权。此外，即便是新干商墓、盘龙城商墓、郑州商墓这些大墓，也只有青铜钺或玉钺殉葬。

　　类似的情况，林留根在分析良渚文化墓葬的社会结构时，也注意到石钺（文中称为石斧）在良渚上层社会的墓地中具有

③　中国社会科学院考古研究所《殷墟妇好墓》，文物出版社，1980 年，第 105、140 页。

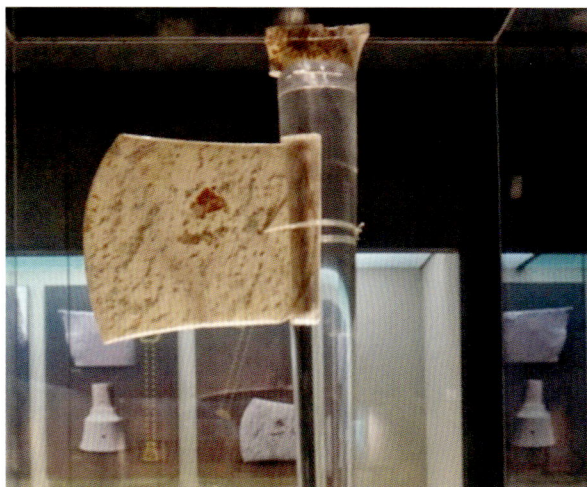

反山出土"玉钺之王"（摄于良渚博物院）

妇好墓出土青铜钺

嘉兴出土良渚文化大孔抛光石钺
（摄于嘉兴博物馆）

桐乡白墙里遗址出土良渚玉钺
（摄于桐乡博物馆）

指示社会分层的重要作用。出土石钺的反山 M20、瑶山 M7、草鞋山 M198、寺墩 M3、M4 等顶级大墓，都代表了良渚社会的最高层，墓主人拥有财权、兵权、神权和政权。①

正在参观的叶舒宪老师极其敏锐，他指着展出的 M90 墓葬出土文物问我们，这个"崧泽王"还有什么身份？我们一一看过去，除了石钺，还有漩涡形的陶球和石锥、石英砂。我这才想起，考古报告上专门鉴定了那件石锥，通体呈紫褐色，经鉴定主要成分为含铁量较高的铁矿石。该石锥出土于墓主头部右下方，墓主头部下方还发现一堆石英砂及 1 件砺石，据此初步推断，石锥与砺石、石英砂共同组成一套玉石器加工工具。②叶老师接着说，他可不是一般的玉工，很可能是一位善于琢玉的部落巫师。我在心里暗自佩服，一些不起眼的零碎细节，叶老师用神话观念的显微镜一看，顿时就纤毫毕现了，大约这就是所谓的学术洞察力吧。

叶老师的推断，让想起我另一位学者的分析：钺的功能演变是由巫到王，从巫觋法器演变为仪仗礼器的瑞玉。至新石器时代晚期玉钺仍旧是巫觋文化的产物，是巫觋者用来"事无形"的法具。后来，玉钺由巫觋者用来"事无形"的法具转变为王权的象征。③

更有意思的是，叶舒宪老师还从上古的天文神话观考察了"钺"这个名称的由来：有一个西方之星叫钺。《鹖冠子·天则》："四气为政，玉钺与军权、王权神话，前张后极，左角右钺。"陆佃解："一作越。钺，西方之星也。"《史记·天官书》："东井为水事。其西曲星曰钺。"天体不同位置的星代表人间不同的祸福定数。钺为什么能代表人间暴力杀伐？原因也可能来自星象神话。从天钺神话到人间钺的制作，一种代表天罚或替天行道的神话意蕴，就这样注入华夏的斧钺符号传统之中。④也许，正是因为钺诞生在如此深远的神话思维中，才成了从神权到军权、王权的特殊象征物。

① 林留根《试论良渚文化的内部分层和社会结构》，见徐湖平《东方文明之光——良渚文化发现 60 周年纪念文集》，海南国际新闻出版中心，1996 年，第 264 页。

② 周润垦、胡颖芳、钱春峰、钱峻《江苏张家港市东山村遗址崧泽文化墓葬 M90 发掘简报》，《考古》，2015 年第 3 期。

③ 杨立民《史前玉钺的形上观察》，《华夏考古》，2013 年第 1 期。

④ 叶舒宪《图说中华文明发生史》，南方日报出版社，2015 年，第 141 页。

生活在神话的大传统中

4月11日，考察的第三天，我们到了南京。一夜春雨，气温骤降，从30度跌到了10度，真可谓是冰火两重天，然而考察团的成员却热情不减。上海交通大学的唐启翠上完学生的课后，大清早5点钟就坐高铁赶来南京，与考察团汇合。

今天我们考察的第一站是南京朝天宫，也就是现在的南京市博物馆。朝天宫的棂星门正对着泮池，据说南京最大的泮池在夫子庙前，这个或许第二大吧。叶舒宪老师变换了几个角度，试图把这个半月形的水池拍摄下来。汉代班固《白虎通·辟雍》有云："天子立辟雍何？所以行礼乐宣德化也。辟者，璧也，象璧圆，又以法天，于雍水侧，象教化流行也。"按照礼制，天子太学中央有一座学宫称为"辟雍"，为圆形且四周环水，而诸侯之学不得观四方，故缺东以南，半天子之学，故为半月形。这圆形和半圆形背后透露出中国式的日月神话思维。如果从玉文化崇拜的符号来分析，辟雍为圆形，是玉璧的象征；泮池为半圆，是玉璜的象征。对古代中国人而言，玉石乃天赐之石，是日月山川之精华，玉石崇拜体现了最典型的中国式神话观念。在泮池两边的门楣上，左边写着"道贯古今"，右边写着"德配天地"。在这里，或许可以看出儒家和道家的思想也都来自天人合一的神话渊源，还能很好地体会文学人类学文化文本之

南京朝天宫泮池

无锡邱承墩遗址、江阴高城墩遗址出土神权标志玉石钺（摄于南京博物院）

编码原理。

　　顺着石阶，走上大成殿，殿内挂着三块蓝底金字的大匾：两边是"圣神天纵"和"斯文在兹"，"圣集大成"在中间，再加上"朝天宫"的名称，无一不透露出天人合一、即凡成圣的神话意蕴。叶舒宪老师十分感慨：很多人只知道在故纸堆里去找寻神话的文献，殊不知神话的物质文化证据在中国的大地上比比皆是。这些都是中国神话的大传统，而我们时刻生活在神话传统中却不自知，实在是当代人的悲哀。

　　匆忙考察完朝天宫，我们来到了南京博物院，这里是江苏省的博物院。负责接待的张雪菲老师带我们从博物院的员工通道进入博物院。员工通道上挂满了南京博物院的院史照片，走在其中仿佛穿越时空隧道，这收藏历史之地背后的历史变幻，更加令人感慨唏嘘。这个地位特殊的博物院，在中国人文思想史上留下了厚重的一笔。难怪前两天在上海开会的时候，方向明先生跟南京博物院的陆建芳先生再三强调，南京博物院的院史值得好好研究。

　　8年之后，我第二次来到这个博物院，发现南京博物院的馆藏文物又升级换代了不少。我们前两天考察过的草鞋山、赵陵山等遗址所出土的文物，就在这所博物院里收藏着。博物院的几座墓葬模拟展示非常直观生动，随着时间的推移，从陶器到玉器，随葬品由少到多，反映了社会的贫富分化，可以看出良

寺墩遗址 M3 号墓葬模拟展（摄于南京博物院）　江苏盱眙县大云山汉墓汉王玉棺

渚文化玉器随葬的演变脉络。

　　最牛的是寺墩遗址 M3 号墓葬，墓主人是一位 20 来岁的青年男性，随葬品多达 124 件，随葬的玉璧和玉琮加起来一共有 50 多件，排列出来极其震撼。玉璧放置于头部、胸腹和脚部，最大且制作最精良的一件放在腹部，直径 26.2 厘米、厚 1 厘米。玉琮中比较特别的是一件兽面纹镯式琮，置于死者头部右上方；其他玉琮均为横槽分节、高矮不一的方柱体，大体围绕人骨架四周摆放，最高的一件玉琮有 13 节，高 36.1 厘米。我们打趣说，由此可见远古人们的鄙视链是一个人拥有玉器的多少。南京博物院的陆建芳先生微信告诉我，寺墩遗址 M3 墓葬的信息极其丰富，至少可以说上半天。可惜的是，他今天出差在外，我们没法当面探讨，这让我萌生了再访南京博物院的念头。

　　南京博物院考古队发掘了著名的狮子山汉墓和大云山汉墓，所以，在这里也展出了两座汉墓出土的精品玉器。其中令人震撼的是那个棺材盖板，整个棺材盖板都是用金玉镶嵌而成，而且晶莹碧绿，比其他汉墓出土棺盖的玉质好。旁边还展出了一整套玉殓葬饰件，从玉覆面到玉玲、玉猪握、玉衣片、玉塞，那感觉就是要把人从里到外都用玉裹起来，以保精气不泄、尸体不腐。汉代是一个极有神话意蕴的朝代，朝廷上下都追求升仙成道、永生不死。金缕玉衣就是汉代王侯追求永生不死的极致体现。

因为参观的时间太短，等我们匆匆出来的时候，只有叶舒宪老师看完了他要看的文物。他提醒大家，里面展出了一个一尺左右的白玉璜和白玉璧。按照礼制，白玉璧只有天子才能用，这位汉王显然僭越了。看得慢的人听叶老师这么说后悔不迭，只能感叹参观博物馆是个技术活儿，外行看热闹，内行看门道，能看到什么东西全靠自己的眼力了。

在湖州小结的那晚，王老师告诉我们，一个人做学问，当你觉得孤独的时候，你就成功了一半；如果你孤独之后，还能找到几个同行者（当然越多越好），那你就成功了大半。他的话，让在座的同行都有"于我心有戚戚焉"之感——一个人有了独自行走的勇气，才有强大的内心。同时，这种强大的力量，又会吸引来一群志同道合者共襄大业，这就是所谓的"大道不孤"吧。

叶老师总结说，"玉成中国"——"玉"这个中国文化里最美好的象征物把大家聚集在一起，一群比德于玉的君子，为了探源中华文明的事业而共同行走。

福泉山遗址出土良渚玉璧（摄于上海博物馆）

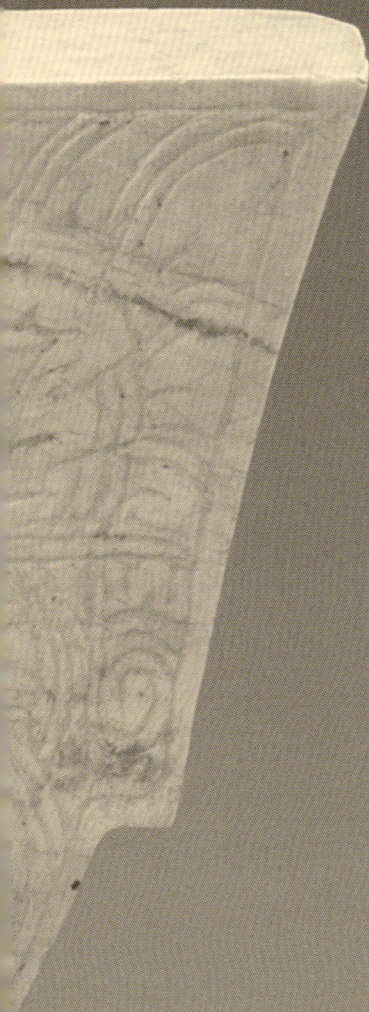

下编　专论

创世鸟神话"激活"良渚神徽与鸿蒙 ①
——兼论萨满幻象对四重证据法的作用

叶舒宪

① 项目：上海市社会科学特别委托项目"中华创世神话的考古学研究"阶段性成果。

摘要：神话学，其奠基人麦克斯·缪勒又称"比较神话学"。文学人类学派的四重证据法，将神话学从文学艺术拓展到历史和考古研究，拓展了比较的视野，关注史前图像的神话观念阐释。本文突出证据间性的互阐作用给神话"比较"带来的方法启迪：从萨满幻象的人鸟合体意象入手，重新解读良渚文化人鸟合体神徽和河姆渡文化"双鸟朝阳"意象，发掘潜含在长三角史前文化鸟崇拜中的创世鸟观念，并贯通阐发古文献《山海经》神鸟帝鸿（鸿蒙）神话的创世观，强调萨满幻象作为催生神话想象的第三重证据，其对神话的文献叙事（一二重证据）和文物图像叙事（四重证据）的再语境化作用，提炼为"激活"作用论。

关键词：四重证据法　萨满幻象　黎明创世鸟　良渚神徽　帝鸿（鸿蒙）

一、萨满幻象与良渚神徽解读

1996 年初读哈利法克斯博士的《萨满之声》，感觉这部书对学习文学理论、艺术理论的人，乃至对整个文科方面和文艺创作界人士，都能带来实际的启悟。于是准备将其译为中文。拖延 23 年之后，如今这部书中译本将面世，恰逢社会科学文献出版社推出米尔恰·伊利亚德教授的名著《萨满教——古老的入迷术》中译本，窃以为这两部书恰好构成一对，二者具有一种相辅相成和相得益彰的关系。与伊利亚德的学术巨著不同，哈利法克斯博士的书虽然也是在西方知识界流行一时的名著，但不是从纯学术研究的意义上撰写的，也不是从宗教史视角去展开理论性探讨，而是带有一种广泛取材的萨满经验自述读本的性质。从大众接受的角度看，这部《萨满之声》的富有创意之处，是让来自世界各地的萨满和巫医们以"夫子自道"的方式娓娓道来，一个接着一个地讲述自己成为萨满的成年仪式的痛苦经历，以及如何利用自我修炼成的法力去普度众生，实施救死扶伤的治疗实践。

《萨满之声》收录的这一批来自世界各地萨满的梦幻叙事作品，对于当今发达文明社会的一般读者和从事学术研究的人，会有怎样的启悟呢？笔者翻译本书的体会是，这部书在帮助现代人重新学习"时空穿越"的心理技巧方面，堪称一部入门的经典教本，也可以为方兴未艾的我国本土萨满学[1]建设添砖加瓦，提供基础的参照资料。

现代人生活的现实世界，在理性与科技的宰制之下，与那种习惯于让头脑达到时空穿越境界的萨满幻象氛围，相去十分

①　国内萨满学的崛起，可以 21 世纪以来的两个事项为标志：其一，中央民族大学文日焕教授主编的"中国少数民族非物质文化遗产研究系列·萨满文化丛书"（10 部调查报告）陆续出版，民族出版社，2007 — 2017 年。其二，2006 年，长春师范学院萨满文化与东北民族研究中心被评为吉林省普通高校人文社会科学重点研究基地，陆续推出的研究成果包括郭淑云教授主编的《域外萨满学文集》，学苑出版社，2010 年。

《萨满之声》英文版封面　　　《四重证据法研究》封面

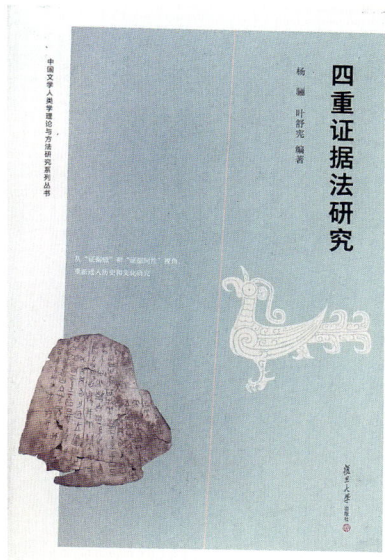

遥远。当今的生活世界是纯粹的世俗性的，而萨满的穿越本领就在于神圣想象中的上天入地，融入神祇与精灵的奇异世界。看过影片《阿凡达》的人，一定对卡梅隆导演创造的潘多拉星球的纳威人奇幻世界，留下过深刻印象。那恰恰是一种按照萨满式思维而描绘出的人与万物通灵的精神境界。其原型就是在远古欧亚大陆上曾经流行广泛的萨满法术境界。萨满所特有的这种超乎常人的禀赋，正是一种超脱凡俗世界而迈进神圣世界的主观感知调节本领。在漫长的前现代社会，整个地球上的先民都曾经长久地生活在类似萨满的精神氛围之中，萨满文化也因此被国际学界公认为我们文明和文化的最深厚的精神根脉。其年代深远和积淀厚重的程度，往往超出今人的想象。

　　《萨满之声》卷首的插图，就来自旧石器时代后期法国洞穴壁画的萨满化身动物仪式舞蹈图景，距今3万多年。那是最具有说服力的神话式穿越的直观呈现：这位萨满身体为前倾的舞蹈状，头顶上方所戴高冠是一对大鹿角，向上高高耸起，其耳朵是狼耳，其面部胡须像狮子，其前掌为熊掌，其尾巴则为马尾。人与多种兽类的梦幻组合形象，就这样被数万年前的艺术家生动绘制出来。当代人要追溯和理解人类神话想象力之源头，或许没有比这类数万年前的艺术形象更为便捷的门径了。专家们公认，萨满学对人类精神文化源头的认识、对宗教起源和艺术起源等方面都已经带来革命性的突破。

　　人类学和萨满学研究表明，在欧亚大陆北缘的狩猎民族和美洲、澳洲原住民中普遍看到的萨满出神一类超常的心理现象，是直接从旧石器时代延续下来的十分悠久的人类文化遗产。人类学家们在各地田野调研中搜集到的形形色色的萨满幻象叙事和梦幻故事，都是能够代表人类史前期的精神和信仰状态的活化石，这对于认识史前文化和早期文明过程中许多符号现象，解读古老的神话叙事疑难，具有极佳的参照作用。对于国内的文学人类学一派而言，萨满文化的丰富材料，恰好发挥着人文研究新方法论建构的"四重证据法"之第三重证据的作用，是能够给新发掘出土的上古和史前文物，即第四重证据，提供一种"再语境化"解读的珍贵参照资料。

我国传统国学的研究范式以文献研究为主。我们将传世文献作为研究者所能掌握的第一重证据。由于国学基本上忽略无文字的文化传统（甚至蔑称无文字者为文盲），这就难免会切断历史传承脉络，湮没大量没有得到文献记载的古老文化真相。也使得文字书写传统成为无源之水、无本之木，并严格限制着读书人的知识观念。四重证据法，基于当代跨学科研究潮流，旨在融合国学考据学方法与西方社会科学方法，强调从二重证据（出土文字）、三重证据（非文字的口传文化与仪式民俗等）和四重证据（出土的遗址、文物及图像）整合而成的"证据链"和"证据间性"视角，重新进入历史、文学和文化的研究，旨在有效地融合人文研究的阐释学方法与社会科学的实证方法，同时强调人类学研究的口传与非物质文化遗产（即民间的活态文化传承）、考古学新发现的物质资料和图像资料。萨满文化无疑属于口传与非遗的范畴。哈利法克斯博士采集的这些各地萨满叙事的资料，本身就具有人类学的民族志性质。萨满幻象所代表的神话式的感知方式与思维方式，具有一种超越时空地域限制的统一性和规律性。对于研究者而言，这样的材料能够起到举一反三的推论引导作用。

那么，具体而言，怎样才能让萨满文化材料发挥出求解古老文化现象的三重证据之作用呢？

在 2018 年 12 月"第二届中华创世神话上海论坛"上，笔者报告题为《玉文化先统一长三角，后统一中国——神话学的大传统视角》，所论说的是在 5000 年前给长三角地区带来一体化发展的良渚文化及其特色。当时长三角区域一体化的文化关键要素，在于遍布沪宁杭地区和安徽南部地区的玉礼器王权象征体系（玉钺、玉璧、玉琮、玉璜组合），尤其是统一标准的鸟神崇拜和神徽意象——头顶巨大鸟羽冠、中间为神人面，足为鸟爪的鸟人形象的普及流行。这一距今约 5000 年的南方

神话意象，被考古工作者认为是类似后世文明中一神教的信仰
对象，也是后来商周两代青铜礼器上神秘的饕餮纹之原型。那么，
这种半人半鸟的神秘神像，代表着怎样的崇拜观念和具体神话
蕴含呢？四五千年过去了，今人的解说怎样才能更加接近或契
合良渚时代的巫师萨满们用艰苦的切磋琢磨方式创制这类神徽
形象的初衷呢？

　　《萨满之声》第八章的一个梦幻叙事案例——南美洲瓦劳
族印第安萨满的"黎明创世鸟"（creator-bird of the Dawn）
故事，为笔者重新面对良渚神徽的解读任务，提供了"再语境化"
的直接帮助。

　　首先，今天的东亚洲人群中已经看不到头戴巨大羽冠的族群
形象了，但是太平洋彼岸的美洲印第安人恰恰是以头戴巨大羽冠
而著称的民族，鸟和鸟羽之于印第安萨满的意义，或许更接近良
渚巫师头戴巨型羽冠的原初意义吧。前辈专家学者张光直和萧兵
等，都曾论述过史前期"环太平洋文化圈"的存在，良渚神徽的

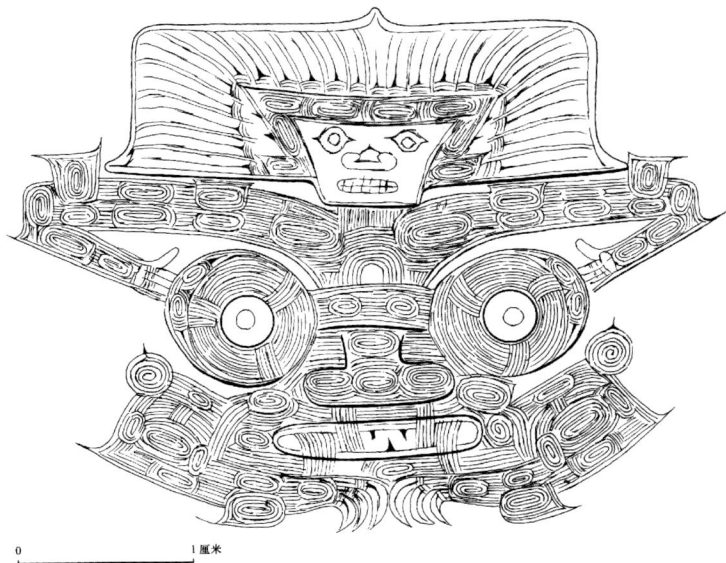

图三八　玉琮(M12∶98)纹饰细部

余杭反山 M12 出土良渚文化玉琮阴刻鸟人合体神徽 距今约 4700 年
引自浙江省文物考古研究所《反山》（上册），文物出版社，2005 年

巨型羽冠图像的重现天日，必将给这个广阔范围的文化圈研究带来新的学术憧憬。将欧亚大陆东部沿海地区的史前文化放在整个环太平洋文化圈大视野中，最好的启迪就是改变以往那种作茧自缚的地域性视野限制，克服见木不见林的短视和盲视的局限，在宏阔而切实的文化关联体系中重新审视对象。

其次，美洲印第安人的祖源是亚洲，在距今1.5万年之前即白令海峡形成之前就已经迁徙到美洲。瓦劳族印第安人讲述的鸟神话，不是文学或审美的文本创作，而是萨满出神幻象中呈现出来的超自然意象。这样具有十足穿越性质的神话意象，给良渚时代以神徽为代表的史前图像认知带来重要的方法论启迪，那就是：不能一味地用非此即彼的逻辑思维（逻辑排中律）去认识数千年前的神幻形象，需要尽可能依照当时人仅有的神话感知和神话思维方式，去接近和看待这些神秘造型的底蕴。而大洋彼岸的现代萨满的幻象体验，恰好鲜明地表现出这种神话感知方式的穿越性和非逻辑性：A 可以是 B，也可以是 C……准此，人可以是鸟，也可以是鸟兽合体，或人、鸟、兽的合体。良渚神徽恰恰是这样一种全然违反逻辑思维规则的多元合体的

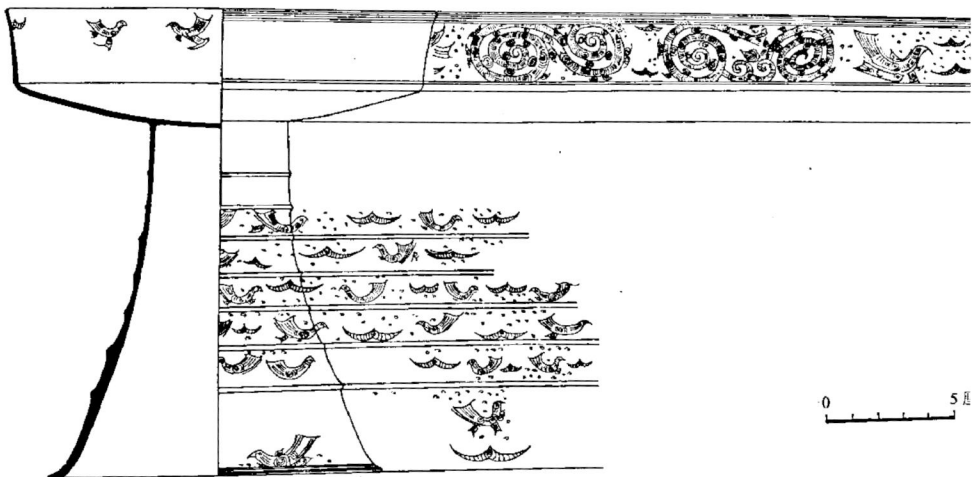

上海青浦福泉山遗址出土良渚文化陶豆的飞鸟和鸟首盘蛇形象 距今约4900年
引自黄宣佩《福泉山——新石器时代遗址发掘报告》图七二，文物出版社，2000年

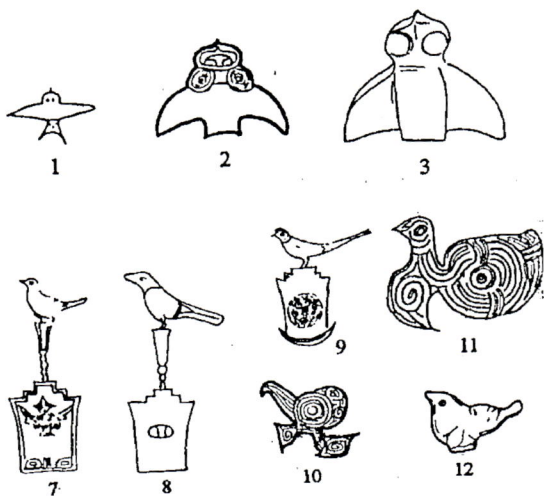

良渚文化的玉鸟和玉璧、玉琮上的"鸟立神坛"类图像
引自张明华《良渚文化论坛》，中华文化艺术出版社，2003 年，
第 145 页

形象。尽管如此复杂微妙，神徽中的人面和鸟羽冠、鸟爪，都
是一目了然的。其所对应的当然不是现代科学思维中"可能"
与"不可能"截然对立的判断，而反倒是吻合较多保留着神话
式感知方式的《山海经》叙事特色：其神人面鸟身，其神人面
虎身，以及"鱼身而鸟翼，其声如鸳鸯""有鸟焉，其状如鸮
而人面，身犬尾"[1]等等。人、禽、兽三位一体的想象，不是出
于创作需要，而是萨满特殊意识状态下的幻象产物。

　　良渚先民创造出这样一种幻象中的鸟人形象，究竟代表着
什么？当时人习惯的玉鸟和陶礼器上的飞鸟、鸟头蛇一类造型，
还有玉器上模式化出现的"鸟立神坛"图像等，不仅在浙江的
杭州湾地区和江苏的环太湖地区多有发现，在上海青浦的福泉
山遗址良渚文化文物上也是批量地出现。这不是 5000 年前"上
海人"的神幻想象穿越三界的明证吗？由于后人对于长三角地
区史前文化的无知，才会有大上海起源于 200 年前之小渔村的
流行说法。

　　如此看来，萨满的出神体验及其神幻想象，对于今天重新
认识古老文化传统之根，是大有帮助的。认识到 5000 年前的长

[1]　袁珂《山海经校译》，
上海古籍出版社，1985
年，第38-39 页。

三角地区如何围绕着一种显圣物"玉礼器"而发展为一体化的
地方王国，这对于重新塑造具有深度历史感的上海形象和长三
角文化一体形象，将有积极的启示意义。文化原型一旦得到揭示，
创意想象就能找到依据和出发点。以下再细分三个层次展开鸟
神话的分析。

二、凿破鸿蒙：黎明创世鸟与河姆渡"双鸟朝阳"图像

瓦劳族印第安人萨满神话将神鸟意象与创世记的宇宙起源
想象联系在一起，称之为"黎明创世鸟"，这个称谓分明指向
三种想象中的关联：

第一，鸟和创世的关系：以往人们也知道以鸟为神的信仰
在各地十分普及，许多史前社会或原住民社会都流行鸟神崇拜、
鸟形灵的信仰、鸟占的占卜实践等等。但是，鸟崇拜如何与创
世神话想象的创造主神相关，这则印第安神话提供出不可多得
的参照意义。神鸟之所以获此殊荣，这和它的两个习性特征有
关：其一是它为羽翼动物，能够飞升于广阔的天宇之中，这自
然容易引发鸟为天上神灵与地上人类之间的信息中介者的联想。
飞鸟，这种介乎天与地之间的生物，就承担起以天地开辟或分
离为表象的创世神话想象之主体功能，"创世"母题与"鸟"
母题就此结缘，成为所谓"创世鸟"。长三角地区有大量的史
前图像证据（第四重证据）表明：这里的史前文化同样有可能
催生出类似的鸟神创世观念。

第二，鸟和黎明的关系。印第安萨满神话叙述中，创世鸟
这个专有名词的定语修饰词即"黎明"，等于将光明战胜黑暗
或黑夜的伟业完成者，聚焦到创世鸟这个形象上。这显然是以
日出东方的日常经验为想象原型的一种再创造。这让人很容易
联想到创世神话所共有的时空发生程序：作为创世之前提条件，
要先有黑暗不明的混沌状态，随后发生的创造过程，通常就可
以表现为从黑暗中出现光明。这样表现的世界及万物诞生过程，

良渚玉鸟

（良渚遗址管委会供图）

带有羽翼的玉璜，安徽收藏家藏品，
更容易引发玉器的神话飞升联想，
疑为凌家滩文化

（张敬国引荐，摄于安徽省玉石文
化研究会）

反山 M12：98 出土良渚玉琮王
（良渚遗址管委会供图）

仿鸟型陶器 海盐出土崧泽文化早期红陶三足壶
（摄于海盐博物馆）

原来就是以黎明取代黑夜的日常感知经验为其基本原型的。鸟类不仅可以给人类报春，还同样可以充当给人类报晓的符号功能。人类的作息时间表，通常会按照"日出而作，日落而息"的自然法定程序。先于人类从夜梦中醒来的，恰恰就是破晓时分的鸟鸣之声。"黎明鸟"的神话式联想观念，就这样应运而生。在一些古老文明的万神殿中，除了必不可少的日神、月神和星神之外，还会有专门掌管曙光现象的"黎明之神"，良有以也。西周金文的王者入宗庙叙事时间，经常出现在黎明时分的"昧爽"，即天刚蒙蒙亮之际，也是有其效法天道运行之依据的。黎明创世的神话表象，隐喻着光明凿破鸿蒙，这也意味着新时空的开辟，生命的更新或再生。金文叙事的第一句讲到王者都习惯用套语"唯王"，一般理解"唯"字是毫无意义的发语词，笔者认为是传统的误读。"唯"字从口从隹，隹是短尾鸟类的总名，"唯唯"代表神鸟的叫声。神鸟在上"唯唯"，人王在下"诺诺"，是领会神意的虔诚表现。[1]恢复神鸟与创世的联想，将给甲骨文、金文叙事套语研究带来新突破。这些当属第二重证据方面。

　　在创世鸟这个神幻想象的观念中，其实还潜含着诸多哲学意味的信仰和观念内涵。只因为有鸟人一体的想象存在，创世神话没有发展为哲学抽象化的宇宙发生论，反而留下生动具体的创世主神形象，并定型在太平洋两岸萨满巫师们虚实相间的幻觉具象之中。虽然时隔千载，却依然可以遥相呼应，相得益彰：印第安神话用语言讲述创世鸟；良渚先民则用各种鸟形图像来表述。

　　第三，鸟和光明的关系——"太阳鸟"观念的再认识。在神话学研究中，一般理解的太阳和鸟的关系是，由能够飞翔于天空的大鸟运载着太阳开始每日自东向西的旅程。瓦劳族萨满神话提示我们：除此之外，太阳也是黎明之光的光源，鸟的报晓功能同样能将鸟与太阳直接联系在一起，正如作为家禽的公鸡在后代人观念中牢牢占据着报晓之鸟的位置，甚至被比附为金鸡报晓的太阳鸟。瓦劳族萨满神话的主人公，既是人，又是神，

① 参看叶舒宪《文学人类学教程》第六章"神圣言说"第五节"隹"（唯）与"若"（诺），中国社会科学出版社，2010年，第204-213页。

还表现为动物。其主人公身份是"光萨满"，可见将三种成分统一在一体的直观意象就是"光"。

以上三种关系相互错综，对神鸟作为创世主的想象原型溯源，能够给出很好的打通式解释。从影响力的程度看，《圣经·旧约》中的《创世记》，应该是世界上知名度最高的一种创世神话，通过2000年来的无数信徒们每个礼拜日的读经纪念活动，上帝从黑暗的混沌水面上创造出光明，随后创造出宇宙万物的故事，如今几乎已家喻户晓。但是希伯来人的创世主，虽然也有一个名字留下来——耶和华，但他并没有留下具体可感的形象。作为文明史上后起的人为宗教——犹太教和基督教，都是以禁绝偶像崇拜为其突出特征的。所以耶和华作为创世主的神话形象的内容，在《旧约》成书的那个时代（约公元前5世纪）开始，就全然被祭司们抽象掉了。这必然导致此一重要创世故事的叙述残缺。人类学家在南美洲原住民萨满幻象中采集来的"黎明创世鸟"这个神话意象，恰好可以弥补这个形象的空缺，让我们充分体会到如下系列问题的答案：

具象的创世观和抽象的创世观，是如何依次发生的？孰为先，孰为后？孰为源，孰为流？其人类经验的基础又是什么？

抽象的创世观，在《旧约·创世记》叙述中是以上帝说出"要有光"这一句话开始的。上帝说到什么，就有了什么。这是一种言词的创世。其古老的信仰根源在于"言灵信仰"。[1]萨满巫师们呼风唤雨的本领，也基于此种信仰。

具象的创世观，以瓦劳族印第安萨满神话的黎明创世鸟为创造主，这个意象也具有半人半鸟的合体想象特色，创世鸟不用语言，只靠思想，就完成了"心想事成"方式的创世工作。

一天，一个青年从东方站起，伸展开他的双臂，宣布他的名字：Domu Hokonamamana Ariawara，意为"黎明创世鸟"。他的左翼握着一只弓和两只颤动着的箭，右翼则拍打着自己的尾羽，发出嘎嘎的响声。他身体的羽毛不停地唱着只有在东方能听到的新歌。

[1] 关于"言灵信仰"与创世观念，请参看拙文《言意之间——从语言观看中西文化》，《陕西师范大学学报》，1992年第3期。拙著《老子与神话》第二章三节"语言、创世、存在"，陕西人民出版社，2005年，第209-217页。

他具有一种心想事成的特殊本领。当这只"黎明之鸟"想到一个房子——这个房子立即出现：一个圆形的，白色的，由烟草构成的房子。它看起来像是一朵云。这位唱着歌的鸟摇着他的响尾走了进去。

接着他想要四个同伴；四个男人和他们的配偶。于是，沿着"烟草之房"东面的墙，为每对夫妻而建的屋子就准备好了。②

要追溯这种创世鸟的经验基础也很容易，只要找出代表人类视觉之光明经验的日出东方的现象，就可大致清楚了。人类对曙光取代黑夜的现象，可谓日复一日，司空见惯。黎明取代黑夜的自然变化，年复一年，给人类经验首先带来的不是自然规律的认知，而是神话化的开天辟地想象——要有光！

总结以上分析可知：太阳崇拜、光明崇拜、黎明崇拜、鸟崇拜、创世主崇拜，这样五合一的神话观念结合体，完全隐含在萨满思维的黎明创世鸟神话意象之中，真是生动、具体而丰富，意味深长，用所谓"不著一字尽得风流"来形容，实不为过。良渚神徽的鸟人形象，是否可以做出同样神话原理的解读呢？

答案已经是不言自明的。在我国学界对此神秘形象的现有解读中，已获得较普遍认可的有鸟神崇拜说③、太阳崇拜说④等多种相关论点，所缺乏的恰恰是萨满幻象式的变形与整合观点，一般难以跳出逻辑理性"非此即彼"的认知误区，也无法意识

② Joan Halifax, *Shamanic Voices: A Survey of Visionary Narratives*, E.P. Dutton, 1979, pp.227-228.

③ 有关良渚鸟神形象的辨识与研究，以良渚博物院和浙江省文物考古研究所的两位专家观点为代表。参看：蒋卫东《良渚文化鸟灵文物述略》，见杨晶、蒋卫东《玉魂国魄——中国古代玉器与传统文化学术讨论会文集（四）》，浙江古籍出版社，2010年，第215-224页；刘斌《神巫的世界——良渚文化综论》第二章三节"良渚文化的鸟与神"，浙江摄影出版社，2007年，第80-91页。

④ 牟永抗《良渚玉器上神崇拜的探索》，见《庆祝苏秉琦考古五十五年论文集》，文物出版社，1989年。牟永抗《东方史前时期太阳崇拜的考古学观察》，台北《故宫学术季刊》，1995年第12卷第4期。

浙江余姚河姆渡文化象牙雕"双鸟朝阳"图像 距今约 7000 年
（摄于河姆渡博物馆）

到神徽鸟人形象与创世主崇拜之间的内在关联。

如果说上述萨满幻象中的五个神话要素也能够在 7000 年前的中国南方长三角地区史前文化中汇聚齐备，那将是更加令人匪夷所思的事情。但偏偏无巧不成书，在浙江余姚河姆渡遗址出土的双鸟朝阳象牙雕刻蝶形器（又称"鸟形器"）图象，就给这种可能性增添了厚重的压秤法码！就连良渚文化中最流行的通神者之标志物——人像头顶的羽冠或介字冠的表现模式之原型，也是出于河姆渡文化陶器图像。[1]据此或者可以明确做出推断，中国本土这边也存在此种催生史前版的黎明鸟、光明之鸟或创世鸟神话观念的物质条件与信仰基础。头戴巨大羽冠的巫师萨满形象，是作为模拟的幻象中的神灵形象而被塑造出来的。这种神徽形象特别突出地集中表现在良渚文化最高等级墓葬的玉礼器纹饰上，其墓主人既是当时社会的最高统治者，也是人类学家所称的集神权与政权于一身的"巫师王""祭司王"

① 吴汝祚、徐吉军《良渚文化兴衰史》，社会科学文献出版社，2009 年，第 114 页。

云南晋宁石寨山出土战国铜鼓图像：鸟形灵萨满巫师 距今约 2300 年
引自《文学人类学教程》，第 207 页

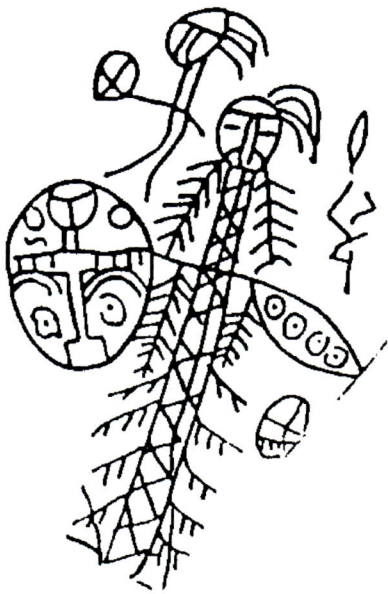

萨满持鼓身穿鸟羽衣飞翔于天图，阿勒泰地区岩画
引自 *The Archeology of Shamanism*，第 45 页。

或"萨满王"。这座墓就是反山 M12。其中出土的 M12：98 玉琮，器形硕大且制作精美细致，重达 6.5 公斤，被誉为良渚"玉琮王"；同墓出土的一件玉钺也是良渚玉钺中唯一的一件雕刻神徽形象的，被誉为"玉钺王"。这座墓和给墓主随葬的玉器文物，吸引了世界上无数人的目光。

"反山是出土神人兽面像最多的墓葬，计有 M12：98 玉琮8 幅，M12：100 玉钺 2 幅，M12：103 瑁 2 幅，M12：87 柱形器 6 幅，18 幅完整神人兽面像的层次和构成完全一致，仅在细部的填料上有所不同。完整神人兽面像分为上部的神人和下部的兽面（实际上还包括下肢），并以减地浅浮雕突出带介字冠帽的脸面和兽面纹的眼鼻嘴。"② 仅此一座墓葬的玉礼器上就出现同类型的神徽 18 处，每一个神徽的精雕细刻都至少需要数以百计的阴刻线条，耗费的为该墓生产玉器的治玉工匠的劳动力，显得非常可观。是什么样的动力因素，驱使着良渚社会的领袖层人物不惜工本地追求这种神幻想象呢？目前看来，将这批玉礼器解读为良渚巫师祭神仪式法器的观点，已经得到较普遍的认可。

所谓介字冠即神人头顶的巨型羽冠，其宽度足足是人头宽度的两倍之多。史前先民如果没有见过这样巨大的鸟羽毛制成的冠饰，他们会刻出这样的神像吗？从现存的美洲印第安社会反馈而来的类似形象表明，凡是头戴巨大而精美羽冠的人，绝非等闲之人，他不是部落的萨满巫师长，就是酋长本人。萨满能够在幻象中看到的创世主神形象，以黎明创世鸟的命名保留在印第安人的口传神话叙事中，居然也能在四五千年前良渚文化时代被当时良渚国家的顶级工匠及时地刻下来，并通过王权支配作用，定型为该古国的标志性神像，获得批量生产的殊荣。这一批神像玉礼器无声无息地沉睡在长三角一带大地之下数千载，终于在 1986 年的考古发掘中得以重现天日。其给今日文明人带来的无穷震撼，可想而知。三十多年来的神徽解读热潮可谓此起彼伏，一浪高过一浪。出现的观点多如雨后春笋：龙形说、

② 方向明《良渚玉器刻纹研究之二——再论龙首纹和兽面纹》，见杨晶、蒋卫东《玉魂国魄——中国古代玉器与传统文化学术讨论会文集（四）》，浙江古籍出版社，2010年，第 230 页。

饕餮说、虎说、牛说、猪说、神人骑兽说等等，几乎要将十二生肖动物一网打尽。

此外，学界也有一批学者经过多年思考，辨识出神徽具有人、鸟、兽三位一体的性质，并认定这是类似文明国家产生的一神教性质的神像。如王书敏指出：琮王神徽图像表明当时社会的宗教信仰已经发展到最高阶段，"出现了凌驾于众神之上的最高神，玉琮也成为这种最高神物的物质载体，成为良渚文化中的至尊礼器。……它的出现，预示着原始宗教的终结以及文明社会系统性人为宗教的到来"。[1] 再如，刘斌提出准一神教说："从整个良渚文化所包含的偌大太湖流域及至于更广大的地区看，对这一神灵形象的刻琢，除表现风格的差异之外，在对这一神灵的眼睛、鼻子和神冠以及相关的器形等方面，则表现出极其统一规范的模式，这种统一规范的模式，使我们相信，良渚人在关于这一神灵的崇拜方面，已几乎达到了一种类似一神教的程度，这种崇拜完全超出了部族早期关于图腾的一般概念，也绝不是可以用单一的具体的某种动物来作为解释的形象。而是经过了上千年甚至更早的提炼综合，已根深蒂固地融入这一地区人们脑海中的一种神灵的形象。"[2]

如果对照具有世界性的萨满口传神话，可知这类观点多少有些偏颇。从萨满信仰的普遍特质看，神灵绝不像在后世的人为宗教中那样重要，萨满作为人神中介，本身就有半神的性质。与萨满法事密切关联的，是先于神祇而存在的精灵，或称"萨满助手"，通常以动物形象出现。多数萨满叙事都要凸显精灵的超自然意义和非凡能量。如果把半人半鸟的萨满幻象也看成发达的一神教，那就容易混淆作为原始宗教现象的萨满教与人为宗教之间的巨大差异。从良渚文化所处的史前期及其发展阶段和层次看，依然是原始性的萨满出神幻象的特殊产物，似不宜过分地向文明社会的人为宗教或一神教方面引申。不然的话，像云南出土的战国铜鼓上的鸟形灵萨满巫师形象，是否也要看成良渚文化一神教的隔代遗传呢？

① 王书敏《鸟、兽、人的亲和与融合——良渚文化原始宗教的发展与演变》，见良渚文化博物馆编《良渚文化论坛》，香港：中国文化艺术出版社，2003年，第203—204页。

② 刘斌《神巫的世界——良渚文化综论》，浙江摄影出版社，2007年，第69页。

三、中国版黎明创世鸟：《山海经》鸿蒙（帝鸿、帝江）新解

如今，我们借鉴太平洋彼岸提供的第三重证据，可以认可将此类半人半鸟形象视为良渚人心目中的至高神或至上神，并再度深入一步，解读为良渚人心目中创世主神，也并不为过。其实，以上讨论完全侧重在萨满文化资源作为第三重证据，如何激活第四重证据（神徽）方面，对文献即一重证据尚未提及。这方面需要补充说明的是，先秦文献中有关鸟神、鸟占、鸟形灵和鸟官方面的记录，前人已经有许多专门研究，[③]这里无须费词重述。需要特别提示的是《山海经·西次三经》的天山之帝江（鸿），他本来就是处于隐蔽状态的华夏版"黎明创世鸟"形象，有必要通过比较神话学的大视野，还原其本来面目：

又西三百五十里，曰天山，多金玉，有青、雄黄。英水出焉，而西南流注于汤谷。有神焉，其状如黄囊，赤如丹火，六足四翼，浑敦无面目，是识歌舞，实惟帝江也。[④]

为《山海经》做笺疏的清代学者郝懿行指出：上文中的"有神焉"三字，在《初学记》和《文选注》等早期文献所引用的《山海经》里，都写作"有神鸟"，直到明清两代的版本中才改为"有神焉"。大概因为"鸟""焉"二字字形相近，而导致的传抄之讹误。[⑤]这样看，《山海经》讲述的天山英水（汤谷）神鸟帝鸿，已经充分具备同开天辟地联想的基本条件。其实帝鸿"六足四翼"的生理特色，已经说明其具有飞禽的真实属性。帝江在《春秋传》中又名帝鸿。鸿指鸿鹄，或泛指大鸟。帝鸿既然为"神"，其神格又如何呢？"浑敦无面目"这个特征，引导学者们将帝鸿

③ 陈勤建《中国鸟文化》，学林出版社，1996年。石兴邦《我国东方沿海和东南地区古代文化中鸟类图像与鸟祖崇拜的有关问题》，见《石兴邦考古论文集》，陕西师范大学出版社，2015年。黄厚明《中国东南沿海地区史前文化中的鸟形象研究》，南京艺术学院博士论文，2004年。

④ 袁珂《山海经校译》，上海古籍出版社，1985年，第33页。

⑤ 郝懿行《山海经笺疏》，中国致公出版社，2016年，第94页。

安徽蒙城尉迟寺新石器时代遗址出土鸟形神器 距今约 4500 年（摄于安徽省博物馆）

的神格认同为《庄子·应帝王》篇被凿开七窍的"中央之帝浑沌"。他也同样以"浑敦无面目"为特征。惟其如此，才有倏与忽二帝为他凿开七窍的开辟神话情节。这位被庄子寓言化的中央之帝浑沌，若去掉人格化，就立即还原出创世神话想象的第一意象，即天地开辟之前的黑暗不明状态——混沌。由黑暗的混沌，到黄色的黄囊，再到"赤如丹火"，^①神鸟帝鸿的三变色，难道不是对"日出东方红似火"自然现象的颜色隐喻吗？由此不难看出，帝鸿鸟神当与华夏创世神话的主角密切相关。至于说帝鸿所在的天山之英水，其流向直指"汤谷"，那正是众所周知的东方日出之处，非常吻合让黎明日出时的曙光开天辟地之联想。

　　综合以上多种神话关联来看，帝鸿非华夏版的"鸟神创世主"莫属。至于神话学家袁珂和陈钧等人根据《左传·文公十八年》杜预注"帝鸿，黄帝"，判断帝鸿即黄帝，^②也是值得探究的重要观点。笔者三十年前的旧著《中国神话哲学》以专章（第六章黄帝四面）篇幅，侧重从创世神话方面解读黄帝的神格，依据《世本》《淮南子》的叙事，提出"在中华民族的始祖黄帝的神话中找到了太阳神创世原型的又一种古老的表现"："从

① 世界起源于火，从神话传说到哲学宇宙论，众所周知。作为三重证据的典型的火烟创世神话，是对黎明日出现象的戏剧化表现，以拉祜族《造天造地》为代表：混沌中出现一团仙火，火烟上升变成天，颜回落下变成地。见孙敏《拉祜族苦聪人民间文学集成》，云南人民出版社，1990年。

② 陈钧《创世神话》，东方出版社，1997年，第118页。

头顶羽冠，手执玉钺、玉琮的良渚国君模拟像（摄于良渚博物院）

黄帝上自天体日月星辰，下至百姓和五谷，能力无所不及的情形来判断，他所扮演的正是创世神话中造物主的角色，应与古犹太人的创世主耶和华，古印度人的创造祖大梵天等量齐观。"③同书中还引用南美洲墨西哥原住民创世神话：诸神之中仅有一位神（名叫"特库茨斯切卡特里"）愿意充当太阳光创世的工作，他的唯一精灵助手就是一只鸟（名叫"纳纳乌阿吐因"）。是这只鸟先用火点燃一线曙光，映红了黎明的天空——太阳诞生了。随后由"风"（"风"字在我国商代甲骨文中与"凤"字通假）推动太阳开始运行。

30 年后，笔者再度以译者身份引用美洲印第安人瓦劳族的光萨满神话，针对新出土的良渚文化神徽，试图重审和重构华夏版的创世鸟神话原型。在理论上，仍可将其归类为太阳神创世主的神话类型之变体，这是基于鸟神与太阳神相互类比认同的神话原理。考虑到中华文化多元一体的内部丰富性，华夏创世鸟的观念，还可以拓展为中华创世鸟的观念，并落实到新出土的三星堆人面鸟身青铜塑像等一批文物上。这是否意味着一个相当广阔的探索空间已经打开？这，或许就是《萨满之声》这部书给学界带来的"再启蒙"效果吧。从中华多民族神话视野看，太阳神创世与鸟神创世的相关母题也是较为丰富多样的。尤其是在"卵生天地"或"宇宙卵"母题方面，有海量的叙事素材存在。直接表现创世鸟的母题，如汤普森的神话母题分类，在 A13 "动物是创世者"类别中有子类"鸟类是创世者"，如藏族"大鹏鸟创世"，蒙古族"神鸟嘎下凡创世"，藏族"鸟举上天的被子变成天"，拉祜族的"燕子鸟雀补天地"，傈僳族"鸟造天""天鹅造天"，满族"天鸟啄开天"和"巨鸭啄开天"，藏族"鸟煽翅形成天"和"天是鸟顶出来的"等等。此外，还有藏族"鸟分开天地"，"大鹏负天升高"，高山族"鸟振翼使天升高"，达斡尔族"鹤把天顶高"，汉族"火鸟阻止天地相合"和"天地混沌如鸡子"等④。换言之，有关"黎明创世鸟"或"鸟神创世主"的想象，并非美洲瓦劳族萨满的个人专利。

③　叶舒宪《中国神话哲学》，中国社会科学出版社，1992 年，第 217-218 页。

④　王宪昭《中国创世神话母题（W1）数据目录》，中国社会科学出版社，2017 年，第 12-76 页，第 182-219 页。

四、再语境化：四重证据法的"激活"作用

最后，回到四重证据法的人文研究新方法范式，需要总结的是不同证据性之间的互动效应，可以在理论层面上做出直接链接的新学科资源，有近年来勃兴的认知考古学和民族考古学两科。作为原始宗教的萨满信仰与实践，既然是世界性的文化现象，其基本原理应该具有较为充分的普遍解释力，尤其是在面对不同地区不同民族的神话解读方面。有学者认为萨满文化的中心地带应该在中国，[①]并且自古及今未曾中断。中国的"二十五史"中也有较多的相关记载。这样，尽管从起步过程看，作为国际性显学的萨满学，在我国学术界出现得相对较晚，但是并非没有后来居上的巨大潜力。关键在于如何发挥萨满文化作为人文研究新方法范式的第三重证据作用，给原有的文献文本研究范式（即一、二重证据）和新兴的艺术史与考古学的文物及图像研究范式（第四重证据）带来根本性的突破，即充分调动萨满活态文化的"再语境化"作用，给早已逝去的远古

① 赵志忠为关小云、王宏刚《郭伦春族萨满文化遗存调查》一书所写"序言"，民族出版社，2010年，第1页。

那伐鹤印第安人羽冠（摄于莱顿人类学博物馆）

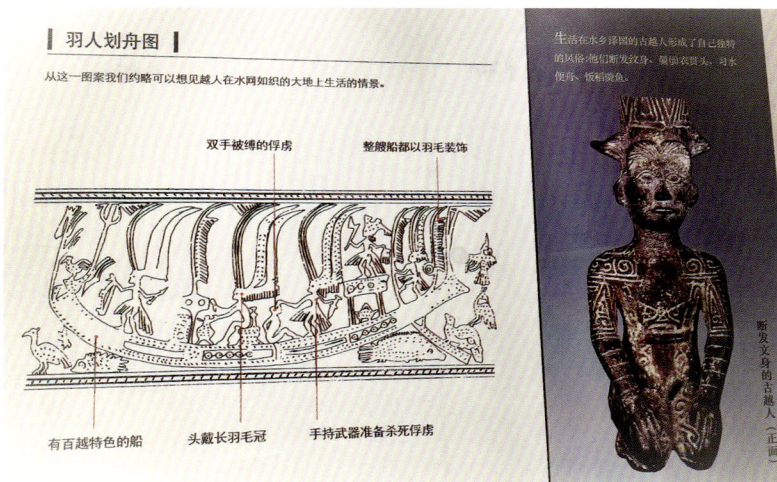

羽人划舟图

从这一图案我们约略可以想见越人在水网如织的大地上生活的情景。

双手被缚的俘虏　　　　整艘船都以羽毛装饰

生活在水乡泽国的古越人形成了自己独特的风俗:他们断发纹身、扁髻贯头、习水便舟、惯食凌鱼。

有百越特色的船　　头戴长羽毛冠　　手持武器准备杀死俘虏

断发文身的古越人(正面

鸟羽高冠传统在长三角地区的历史延续,据出土的战国时期古钺人铜器纹饰绘制的羽人划舟图(摄于嘉兴博物馆)

文化和史前文化认知带来某种"激活"效应。本文花费大量篇幅来重新讨论良渚文化鸟人形神徽的释读问题,其初衷即在于强调研究方法论的提升与创新。给过去被科学主义范式宰制下的研究者们根本不知道的萨满式"神话幻象"研究,带来认识上的创新。

就三重证据而言,在我国本土方面有大量的萨满文化素材,过去没有得到应有的重视,也不为秉承传统国学范式的研究者所关注。对很多人而言,文献的重要性永远是第一位的。下面仅列举陈鹤龄编《扎兰屯民族宗教志》为例,其所采录的是内蒙古呼伦贝尔南端一个屯的萨满习俗,有助于理解中国方面萨满通神法事与鸟类幻象的亲密依存关系:

崇拜鸟类动物。

达斡尔人认为萨满是神鹰的后裔,神帽上有一铜鹰为其最高神灵。满族萨满神服的双肩上都有钉有两只小鸟,视为萨满的使者,这两只小鸟要在萨满耳边悄悄传达神的旨意,并接受萨满委派执行其意图。使鹿鄂温克人萨满崇拜鸟类特多,有两只"嘎黑"（仙鹤）鸟是萨满灵魂的乘骑之工具,有 36 只野鸟神为萨满跳神助威,还有天鹅、布谷鸟等鸟类神灵。[2]

② 陈鹤龄《扎兰屯民族宗教志》,文化艺术出版社,1996 年,第 274 页。

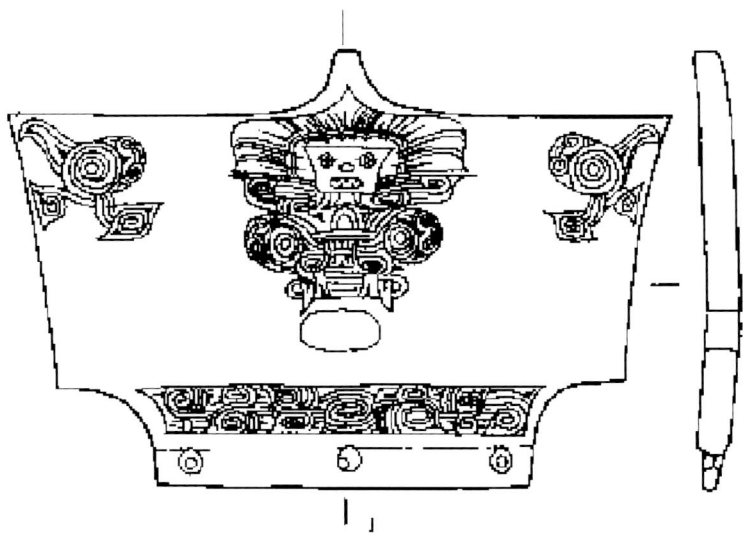

瑶山 M2：1 出土良渚文化冠状玉器图像：羽冠鸟人与左右二鸟 距今约 4700 年
引自浙江省文物考古研究所《瑶山》，文物出版社，2003 年

　　良渚文化神徽图像的一个未解之谜是：为什么在人面羽冠鸟爪的合体主神像两侧，经常会伴随着刻画出一左一右两只鸟的形象？良渚文化陶礼器和玉器上为什么会出现多种不同种类的飞鸟形象？上面引文所述北方民族萨满服饰双鸟组合图像与群鸟毕现图像的活态文化参照，已经为 5000 年前良渚先民想象中的"一神人二鸟"图式及"鸟首盘蛇"图式、群鸟飞翔图式等的信仰观念意蕴，提供出极佳的"再语境化"的理解契机。

　　同样值得欣喜的是，在有关萨满幻象的出现条件方面，南美瓦劳族萨满神话讲述的内容十分明确，主要是借助印第安文化中烟草特有的致幻作用。烟气上升与鸟类升天的两种表象在萨满出神幻象中通常是互为表里的。其人鸟合体的神幻想象和创世想象本身，均可视为烟草致幻作用下的萨满意识之产物。而在旧大陆方面，古代并无烟草和吸烟的传统，反倒是有其异常悠久的饮酒致幻传统。饮酒致幻之后的萨满精神状态，恰恰是像鸟类一样飞升的神话幻象得以高发的温床。近年来，伴随着民族考古学研究在我国的发展，已有少数学者开始关注商周青铜礼器背后的饮酒致幻问题，如何驾《郁邑琐考》[1]等新成果。笔者还需提示的是，一些通神礼仪上专用的青铜酒礼器的前身，就是青铜时代到来之前的史前文化中普遍使用的陶礼器。这些陶礼器本身就构成丰富的图像叙事资源：不光是陶器外表上绘制神鸟飞翔或鸟首盘蛇一类图像，而且某些陶礼器的外表造型就是模拟鸟类的！例如陶盉、陶鬶、陶斝、陶爵（爵，雀也）等等，其造型祖源已经被锁定在距今 7000 多年的长三角地区，尤其是马家浜文化和河姆渡文化的陶鬶。[2]借助这一批图像叙事的新资料，从马家浜文化、河姆渡文化到良渚文化，一个相对完整、传承达 3000 年之久的崇拜鸟神的史前长三角文化连续体，已经呼之欲出。更加丰富的后续探索空间，也已经打开。

目前，国际领先的专家学者已经充分意识到萨满学研究对于史前学和艺术起源研究的特殊贡献。如英语世界的经典教科书《世界史前史》，出自美国加州大学圣巴巴拉分校的人类学教授布莱恩·费根之手，自 1979 年出版问世以来，至 2010 年已经修订过七版了。其中对距今 3 万年的西欧克鲁马努人的洞穴壁画艺术的解说，就充分吸收了最新的萨满学研究成果：

上海青浦福泉遗址山出土良渚文化黑陶鸟形盖盉 距今约 4900 年（摄于上海博物馆）

① 北京大学考古文博学院《考古学研究》（十），科学出版社，2012 年，第 244-254 页。

② 黄宣佩《陶鬶起源探讨》，《东南文化》，1997 年第 2 期。

　　今天，我们对象征性行为及其所伴随的艺术形式的了解更加丰富，对觅食者社会的运作方式也不再陌生。这些社会以视觉的形式来展示各种建筑，并赋予生命以意义。在克鲁马努艺术家们看来，动物和人的生命之间，人与其社会之间存在着明晰的连续性。因此，他们的艺术是对这些连续性的一种象征主义的表述。萨满，即祭司或灵媒，对全世界的觅食者社会和农业社会来说都是至关重要的成员。这些人被认为具有不同寻常的精神力量，能沟通诸神与祖先的世界。通过出神（trance）和吟诵，他们可以向祖先求情，并规定世界与万物的秩序——生灵与自然环境之间的关系。有些专家论证说，或许许多洞穴艺术都与萨满仪式有关，而动物的形象即代表了神兽形象或萨满的生命力。①

　　既然萨满学的特殊视角，能够启发旧石器时代洞穴艺术形象的总体认知，那么也将会理所当然地有助于中国新石器时代考古图像的辨识与理解，当然也会有助于古代文献记载中的一些历史哑谜的解读。其原理就在于：不同证据之间的间性互阐

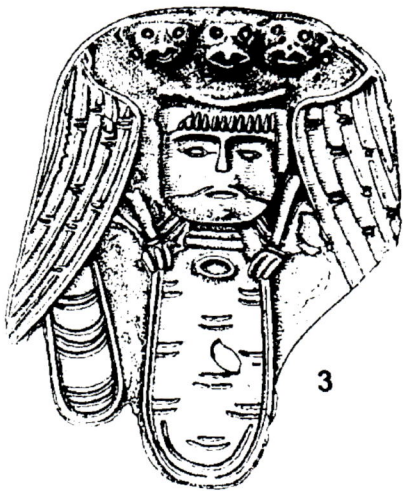

① 布莱恩·费根《世界史前史》，杨宁等译，世界图书出版公司，2011年，第115页。

西伯利亚西部出土青铜时代人首顶鸟萨满像 距今约 2000 年
引自 *The Archeology of Shamanism*，第 61 页

西伯利亚西北部出土青铜时代鸟人合体（三鸟头巨冠与人面、鸟爪）萨满－武士像 距今约 2000 年
引自 *The Archeology of Shamanism*，第 62 页

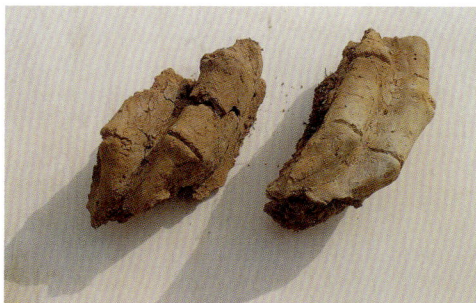

牛河梁女神庙出土陶塑偶
像残件：猛禽爪、羽翼
距今约 5000 年
引自辽宁省文物考古研究
所《牛河梁红山文化遗址
与玉器精粹》，文物出版
社，1997 年

效果，要远比单纯一重证据视角的"死无对证"有利得多。第
三重证据由于是活态传承的文化，可以给出土的第四重证据带
来"再语境化"的契机，使得默默无言的史前文物或图像，重
新回到其所由产生的那种原初的神话幻象状态之中，获得一种
感同身受的体验式的"激活"。《萨满教考古学》[②]这样的交叉
学科研究新领域，便是这样应运而生的。在瑞典乌帕萨拉大学
考古学者蒲莱斯（Neil .S .Price）所编的一部专题论文集中，
也有用萨满信仰的精灵观点解说西伯利亚的人首顶鸟的幻象和
鸟形巨冠下的人面与鸟爪组合型幻象的案例，恰好可以作为本
文从萨满幻象视角解读文物图像的方法参照。

　　沉睡的文物一旦被"激活"，其所带来的认知效果犹如"众
里寻他千百度，蓦然回首，那人却在灯火阑珊处"一般。希望
伴随着国际性的新显学 —— 萨满学的崛起和拓展，第三重证据
对其他学科和知识领域的"激活"作用，同样能够与时俱进，
让我们的探索能够更加有助于重建或接近那些久已失落的历史
脉络和文化真相。

② Price, Neil .S
ed., *The Archeology
of Shamanism*,
London & New York:
Routledge, 2001.

比如，北方西辽河流域发现的 5000 年前红山文化牛河梁女神庙中的泥塑偶像之残件，就明显看到飞禽的羽翅和鸟爪，这些伴随着女神像而供奉在史前神庙中的飞禽形象，与南方良渚文化的鸟人合体型神徽恰好构成南北呼应的局面，见证着 5000 年中国先民们的神圣精神生活景观。

在史前中国的考古大发现历程中，如果也有类似头戴羽冠并顶鸟的艺术人像造型出现的话，我们如今再也不会感到惊讶和困惑了：那就是 5000 年前的萨满巫师形象。头顶的鸟灵，正是他入幻和升天的能量标志。

江苏昆山赵陵山遗址出土良渚文化玉雕萨满巫师像：
头戴高大羽冠并在冠上方顶着神鸟，手举法器与神鸟
相连 距今约 5000 年
引自古方《中国出土玉器全集》，第 7 卷第 16 页

玉钺引领长三角史前玉礼器体系

叶舒宪

摘要：史前中国玉礼器发展可分为北方和南方两大体系。以距今 5000 年的良渚玉礼器为代表的南方体系最接近夏商周三代玉礼实况。审视南方玉礼器体系化过程，即距今 7000 年至距今 5000 年的时段，是玉钺充当着引导者角色。

关键词：玉钺至尊 石钺 玉礼器体系 长三角史前文化

　　从玉钺在华夏史前礼器发展中的领先性和至尊性两方面，阐释如下观点：东亚史前玉礼器体系的发达成熟形态，以距今 5000 年的良渚文化玉器为最突出代表。审视良渚玉礼体系化的构建过程，需要先筛选出最早出现的大件玉礼器——玉钺，充分认识由玉钺在整个史前社会中所发挥的催生和凝聚玉礼规模与系统的突出引领作用。

一、新六器说：史前玉礼器的体系化

　　20 世纪末，考古学家苏秉琦先生曾用"满天星斗"这个成语来形容史前期中国的各个地域文化独立发展和遍地开花的总体情形。[①]学者们在学习和探讨中逐渐意识到，在从"满天星斗"格局向夏商周三代中原文明国家过渡期间，还需要具体找出一种先于青铜时代和文字书写时代而到来的文化聚合力量，从而说明从多到一的文明催生过程。在 2010 年立项的课题《中华文

① 苏秉琦《中国文明起源新探》，三联书店，1999 年，第 18 页。

① 叶舒宪《中华文明探源的神话学研究》，社会科学文献出版社，2015年，第627-633页。

② 叶舒宪《玉石里的中国》，上海文艺出版社，2019年，第97-124页。

明探源的神话学研究》中，笔者将学术关注的焦点锁定在史前玉文化发展脉络方面，希望在史前期玉礼器不断衍生和传播变化的具体过程中，找出这种催生文明国家的文化聚合力。[①] 接着，在2014至2018年间启动探查史前玉文化传播及西玉东输运动的十四次田野考察。随着考察和研究的深入，在2019年再举办第十五次玉帛之路文化考察，聚焦长三角的环太湖流域史前文化序列，并在《玉石里的中国》（2019）[②] 小书中提出催生中国统一的三次浪潮说。基于上述背景，本文希望以玉钺为中心，进一步具体探讨催生华夏文明的玉礼器体系构成的两大阶段，即在长三角地区率先孕育成熟，并逐步传播和衍生到中原文明的过程。

如果以华夏古典学的六经之一《周礼》所记"六器"（即琮、璧、圭、璋、璜、琥）为相对标准化的文明国家玉礼体系，那么如今参照出土的实物情况，大致可以判明六种玉礼器中的每一种之历史发生谱系，并根据第四重证据的证明力度，对《周礼》六器说做出实际的修订补充。简言之，传统的六器说中至少有璜、璧、琮三种，是率先在长三角地区的良渚文化时期形成玉礼体系的。该体系还包括玉三尖冠、玉锥形器等在后世完全失传的良渚玉器器形。换言之，是良渚文化率先实现玉礼器的体系化和规模化发展，但在距今4300年前后，良渚文化消亡以后

良渚博物院的玉钺展柜（摄于良渚博物院）

反山 M23 号墓出土玉璜（摄于良渚博物院）

的年代里，该玉器体系部分地衰亡和消失，部分地传入其他地
区，并最终传播到中原国家体制中。《玉石里的中国》已指出，
参照出土实物情况看，《周礼》"六器"说中的玉琥一项，并
不具有普遍的真实性，其所反映的是东周时期以后的玉器情况，
当可排除在国家标准玉礼体系之外；而这里需要强调的是，玉
钺是最有资格取代玉琥，而被重新纳入体系整体中的一种玉礼
器，其符号功能约相当于权杖。③ 由此可以建构出有别于《周礼》
旧说的"新六器说"。

　　有几点理由，分述如下：

　　第一，玉钺的礼器化过程：在长三角地区经历了马家浜 —
崧泽 — 薛家岗 — 凌家滩 — 良渚等多个史前文化的孕育和演
化过程，从距今约 7000 年到距今约 5000 年，在长达 2000 多
年的漫长发展过程中，最后才达到良渚文化王者大墓中那种"玉
钺王"唯我独尊的境地，那也是整个世界玉文化史上，玉钺获
得无以复加的崇高性地位的典范，堪称是史前玉文化发展的一
种登峰造极之境界。

　　第二，玉钺在史前期长三角地区玉文化发展过程中不仅仅
属于顶级的玉礼器器形，而且对其他的器形也发挥着重要的引
领作用。就此而言，玉钺当之无愧地成为玉礼制体系中的原型
性玉器，萌生在距今 6000~5500 年之间，而玉璧、玉琮二者则

③　刘斌《神巫的世界——良渚文化综论》，浙江摄影出版社，2007年，第124页。方向明《良渚玉器线绘》，浙江古籍出版社，2018年，第3页。

发生在距今 5000 上下，都明显要比玉钺晚出整整一个时代。如果再上溯到玉钺的祖型——石钺，则要早于玉璧、玉琮组合整整两个时代，源于距今约 7000 年的马家浜文化和河姆渡文化。在长三角地区的薛家岗文化、崧泽文化和凌家滩文化中，玉璧、玉琮的组合尚未正式出现，玉琮也仅仅处在萌芽阶段（薛家岗文化四期出现微小的玉琮），而这时玉钺已经从石钺和石斧的发展中脱颖而出，一开始就占据大件玉礼器的体量上之独尊地位。唯一能够在年代久远方面可以和玉钺相匹配的器形，是玉璜和玉玦。相比之下，璜和玦的体积和重量都要大大逊色于玉钺。对于引领玉璧、玉琮等大件玉器的生产加工而言，自然是玉钺首当其冲。

第三，长三角地区完全成熟的玉礼器系统，无疑是以良渚文化玉礼器体系为代表的。良渚玉器的种类，仅从余姚反山一地的大墓所出土的情况看，就已经多达二十余种。不过流传到后世中原文明中的玉礼器种类，莫过于如下五种，即钺、琮、璧、璜、镯。在构成该系统的这五大件中，玉镯作为流传至今的日常装饰用品，在良渚时代以后渐渐失去其礼器的性质，我们姑且排除在本文考察之外。剩下的只有钺、琮、璧、璜四种，在后世也都是标准的礼器。除了玉钺之外，另外三种都成功列入《周礼》所说的国家玉礼体制之"六器"。那玉钺又是为什么会在"六器"体系中落选呢？

良渚博物院的玉璧展柜（摄于良渚博物院）

二、玉钺至尊：良渚玉礼体系

　　若进一个层次对璧、琮、钺三者再做具体分辨，可知在良渚时期，玉璧的礼器意义显得较为次要。如瑶山的 14 座大墓中皆未见有随葬的玉璧，而只有琮、璜、钺三者。这就清楚地表明，尽管玉璧也属于体积稍大的礼器，其源头可以上溯到距今 9000 年的黑龙江饶河小南山遗址，其在后世的发展史也显得十分的发达和辉煌，但是在良渚古国当时条件下，玉璧相对而言并不是很重要，也不是不可或缺的礼器。在某种意义上，玉璧可能是附加上来的玉器种类，制作玉璧的玉料等级相对较低，一般也不采用较为珍惜的"南瓜黄"玉料。肉眼观察，除了少数玉璧为浅黄色以外，大部分玉璧的材料为墨绿色或灰绿色，多以蛇纹石为主，会显得石性较重，玉性不足。这当然无法和玉钺玉冠形器等的顶级用料相提并论。在反山墓葬群中，出土玉璧的数量不少，达到 130 件，其中仅 M23 就出土 54 件之多，这个数量已经超过反山 9 座墓葬随葬的石钺数量的总和（53 件）。不过让玉璧这样大批量地堆积性出现，若从物以稀为贵的意义上去权衡，似乎是玉料储备或财富积累的意义更多，其玉礼器的宗教信仰等级意义难免要稍逊一筹。反山 M23 也是没有出土玉钺的墓葬，考古报告推测为女性墓，即良渚上层男性统治者的配偶之墓。这样看，玉璧大批量出现在女性墓葬的现象，一方面容易让人联想到与此相类似的良渚玉璜的性别指向意义；另一方面也可以得出玉璧在男权统治的良渚社会中品级地位稍低的判断。

　　作为有力的佐证，考古报告透露的一个特殊情况是："在反山出土的玉器中除了玉璧外，其他器物都或简或繁地雕刻有精细的纹样。大者如玉琮，均雕琢神人兽面纹……"[①] 这就不禁会让有心人去发问，玉璧何以成为良渚玉器中唯一没有加工纹饰的玉器呢？除了其重要性或礼仪意义比不上其他种类，所以地位相对较低之外，目前对此还没有更稳妥的解释。刘斌认为：

① 浙江文物考古研究所《反山》（下册），文物出版社，2006 年，第 369 页。

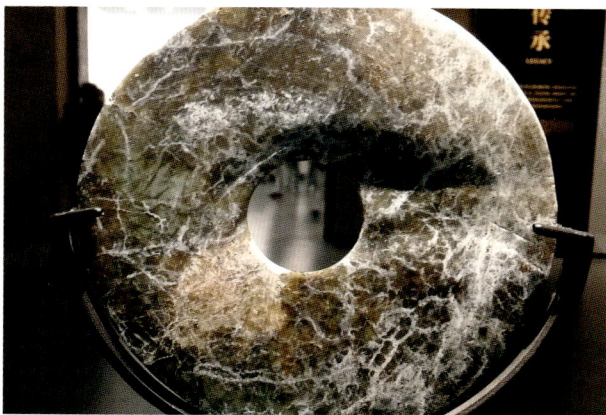

良渚玉璧（摄于良渚博物院）

① 刘斌《神巫的世界——良渚文化综论》，浙江摄影出版社，2007年，第53页。

"在玉璧的刻纹中，我们尚未见有施兽面神徽者，这说明玉璧在祭祀功能上与其他法器的区别。考其玉质、加工及出土情况，我认为璧一般应有质地的限定。关于璧的功能，虽然有祭天及财富象征等多种说法，但我认为，璧首先是'以玉事神'的，本质意义上是一种祭品，而众多的随葬的情况则反映了对某种特定玉料的占有现象。财富之说即应是这种玉料占有概念的一种延伸罢了。而祭天说，大凡应是在'天圆地方'的'盖天'论宇宙观形成之后的一种附会。"[1] 这是在玉璧起源研究方面，依照出土文物实况，对经典文献《周礼》留给后世国学 2000 多年的成见的有力反驳！从四重证据法的证据间性意义看，这是用第四重证据，去揭露第一重证据即文献记载的不可靠性，反驳来自经典文献的有关玉璧礼天的传统成见，或者说礼天说属于后起的神话观念，不能代表 5000 年前玉璧大量使用在良渚墓葬中的情况。

不过，在反驳了传统的玉璧祭天说之后，如果着眼于财富说的解释，那么随之而来的疑问也还是挥之不去，那就是：良渚大墓中有哪个墓葬的财富意义，能够超过王者属性的 M12 墓呢？既然男性的王者墓葬 M12 只有 2 件玉璧出土，那么女性墓葬 M23 的 54 件玉璧，就无论如何都不宜单从财富多寡的尺度去加以评判，而只能去努力寻找另外的权衡思路和判断标准。

良渚大墓出土的玉璜，很明显在多数情况下为女性拥有。这也说明璜在当时也还不是具有普遍性的玉礼器。反山9座墓中的6座墓无玉璜，仅有3座墓有璜，占比仅为三分之一。瑶山12座墓中也只有5座出土玉璜（总计10件，少者1件，多者4件），占比也不过半数。经过这样的筛选择优之后，玉璧、玉璜因重要性不足而被排除，良渚文化中剩下的最重要而且流传到后世三代文明中的玉礼器，就只剩下两种——玉琮和玉钺。相比而言，玉琮在《周礼》的旧六器说中占据一席之地，而玉钺却没有能进入《周礼》构拟的国家玉礼体系的六种类方阵，这是非常不合理的。究其原因，或许是周代以下的人们对最老牌的礼器玉钺已经比较陌生，像亚丑铜钺这样巨大而威严的铜钺，在商周两代的青铜文明时期风头正盛，甚至已经彻底取代了玉钺原有的礼器独尊地位。《逸周书》的叙事中王秉大钺、公秉小钺的二元对应，让人们彻底遗忘了良渚文化传统中大钺相当于玉钺、小钺相当于石钺的二元对照格局。

再拿玉琮和玉钺做一简单对比：能够称得上首屈一指的玉礼器，就非玉钺莫属了！下面诉诸良渚文化最高等级墓葬的发掘情况。根据浙江省文物考古研究所撰写的考古报告《瑶山》一书：玉钺在瑶山南行墓列的6座墓葬中均有出土，且每座墓仅出1件（同墓葬中的随葬石钺则数量不只1件，有2件的如十号墓。有3件的如七号墓——引者）。按照南尊北卑的位置对应关系，考古专家确认瑶山南行墓列的6座墓葬皆为男性墓，而北行墓列则为女性墓，所以都不随葬玉钺。良渚社会的男性中心倾向已经十分明显。玉琮是单独使用的礼器，而钺则是装柄并加以端饰的复杂礼器，在某种意义上相当于埃及法老手中的权杖。

目前已可以确认，玉钺下葬时安装有精致的钺柄……两端玉件与朽的钺柄相结合，组成完整

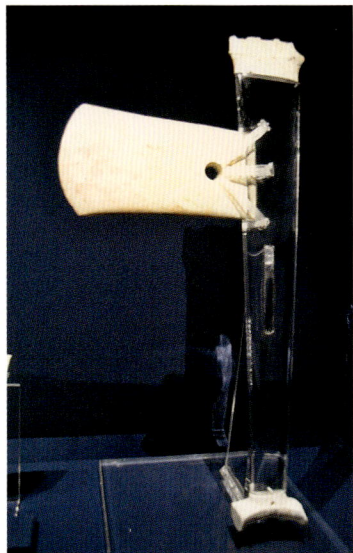

良渚玉钺及其柄端饰物——玉瑁和玉墩（摄于上海博物馆）

① 浙江省文物考古研究
所《瑶山》，文物出版社，
2003年，第206页。

② 浙江省文物考古研究
所《反山》（上册），文
物出版社，2005年，第
59页。

③ 浙江省文物考古研究
所《反山》（上册），文
物出版社，2005年，第
374页。

④ 杨伯达《中国史前玉
文化》，浙江文艺出版社，
2014年，第174-175页。

的榫卯结构形态。①

再看比瑶山等级更高一层的反山考古发掘报告，完整报告
的11座墓中只有5座墓出土5件玉钺，所有的玉钺似乎都是由
精心挑选的最上等玉料"南瓜黄"制作而成，显示出当时葬礼
用玉制度高度的统一性。②

反山M12号墓被公认为是整个良渚文化最高等级的墓葬，
出土玉钺一套3件，其中的M12-100玉钺靠近刃部的表面上
雕刻有精美的带羽冠神人形象（见《反山》彩版二九八，下册
第127页）。考古报告对琮与钺的不同象征做出推测说：

> 我们认为墓主人"秉钺"是掌握军权、"握琮"是掌握神
> 权的标志。并依此认为它们是反映良渚文化先民贵族身份、等
> 级的物化形态的两个主要标志。③

倡导"巫玉"说的杨伯达先生不大同意发掘报告的这种判
断，他认为应该更多地从宗教神权方面去判断反山M12墓主人
身份："应为反山巫觋核心中的首席大教主和最高统治者。"④
在政教不分的史前社会，这样由巫师长或大萨满充当君王的现象
是很正常的。文化人类学家由此建构出"祭司王"一词（priest
king），有助于理解那种教权、政权、军权不分化的原初统治者。
在良渚的墓葬中，神徽形象集中出现在最高统治者墓葬，这其实

反山出土玉琮（摄于良渚博物院）

良渚文化玉三叉形器

（良渚遗址管委会供图）

浙江新地里遗址出土良渚文化玉钺

引自《新地里》

也充分表明当时的全社会中以通神为专业的神职人员地位最高。

　　反山墓地共计 11 座大墓，其中 9 座墓葬有完整的随葬物统计数据，与玉钺共在的玉器唯有一种，而且没有例外情况：那就是"玉三叉形器"。这是在良渚文化之后便基本失传的一种礼器。根据墓葬中位置情况，推测为王者戴在头上的王冠类饰物，属于与王者头顶的鸟羽冠饰同类象征物。良渚博物院在 2018 年重新装修布展后，用一幅玉三叉形器的复原图，对此类良渚文化特有的器物功能做出情景化说明。既然这样的王者之器与玉钺同在，也能从侧面佐证玉钺的品级在良渚文化中是至高无上和无以复加的。

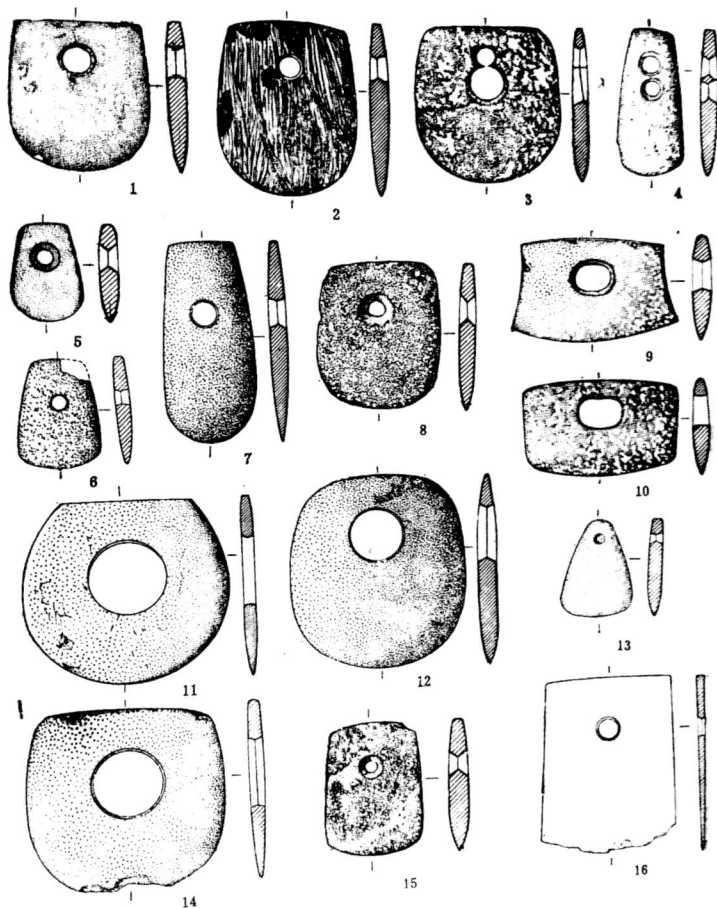

北阴阳营出土石钺
引自《北阴阳营——新石器时代及商周时期遗址发掘报告》

玉三叉形器使用复原图
（摄于良渚博物院）

　　玉钺在长三角地区起源过程，与它在中原地区的起源过程截然不同。中原最早的玉钺是在距今 5300 年之际突然出现的，此前似乎并没有一个铺垫和演化的缓慢准备阶段。或许目前的中原考古发掘尚未找到这方面的实物资料，需要耐心等待日后的发掘工作。而在长三角地区，作为礼器的玉钺出现之前，还有一个漫长的石钺的礼仪化过程，作为过渡性阶段。从距今7000 多年的河姆渡文化石钺和马家浜文化石钺出现，到距今5500 年左右崧泽文化中期出现最早的玉钺，这个起到铺垫和准备作用的过渡期长达十五六个世纪！

　　石料和玉料分别用于不同类别的器物制作，这在南京北阴阳营遗址的出土文物中显得泾渭分明。制作石钺（发掘报告《北阴阳营——新石器时代及商周时期遗址发掘报告》称为"穿孔石斧"）所使用的石料类型呈现出十分多样化的状况。据南京博物院编著的《北阴阳营——新石器时代及商周时期遗址发掘报告》第二章提供的表五"随葬穿孔石斧质料统计表"，各类石料大致有：花岗岩、辉长岩、正长岩、闪长岩、玄武岩、凝灰岩、石灰岩、页岩、板岩、大理岩、砂岩、石英岩、变质岩、铁矿石等，[①]总计 14 种不同石料，但就是没有使用蛇纹石和透闪石类的玉料来制作斧钺。该文化同期出土的装饰性玉器（璜、玦、管、坠、珠等）多达 294 件，却采用了透闪石、阳起石、蛇纹石、玉髓、绿松石等材料，甚至还有南京南郊色彩斑斓的

① 南京博物院《北阴阳营——新石器时代及商周时期遗址发掘报告》，文物出版社，1993 年，第32 页。

马家浜文化石钺
（摄于嘉兴博物馆）

马家浜出土石钺

安徽薛家岗遗址 M40 出土双孔玉钺
引自《潜山薛家岗》

雨花石！[1] 可见那时的斧钺尚未脱离生产工具的实用性质，或只能算作礼器的雏形状态。当真玉玉料随着崧泽文化石钺的发展而登场在"钺"的生产加工方面，那一定是十分引人注目的大变革之标记。

根据北阴阳营四期文化层的划分和年代数据，我们可以大致推论出更加古老的石钺形制——舌形弧刃石钺，大约在何时催生出晚出的石钺新形制——风字形直刃石钺。答案就是北阴阳营文化二期向三期过渡之际。北阴阳营墓葬区发掘的 258 座墓葬属于二期，其年代与崧泽文化早期相当；其居住区边缘的 13 座墓葬属于三期，其年代相当于崧泽文化晚期。[2]

"就二、三期来说，石器的变化主要表现在穿孔石斧和石锛的形制演变上。二期的穿孔石斧绝大多数都是圆弧形刃……三期的穿孔石斧则主要为扁平长方形，平刃或微弧，刃部两端方折。"[3]

① 南京博物院《北阴阳营——新石器时代及商周时期遗址发掘报告》，文物出版社，1993年，第77-78页。

② 北阴阳营四期文化的划分及年代，参看南京博物院《北阴阳营——新石器时代及商周时期遗址发掘报告》，文物出版社，1993年，第95页。

③ 南京博物院《北阴阳营——新石器时代及商周时期遗址发掘报告》，文物出版社，1993年，第95页。

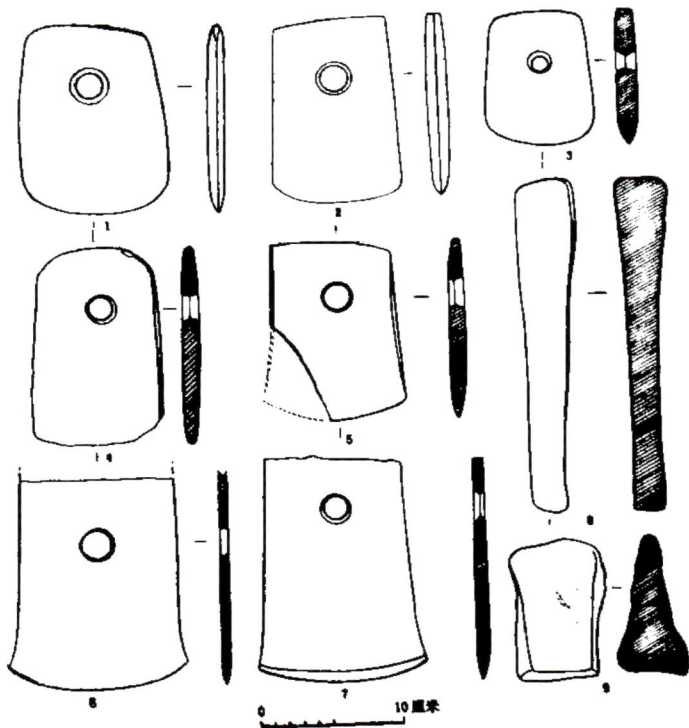

崧泽文化的石钺类型
引自《南河浜——崧泽文化遗址发掘报告》

　　根据这个详细的石钺变化说明，我们可知大致是在相当于崧泽文化早期到晚期过渡之际，出现石钺形制上的重要变化。其产生这种变化的原因，迄今尚未有合理的解释。但有一点是可以确定的，那就是良渚文化的玉钺形制特征，完全因袭着在崧泽文化晚期新出现的风字形直刃石钺，而不是更早的舌形弧刃石钺。与此同时，依然在随葬礼器中原样保留更早的舌形弧刃石钺传统，形成与玉钺、石钺并行不悖的局面。笔者将此现象概括为良渚文化葬玉制度的"钺不单行"说，上承崧泽文化时期（以及薛家岗文化玉钺、石钺并存）出现的两种钺相互对应的礼器格局，下启

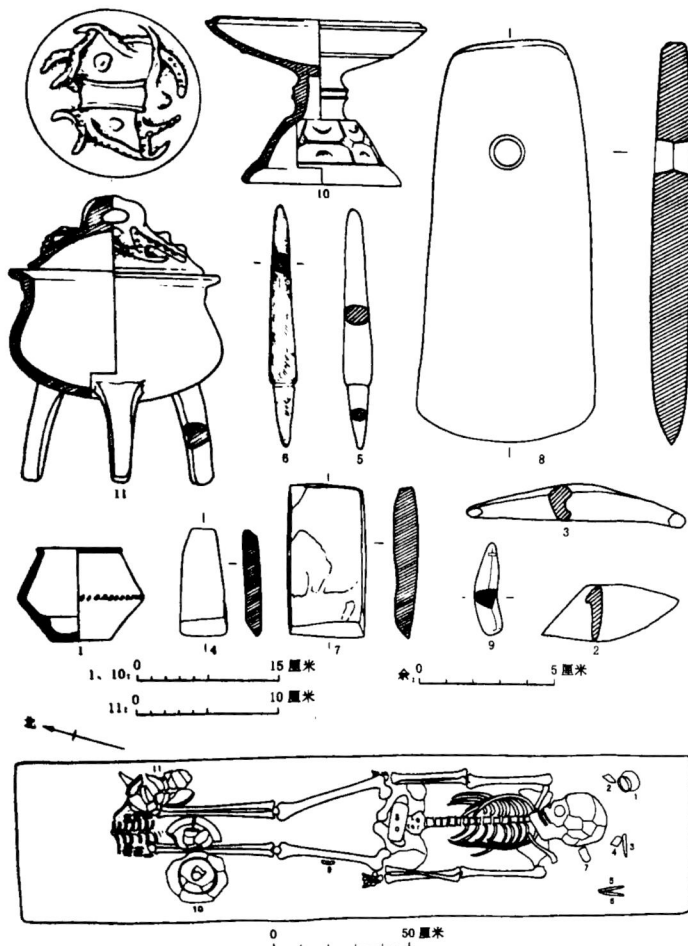

南河浜 M61 墓葬平面及随葬品图
引自《南河浜——崧泽文化遗址发掘报告》

商周时代以玄黄二元色相区分的斧钺礼制。对此重要礼制沿革的大小传统绵延现象，拟在另文中做专题探讨。

下面再看崧泽文化中第一次出现玉钺的情况。

嘉兴南河浜遗址：崧泽文化墓葬92座，仅有4座被定级为第一等级墓葬，这4座第一等级墓葬的特点是都有随葬的玉礼器。其中3座墓随葬玉璜，1座随葬玉钺。南河浜遗址唯一的玉钺，出自M61，墓主人是17至20岁的男性青年。

M61：8玉钺，玉色青绿，含白色沁斑。透闪石软玉。略呈扁平梯形，上端弧平，双面锋，圆弧刃，刃角不明显，两面管钻成孔，孔中间留有明显的台脊。高15.2、宽4.3～6.6、最厚处1.4、孔径1.2厘米；重254.8克。[①]

① 浙江省文物考古所《南河浜——崧泽文化遗址发掘报告》，文物出版社，2005，第127—128页。

南河浜墓葬出土所有的玉石钺总共17件，其中唯一一件为透闪石（M61），还有一件为蛇纹石（M68：2），出土时已经完全钙化，呈灰白色，此外15件钺皆用一般性石材。崧泽文化期间，真玉即透闪石玉料开始少量用于钺的生产，这相当于在整个南方地区揭开玉钺发展的崭新篇章，意义十分深远。

人类文明史的专家团队得出一种有关历史观念的新认识，认为"史前"这个概念会有很大的误导性副作用。并主张打破史前与文明二分的历史观，从而将数百万年的人类进化历程的细节内容，也划归到"历史"的范畴之中。这样一来，以文字记载为依据撰写"历史"的惯用方法可以宣告走向终结，而如何依据非文字资料重写"大历史"的全新任务，则摆在每一个当代史学家的面前。

那么，占据这种非文字资料之大部分的，应该是人类在漫长的石器时代中所遗留下来的石制工具。而石斧，则是所有这类石制工具体系中最古老、最普及也最常见的一种。石斧，以其数百万年持续的历史，足以傲视其他一切人工产品，成为我们今日考察人类历史最长时段的基本符号物。就文化大传统而言，在整个史前期漫长时间的文化传承中，都不可能依靠任何文字记录去展开实证性的研究和重构工作。而考古发掘出土的文物则成为唯一足以说明当时文化情况的符号物。

在这方面，钺这种特殊的人工制品的符号物作用，就特别显出其承载史前文化信息的典型礼器功能。文博考古专业人士已经能够根据各地出土的批量实物标本，对钺的发生发展过程和器物性质的演进脉络，做出较为清晰的陈述。以下就举出近年来玉学界的多个研究性案例，如刘斌、杨晶、徐世练、方向明等人的专业著述。在此基础上求同存异，或可加以综合并提炼出一种理论性的整体认识：玉钺是如何先统一距今 5000 年的长江三角洲地区的，随后才是玉璧、玉琮组合的稍晚一步的玉礼制体系的出现。玉钺在玉文化总体中具有优先发展和引领发展的意义：钺是来自石器时代常见的实用工具和实用武器，其礼仪和象征的作用是从实用武器中脱胎而来的。这就给发生学的考察带来极大便利，有助于从源流和进化的视角看清其历史过程。

徐世练的论文《从工具礼器化到兵器礼器化——以钺为中心看长江下游地区史前时期礼的发展和文化流变》，以有无穿孔为标准，来区分斧与钺。按照此标准，像马家浜文化时期出现的穿孔牛舌形石斧，不论是一孔还是双孔者，都应归属到石钺的范畴里。

可以说在崧泽文化时期对钺的发展情况是传承中略有创新的，即大体沿袭着马家浜文化的石钺老传统，又在此基础上衍生出风字形石钺这一新形制，并使之最后延续为良渚玉钺的基本形制，形成又一新传统。

从良渚文化玉殓葬的结构看，可以分析出当时社会权力结构的政教合一特征，从而更好地理解玉钺与玉琮的对应性关联。徐世练论文赞同发掘报告的判断，认为玉钺所象征的是世俗的权力，而玉琮则标志着宗教的权力。这两者的组合使用则被理解为政教合一的标志。

良渚文化建立了以玉钺为中心的世俗的随葬用玉体系。在墓葬中，出琮和三叉形器的墓葬必定伴出钺，琮和三叉形器相

南河浜 M61 出土崧泽文化玉钺

（摄于嘉兴博物馆）

南河浜 M68:2 出土崧泽文化玉钺

引自《南河浜——崧泽文化遗址发掘报告》

安徽凌家滩出土玉斧
（摄于安徽省博物馆）

安徽凌家滩出土玛瑙钺
（摄于安徽省博物馆）

对于钺的共存度是 100%。几乎所有头部出锥形器的墓葬都出有钺（钵衣山 M1 是个例外）。锥形器相对于钺的共存度几乎是100%。锥形器和钺之间存在一种共出关系。这种共出是以钺为核心的。出土带有刻纹锥形器的墓葬一般出有琮。神人兽面纹出现于琮、钺、锥形器等器物，仅仅是在琮上自始至终得到了延续。琮的出现往往与神人兽面纹紧密相连。良渚式玉璧大致最早出现于反山墓地，中期相对于钺的共存度只有 90%。以上，像瑶山就未见到璧；反山 M22 出有璧，但未见钺。在良渚晚期，璧往往与钺共出，其相当于钺的共存度也高达 100%。[1]

我们在这里看到一种典型的玉器符号化编码现象，这种礼仪制度的编码现象，在时间上先于甲骨文字的出现约 1500 年以上。不过玉钺如果只是代表世俗葬玉制度，那又如何解释在玉钺王上面刻神徽神像的符号行为呢？一味地因袭发掘报告的说法，并不能实际有效地区分出圣与俗的界限，还需要针对文物出土时的实际情况，做更细致的具体分析。郭大顺先生的论文《从崧泽文化的斧钺分化谈起》[2]洋洋数万言，几乎全面描述了全国范围里的石钺、玉钺出土概况，并提出一种三分法的分类原则：斧，斧钺，钺。[3]窃以为，从目前资料看，斧钺二分法的标准尚不是非常明确和统一的，在这样的情况下再倡导三分法，在具

① 杨伯达《中国玉文化玉学论丛》四编，紫禁城出版社，2007 年，第 120-121 页。

② 浙江文物考古研究所《崧泽文化学术研讨会论文集》（2014），文物出版社，2016 年，第 316-334 页。

③ 三分法的判断标准主要是外形方面：窄长形为斧，长方梯形或风字形较宽者为斧钺，厚体圆角弧刃形的为钺。浙江文物考古研究所《崧泽文化学术研讨会论文集》（2014），文物出版社，2016 年，第 327 页。

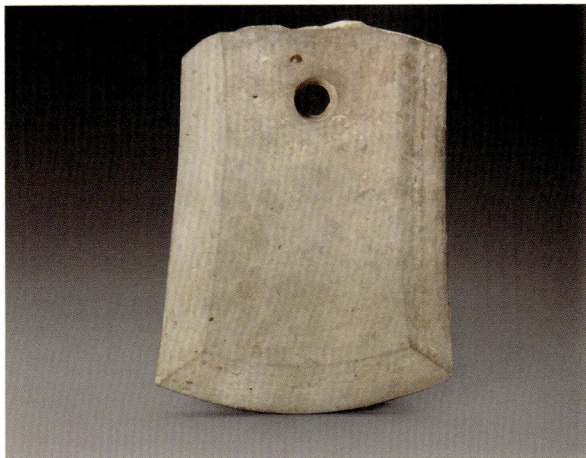

德清博物馆展出的良渚文化三面刃石钺

反山 12：100 良渚玉钺王及柄饰组合（良渚遗址管委会供图）   安徽凌家滩出土玉钺（摄于安徽省博物馆）

体判断和识别方面会遇到更多的困难，所以不易被业界所接受和普遍施行。郭先生也认同将史前社会的"三权"划分开来看的做法，尤其是玉钺代表军权之说。

方向明的论文《聚落变迁和统一信仰的形成：从崧泽到良渚》，在某种程度上可以代表良渚文化遗址主要发掘队伍即浙江省文物考古研究所的专家意见。认为良渚时期首次出现文化一统和宗教信仰一统的迹象，或直接采用宗教学的"一神教"说来解释这种文化现象，或指出："这一统一信仰的形成过程也就是琮、璧、钺和神人兽面像的形成过程。"[1] 我们若是将这个过程的始源追溯到崧泽文化时期，可知那时尚没有璧和琮，也没有神人兽面像，有的只是钺与璜、玦的松散性联系而已。所以说，是玉钺先行一步引领着良渚文化玉礼器体系的形成。

方向明还认为，在凌家滩玉文化中，斧钺的礼仪化走在崧泽文化的前头。这很可能是一个值得深入讨论的说法，因为目前对这两个文化的早晚和相互关系，还存在认识方面的盲区，有些判断还不能找到确凿的证据。严文明在《凌家滩玉器浅识》中指出：相当于北阴阳营文化晚期的凌家滩文化，其墓葬中出土石器的个

① 浙江文物考古研究所《崧泽文化学术研讨会论文集》（2014），文物出版社，2016年，第39页。

体甚大，有点像大溪文化的风格。斧、锛、凿棱角方正，个体扁薄修长的特点又很像崧泽文化和薛家岗文化。[2] 这至少可以说明长江下游地区与中游地区也有一定的相互交流。

　　一般而言，史前玉文化的地方性繁荣局面的出现，离不开社会经济繁荣的基础条件。在这方面，理解良渚文化为何成为史前中国玉文化发展最高峰的关键前提，是良渚文化到来之前的江南文化之人口与物质积淀。仲召兵《崧泽文化圈形成的原因及其意义》一文，给出这方面的相关数据和信息。文章认为，由于崧泽文化晚期人口激增，出现两种情况：一是聚落数量增加；二是聚落规模成倍增长。太湖地区如长兴江家山遗址发掘面积约 4000 平方米，清理马家浜文化墓葬 46 座，崧泽文化墓葬 292 座。芝里发掘面积 2000 平方米，清理马家浜文化墓葬 7 座，崧泽文化墓葬 215 座。崧泽遗址和南河浜遗址分别清理崧泽文化墓葬 136 座和 92 座，其中崧泽文化晚期墓葬数量、规模均占绝对优势。[3] 以上两种文化之间的墓葬数量对比，会给人留下明确印象：从马家浜到崧泽，人口的积极变化预示着某种从量变到质变的过程。人口激增的前提是社会物质生存条件的改

②　张敬国《凌家滩文化研究》，文物出版社，2007 年，第 50-52 页。

③　仲召兵《崧泽文化圈形成的原因及其意义》，见浙江文物考古研究所《崧泽文化学术研讨会论文集》（2014），文物出版社，2016 年，第 27 页。

安徽凌家滩遗址玉殓葬（07M23）局部（张敬国供图）

善，而人口增长的结果也必然促进社会分工与阶层分化，促使手工业者从一般的粮食生产者中分离出来，这就给玉雕工匠的专业化发展提供了条件。良渚文化高度发达的玉器艺术，若没有此前数百年的社会分工的专业化铺垫，也是不可想象的。

从性别需求差异看，早在崧泽文化时期就出现玉礼器符号分化的现象：随着兵器礼器化的进程，钺与璜在墓葬中一般不共存。即随葬钺的墓就没有璜，随葬璜的墓就没有钺。但是南河浜的崧泽文化第一等级墓葬 M16 是个例外，此墓中既有石钺，也有玉璜和玉镯。[1] 据此现象可以大体推测玉器的性别指向性意义：玉钺与玉璜形成一组二元对立的编码，钺为贵族男性标志物，璜为贵族女性标志物。这样才导致反山、瑶山大墓出现南列与北列随葬玉器不同的现象。既然钺的礼器化过程与男性在社会中的权威化过程同步，可以将大传统到小传统的演变情况整合起来看："从工具钺到钺礼器化，从可能是实际战争中的武器到有象征性的玉礼兵，到随后即至的文明时代的圭璋和王权象征，这也是中国史前和先秦文化发展的一条脉络。"[2]

① 浙江省文物考古研究所《南河浜——崧泽文化遗址发掘报告》，文物出版社，2005年，第112-113页。

② 杨伯达《中国玉文化玉学论丛》四编，紫禁城出版社，2007年，第123页。

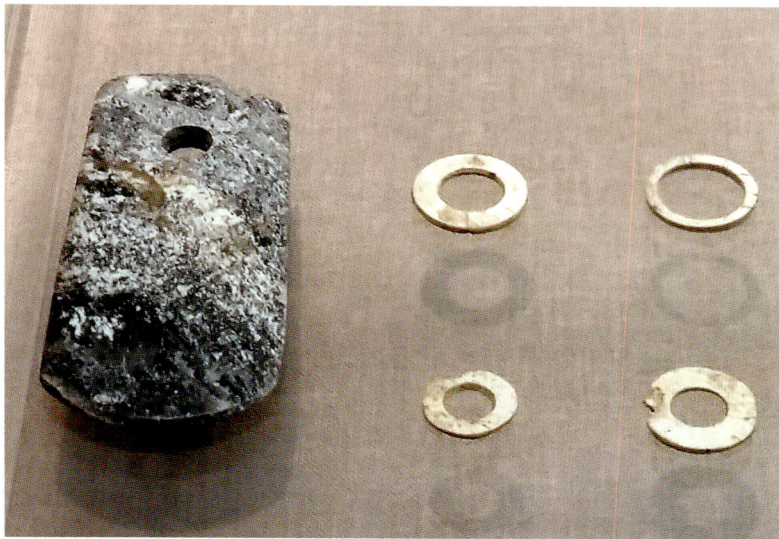

张家港东山村遗址出土崧泽文化玉钺（摄于张家港博物馆）

三、金坛三星村的玉石钺

徐世练的文章还指出，玉文化在长三角地区孕育发展的基本传播脉络是：以钺为中心的礼仪用玉和用玉习俗的主要发源地在茅山山脉及太湖的西北部一带。这种习俗表现了长江下游地区的各种史前文化具有一定的同源性。这种习俗随着文化的北进产生了基本相同的北阴阳营文化类型的用玉习俗，西进较大地影响到凌家滩遗址、薛家岗文化的用玉习俗，往南也影响了河姆渡文化的用玉习俗。这样的交互影响下，终于形成环太湖地区的文化谱系，最终在整个长江下游地区有越来越趋同的良渚文化一体化进程。③

崧泽文化的石钺与玉钺并存，其形制和外观都与良渚文化的大同小异，无疑可以看成是良渚玉礼器体系之雏形和前身。在 2019 年第十五次玉帛之路文化考察到张家港博物馆和东山村遗址现场，听取发掘人的报告，充分领略到良渚玉礼器的发达面貌不是虚假的，从马家浜到崧泽、再到良渚的整个铺垫过程，长达一两千年。反山 M12"玉钺王"的出现，完全是长三角地区近 2000 年玉文化发展铺垫的最终成果，大有后来居上的态势，这和"玉琮王"的历史脉络缺乏铺垫、突如其来的性质，似乎并不相同。

马家浜文化石钺在各地出土的数量有限，唯独在太湖以西的金坛三星村遗址（其年代属于马家浜文化后期）发掘出大批量标本，由此不难看出崧泽文化和薛家岗文化的石钺和玉钺的主要来源情况。玉石钺的进化历程相当缓慢，几乎察觉不出什么大的变化，唯有崧泽时期和薛家岗时期出现的少量的透闪石玉质斧钺，给随后或同时期的凌家滩玉钺的生产繁荣，起到推波助澜的作用。在此基础上，又过了数百年，才终于在杭州湾一带迎来良渚文化"玉钺王"之巅峰般的惊艳亮相。

玉钺脱颖而出之过程显示：这正是长三角史前文化一体化的某种表现，而且通过宁镇地区向外辐射，并一直旁及北部江

③ 杨伯达《中国玉文化玉学论丛》四编，紫禁城出版社，2007 年，第 122 页。

淮一带的史前文化，使得这种钺者为尊的王者气象有一种遍地开花的趋势。而先石钺后玉钺的层级进化现象，也是在各个地区的地方性政权发展中屡试不爽的一种演变通则，除非某地的玉钺纯属是外来影响传播输入，如中原二里头遗址所见玉钺和铜钺的外来输入现象。那么，玉钺登场之前的漫长孕育阶段在长三角局部地方是怎样的情况呢？

陈明辉《距今 6000 年前后环太湖流域的文化格局》一文有助于从总体格局上理解这个过程，他将这一地区的马家浜文化划分为二期，前期为距今 7000 至 6300 年这一时段，其北部接壤的则是淮河流域的双墩文化系统。这一时段的遗址数量很少，社会分化不明显，属于原始平等的社会，玉器使用稀少，石钺等象征权力的特殊器物也还未出现（确切地说应处在石钺的发生期——引者）。"后期为距今 6300~5900 年的时段，属于马家浜文化晚期阶段，出现以北阴阳营文化、薛城文化、东山村文化为代表的社会分层，产生早期权贵和精英阶层的强势文化。石钺（其源头是大河村一期文化的宽扁形石铲）及玉璜、玉玦等玉器成为墓葬中标志身份、权力和地位的重要物质载体，这些都反映了社会的进步。可以说，在以这些考古学文化为代表

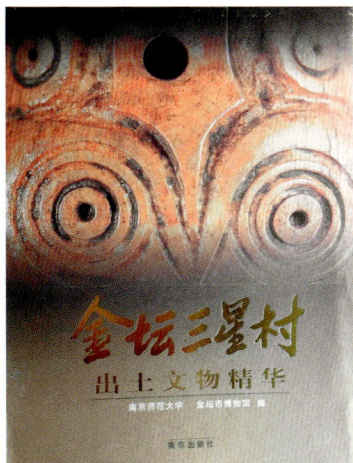

南京师范大学、金坛市博物馆《金坛三星村出土文物精华》（以下简称《三星村文物》），封面图为骨雕柄镦图像：突出鸮眼的旋转特征

三星村 M38：1、2、3 石钺及柄饰
引自《三星村文物》

三星村 M531：3 石钺
引自《三星村文物》

崧泽文化墓葬出土石钺
（摄于张家港博物馆）

崧泽遗址出土石钺
（摄于崧泽博物馆）

三星村 M840 出土叶蜡石玉钺
引自《三星村文物》

三星村 M531：3 石钺之柄饰

引自《三星村文物》

三星村 M38：2 石钺之柄饰猫头鹰像

引自《三星村文物》

三星村 M881A：7 石钺

引自《三星村文物》

三星村 M425：3 石钺

引自《三星村文物》

的马家浜晚期阶段，长江下游环太湖及宁镇地区的复杂化、城市化和文明化进程正式加速启动了。"①这里对石钺从无到有的出现过程，及其地理扩张分布的概述，基本说明了玉钺能够在此基础上登场的文化背景，可谓高屋建瓴。不过，将长三角地区石钺的起源简单归结到中原地区的大河村一期文化，未免有一些武断。在此需要补充的重要材料，是太湖以西的金坛三星村文化的情况。陈明辉将三星村文化归入自己创建的"薛城文化"②这个专名的范围里，命名较为冷僻。因为薛城出土文物等级不突出，此专名也有待商榷。他将三星村文化视为马家浜文化后期阶段，则是和主流观点相吻合的。根据三星村遗址的发掘报告，③这是一个以象牙柱形器、刻文骨板器、鹿角靴形器和带有雕刻动物形象的骨质柄饰的豪华型石钺，外加三孔和七孔石刀为礼器特征的文化。该遗址所发掘的 525 平方米就清理出墓葬千余座，出土人骨个体标本多达 1190 个。其中墓葬 M840 出土的一件钺为叶蜡石所制，如果按照古代定义将"玉"理解为"美石"的话，这件距今 6000 年以上的叶蜡石钺，也就理所当然应该算是整个长三角地区的玉钺之祖。在《金坛三星村出土文物精华》中，就将这件钺命名为"玉钺"，归入玉器类

① 浙江文物考古研究所《崧泽文化学术研讨会论文集》（2014），文物出版社，2016年，第213页。

② 浙江文物考古研究所《崧泽文化学术研讨会论文集》（2014），文物出版社，2016年，第176页。

③ 江苏三星村联合考古队《金坛三星村遗址发掘报告》，《文物》2004年第2期。

三星村 M632：7 石钺
引自《三星村文物》

三星村 M985：9 石钺
引自《三星村文物》，原标注为石锄

① 南京师范大学、金坛市博物馆《金坛三星村出土文物精华》，南京出版社，2004 年，第 51 页。

② 史前鸦神崇拜相关的研究与标本图像，参看叶舒宪《图说中华文明发生史》第八章玄鸟生商，南方日报出版社，2015 年，第 197—230 页。

别中加以展示。[①] 下面就从这批属于马家浜文化晚期的石钺中选取若干标本，略作说明：

从图像看，猫头鹰崇拜为女神即生命再生母神信仰的象征物。[②]

大致看来，三星村出土的这一批石钺，其选料基本可划分为深色调和浅色调两类。其深色调石料者包括辉绿岩（M985：9、M881A：7）、铅锌矿石（M484：1）、蚀变凝灰岩（M450：10、M504：3）、蚀变角砾灰岩（M632：7）等，从色类上看均为后世文献所称之"玄钺"的祖型。其浅色调石料包括蚀变角砾灰岩（M425：3）、中酸性熔结凝灰岩（M54：2、M730：5）、硅化凝灰岩（M495A：13）和灰岩等，均可视为后世文献所称"黄钺"之祖型。先民为何屡屡做出这样有意识的二元色选择和安排，这个问题已在另外著述中讨论过，并结合华夏初民有关天玄地黄的二元论神话联想，给出说明，在此不赘述。正是由于有这一两千年的铺垫和预热，才终于出现良渚文化时期唯钺为葬的特殊礼制情况，并且在一座墓葬中的石钺也有玄黄二元对应的现象出现；以至于杭州湾地区的良渚大墓中玉钺的登峰造极表现。如果离开了更加深远也更大数量的石钺随葬传统因素积淀，是难以索解的。

总结本文，是石钺、玉钺引领着长三角地区史前玉礼器传统的发生发展，并相对形成玄黄二元色对应的用钺制度之雏形。这两个方面都在后世中原文明国家形成的礼制化进程中发挥出文化基因的作用，影响十分深远。

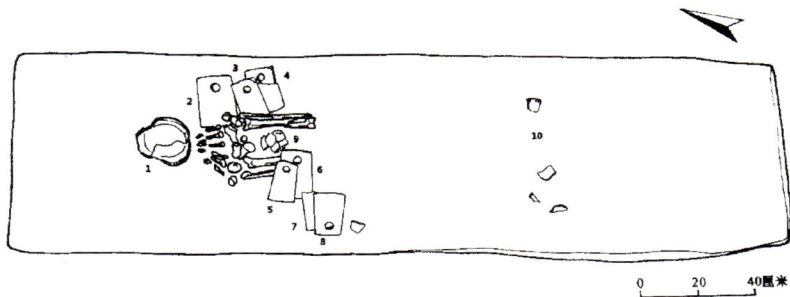

良渚文化的唯钺为葬示意图，赵陵山 M33 线描图引自《赵陵山》

江苏昆山赵陵山 M77 出土玄钺与黄钺
引自《赵陵山》

江苏昆山赵陵山 M78 出土黄钺与玄钺
引自《赵陵山》

齐家与良渚：华夏文明形成探索

易　华

摘要：东南孕育良渚文化是新石器时代东亚定居农业文化高峰，良渚遗址是玉帛古国代表，定居农业文化为华夏文明形成打下了基础；西北兴起齐家文化是东亚最早的青铜时代文化，石峁遗址是干戈王国代表，青铜游牧文化后来居上促成了华夏文明。长江中下游是照叶树林文化带核心地区，良渚时代定居农业生活方式已成熟，稻作农业、漆器、黑陶和玉器已达到高峰。玉文化源自北方，良渚时代也已登峰造极，良渚遗址表明依然是"神王之国"或玉帛古国，并不是祀与戎并重的干戈王国。良渚文化衰落后长三角地区既少玉也缺铜，不太可能是夏朝主流文化，但良渚文化是华夏文明形成的重要基础。作事者必在东南，收其功实常在西北。齐家文化时代东南西北定居农业与游牧文化结合形成华夏文明。

关键词：良渚文化 齐家文化 玉文化 华夏文明

一、环太湖文化考察

2012 年冬天与叶舒宪、冯玉雷在陕西师范大学一见如故，共同踏上了玉帛之路与青铜文化探索之路。2013 年夏天叶舒宪和我两人从北京前往大同，经雁门关、代县、忻州、大原前往兴县小玉梁、神木石峁遗址，开始了第一次玉帛之路文化考察活动，以上海交通大学与中国收藏家协会名义举办了"中国玉石之路与

鸟瞰良渚遗址（良渚遗址管委会供图）

玉兵文化研讨会"，出版《玉成中国：玉石之路与玉兵文化探源》，明确了考察研究宗旨。[1] 2014 年第二次玉帛之路文化考察活动以齐家文化为主题，在西北师范大学举行了"玉帛之路与齐家文化学术座谈会"，时任甘肃省委常委宣传部部长连辑发表语重心长的讲话，使甘肃境内考察活动进展顺利。途经临夏广河与当地学者和政府官员深入交流，促成了"齐家文化与华夏文明国际研讨会"的召开和"齐家文化博物馆"的建立，出版了《2015 中国·广河齐家文化与华夏文明国际研讨会论文集》[2] 和《齐家华夏说》[3]。最近 6 年陆续开展了 14 次玉帛之路文化考察活动，受益匪浅。我们受叶氏学术思想熏染，小传统与大传统、四重证据法、符号解码编码深入人心。

[1] 叶舒宪、古方《玉成中国：玉石之路与玉兵文化探源》，中华书局，2015 年。

[2] 朱乃诚等《2015 中国·广河齐家文化与华夏文明国际研讨会论文集》，文物出版社，2016 年。

[3] 易华《齐家华夏说》，甘肃人民出版社，2015 年。

　　最美人间四月天，寻玉访古到太湖。第十五次玉帛之路（环太湖）文化考察活动以良渚文化遗址与文物为中心，一如既往探讨华夏文明形成之道。我们4月8日从上海交通大学启程，依次参观考察了崧泽遗址、福泉山遗址、太仓博物馆、绰墩遗址、草鞋山遗址、赵陵山遗址、苏州博物馆、东吴博物馆、木渎遗址、黄泗港遗址、张家港博物馆、东山村遗址、常州博物馆、南京市博物馆、南京博物院、江南考古工作站、湖州博物馆、德清博物馆、防风氏祠、良渚博物院、瑶山遗址、良渚遗址管委会、桐乡博物馆、嘉兴博物馆，顺利完成了考察任务，对马家浜、崧泽与良渚文化有了感性认识，对良渚文化崩溃之后钱山漾、广富林、马桥、湖熟文化也有了初步了解。东南地区新石器时代稻作农业文化兴旺发达，良渚古国达到了顶峰；4000余年前夏代开始之际已经分崩离析，而大西北齐家文化方兴未艾。

　　上海交通大学神话学研究院首届新成果发布会办成了全国性神话、文学、考古、历史、民族、人类学会议，既有高谈阔论也有小组切磋，各抒己见，意犹未尽。我们开启环太湖良渚文化考察活动正好可以继续交流探讨。第一站是上海青浦崧泽遗址博物馆。王仁湘先生以在西北边疆考古著名，40年前在中国社会科学院攻读硕士研究生时就以崧泽文化为研究对象，与

良渚玉带钩（良渚遗址管委会供图）

莫角山宫殿区（良渚遗址管委会供图）

发掘者黄宣佩不约而同提出崧泽文化概念。他曾提议考古研究
所在长三角设立江南考古工作队，没有如愿，只好服从安排到
大西北开展考古工作。今天故地重游另有一番感慨：东南崧泽
文化相当于西北庙底沟文化。第二站走进福泉山，马家浜、崧
泽、良渚文化齐备，不愧是史前上海文化高地。该遗址出土了
大量精美良渚文化玉器，现在上海博物馆收藏或展览。遗址实
地展示的文物照片、祭坛、考古地层和殉葬模型值得特别留意，
目前正在打造国家考古遗址公园。

　　中午路过太仓进入苏州，顺便参观太仓博物馆，碰上大元
瓷仓特展。宋元时代，太仓是六国码头瓷器转运销售中心。然
后前往昆山绰墩遗址参观，该遗址位于阳澄湖和傀儡湖之间，
我们找到了全国重点文物保护碑，但已见不到遗址痕迹。直接
赶往附近更加著名的同类遗址草鞋山，该遗址也已被夷为平地，
只见一小片森林和荒地。昆山赵陵山遗址尚未充分发掘，但已经
确认是良渚文化早期重要墓地：发掘者陆建芳特别提示已有集
体殉葬现象，多达 19 人，男女性别还不清楚。赵陵山油菜花开，
是一座人工堆筑台状土山，占地 1 万平方米，高出四周近十米，

有古河道环绕，是太湖地区典型土台型遗址，与唯亭草鞋山、甪直张陵山、千灯少卿山、青浦福泉山等古遗址处于同一纬度。三次考古发掘 2000 平方米，上层为春秋时代遗存，中层为良渚文化，下层为崧泽文化。共发现以良渚文化为主墓葬 94 座，按墓主贫富贵贱分区埋葬，出土文物有玉器、石器、陶器。1992年被评为全国十大考古新发现，2013 年被定为第七批全国重点文物保护单位。我们一天参观了 6 处全国重点文物保护单位，上海、苏州海拔只有几米，大都已被夷为平地，只有福泉山和赵陵山仍然高达十米，令人特别难忘。

晚上抵达苏州城，苏州考古研究所所长张照根和东吴博物馆馆长陈凤九等热情款待，介绍情况，赠送书籍。第二天走进苏州博物馆，验证了张照根关于马家浜、崧泽、良渚文化连续发展的观点。良渚时代辉煌之后就跳到了周代，几乎没有夏商文化遗物。苏州博物馆展出的真山大墓出土战国玛瑙珠串，令人眼睛一亮，元代娘娘墓出土的张士诚之母曹氏文物亦令人大开眼界。贝聿铭为家乡设计的博物馆独具中国风格，附属太平天国忠王府亦令人感慨。追溯苏州历史我们冒雨走进苏州古城木渎遗址，参观中国社会科学院考古所与苏州考古所联合考古队

湖州博物馆展示五种考古学文化

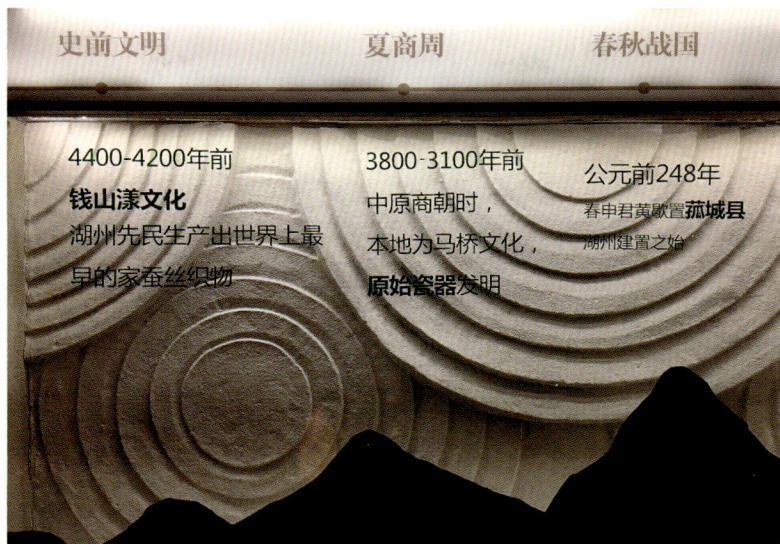

史前文明　　　　　夏商周　　　　　春秋战国

4400-4200年前
钱山漾文化
湖州先民生产出世界上最早的家蚕丝织物

3800-3100年前
中原商朝时，本地为马桥文化，
原始瓷器发明

公元前248年
春申君黄歇置**菰城县**
湖州建置之始

湖州博物馆展示考古历史年表

的最新发掘成果，见到一批刚出土的良渚文化玉器。然后前往张家港参观东山村遗址，路过刚刚荣获 2018 年全国十大考古新发现称号的黄泗浦遗址，听发掘队领队周润垦讲解鉴真东渡日本启航码头的故事，唐代此地就是瓷器转运中心。东山村遗址曾经轰动全国，出土文物正在张家港博物馆展出。东山村遗址崧泽文化邦主拥有 5 把石钺或玉钺，严文明先生称之为"崧泽王"；而同一遗址马家浜文化大墓墓主胸戴 5 件玉璜，二者形成鲜明对照。

第十五次玉帛之路（环太湖）文化考察活动终于从大西北走进了江南，没想到文化遗址如此密集和丰富，风雨兼程下午 6 点多才赶到常州博物馆，错过了参观寺墩遗址和博物馆展览的时间。黄馆长和保管部工作人员还在耐心等候，我们仔细观摩、切磋了部分馆藏的出土良渚文化玉器，特别注意了与齐家文化玉器之异同，发现西北、江南并不遥远。4 月 9 日晚上在宾馆重读世界考古权威科林·伦福儒和中国考古代表刘斌合作的论文：良渚古城是一座公元前 3300~2300 年的设防城镇，同时还发现规模宏大的防洪和灌溉水坝系统，中心分布人工营建的宫殿台基，反山墓中出土了大量精美文物，这些都表明良渚是东亚最早的国家社会产物。

4月10日清早参观南京市博物馆：北阴阳营文化比较发达，几乎没有夏代文化，商周湖熟文化之后就到了太伯奔吴、范蠡筑城了。南京博物院展示的江苏新石器时代文化相当繁荣，良渚时代达到了顶峰。常州武进寺墩遗址M3尤其震撼：百余件玉琮、玉璧、玉钺集于一墓，创造了良渚文化墓葬出土玉器数量之最。南京博物院展出的良渚文化玉器精彩纷呈，花厅遗址出土的大汶口文化串饰令人难忘。花厅遗址同时存在南北两种不同文化类型，被称之为"文化两合现象"，为认识不同文化交流模式提供了例证。南京博物院展出的汉代玉器亦值得欣赏：亡秦必楚项羽和刘邦逐鹿中原，鸿门宴刘邦奉上一双白玉璧死里逃生建立汉朝。玉璧常有，白玉璧难见，玉戈已胜玉琮多年。

4月11日走进太湖西南岸浙北名城湖州，参观湖州博物馆，长兴赋主题展立体、形象、生动地展示了马家浜、崧泽、良渚、钱山漾、马桥五种新石器时代考古学文化：距今4200~3800年前夏代开始之际又是空白。战国春申君黄歇始置菰城县统管长三角地区，故上海至今简称"申"。湖州确是神奇地方：上次到湖州听到"一部民国史半部在湖州，中国书画史半部在湖州"；这次看到的考古发现表明湖州可能是中国三大特色文化丝、瓷、茶的起源地。钱山漾遗址出土的丝绸是考古正式发现最早的丝绸样本，湖州被认为是丝绸或丝路起源地。最近又在德清考古发现了原始青瓷窑址，湖州很可能是青瓷起源地。茶不太可能起源于湖州，但茶圣陆羽生于竟陵（今湖北天门），曾流浪到湖州，与皎然成为知心朋友，在此写作《茶经》，并葬于此地。路过湖州德清防风氏祠，收集四重证据。神话传说落地生根，防风古国也是汪氏之源。顺路朝圣拜祖，汪永基异常兴奋。

良渚博物院由英国人设计，采用伊朗石材装饰，高雅大方、国际化，清楚地展示了环太湖地区良渚文化兴衰过程。瑶山既是祭坛也是贵族墓葬：南排居中7号墓和北排11号墓出土遗物最多，分别被推定为良渚国王和王后墓，王后墓规模还略大于国王墓。参观良渚遗址之后，在良渚遗址管委会召开一次比较正式的座谈会，与管委会副主任李新芳、监测中心主任郭青岭、博物院院长周黎明、浙江文物考古研究所王宁远等进行了讨论，加深了对良渚文化的系统认识。

太湖东边嘉兴桐乡博物馆亦自称江南文化之源与文明之源：马家浜、崧泽、良渚文化之后直接进入吴越大战。嘉兴是马家浜文化命名地，南河浜遗址崧泽文化很发达。嘉兴从良渚文化走向文明。4月12日圆满完成第十五次玉帛之路（环太湖）文化考察活动，对良渚文化来龙去脉有了感性认识，为探索华夏文明提供新视角。现在我们可以初步肯定定居农业文化源自东南，玉文化来自北方，良渚时代已登峰造极。良渚文化衰落后长三角地区有钱山漾、广富林文化或马桥、湖熟文化，既少玉也缺铜，都不太可能是夏朝主流文化，但良渚文化是夏代文化或华夏文明形成重要的基础。

良渚博物院内庭（良渚遗址管委会供图）

良渚古城外围水系统遗址（良渚遗址管委会供图）

二、定居农业文化源自东南

长江中下游是照叶树林文化带核心地区，良渚时代定居农业生活方式已成熟，稻作农业、漆器、黑陶和玉器已达到高峰。良渚遗址群出土数以吨计的稻谷与石犁、镶玉漆木器，精彩黑陶和微雕玉琮都是空前的重大发现。

水稻一般分成两个亚种——日本稻 (oryza sativa japonica) 和印度稻 (oryza sativa indica)，中国分别称之为粳稻和籼稻。粳稻源于多年生野生稻（oryza rufipogon），籼稻源于一年生野生稻（oryza nivara）。[1] 多年生野生稻广泛分布于长江流域，早于河姆渡文化稻作，遗存的不断发现，表明长江流域先民大约在 1 万年前就开始驯化稻。江西万年县吊桶环遗址、仙人洞遗址和湖南道县玉蟾岩遗址的稻谷年代均超过 1 万年。[2] 目前公认最早栽培的水稻见于约 8000 年前的贾湖遗址，人骨同位素分析表明稻谷已成为贾湖人饮食的重要组成部分。[3] 河姆渡、马家浜、崧泽文化时期稻作初具规模，奠定了水田稻作基本模式。良渚时代稻作农业生产规模大、产量高，稻米成为唯一主食。这种湿地稻作农业有别于黄河流域黍粟旱作农业，也异于西方

① Sato Y., *Origin of Rice and Rice Cultivation based on DNA Analysis*, Tokyo: NHK Books.

② Zhao Zhijun, The middle Yangtze region in China is one place where rice was domesticated: phytolith evidence from the Diaotonghuan Cave, Northern Jiangxi, *Antiquity*, 72, 1998.

③ Hu Yaowu et al, Stable isotopic analysis of human bones from Jiahu site, Henan, China: implications for the transition to agriculture, 1319-1330, *Journal of Archaeological Science* 33(9), 2006.

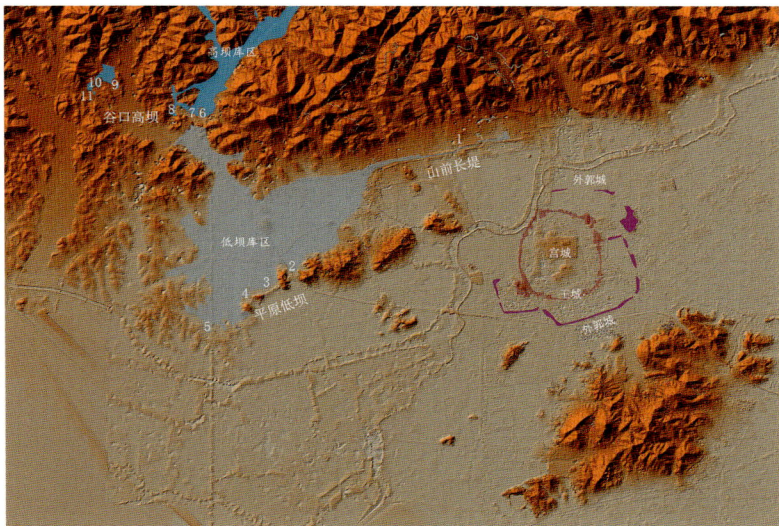

良渚古城结构图（良渚遗址管委会供图）

考古探沟（良渚遗址管委会供图）

麦作农业，是良渚文明区别于其他文明的重要特征之一。

良渚文化时期流行石犁或破土器，到唐代流行的江东犁有3000年考古文物空白。茅山遗址居住区发现组合石犁，长58厘米，宽38厘米；庄桥坟遗址所出者还保留木犁座，总长达106厘米。良渚石犁空前绝后，昙花一现，其功能和用法还没有确解。徐中舒认为中国牛耕不早于战国，系统考述了耒耜形制、古代耕作状况和汉代牛耕推广。[④] 耒耜是人力工具，犁是复合农具或农业机械。东亚最早的整地工具耒或耜是中国历史上的标志性农具，先是木耒，后有木耜，稍后又发明了石耜和骨耜。[⑤] 目前发现早期骨耜最多的地方是距今7000年左右的浙江余姚河姆渡遗址和罗家角遗址。[⑥]《韩非子·五蠹》："禹之王天下也，身执耒臿，以为民先。"耒耜是夏商周三代主要的农具，一直到春秋战国时代，耒耜仍是东亚农民必备的生产工具。《管子·海王》："耕者必有一耒、一耜、一铫。"

良渚时代猪是主要家畜，还未有黄牛、羊、马。养猪是东亚定居农业生活传统，无"豕"不成"家"。在东亚新石器时代主要文化遗址中几乎均有猪骨出土。猪是东亚新石器时代六畜之首，猪骨和玉器一样是东亚新石器时代最宝贵的陪葬物品。

④　徐中舒《耒耜考》，见《中央研究院历史语言研究所集刊》二本一分，1930年。

⑤　陈文华《中国农业考古图录》，江西科学技术出版社，1994年。

⑥　浙江省文物管理委员会《河姆渡遗址第一期发掘报告》，《考古学报》，1978年1期。

① Gui-sheng Wu, et al. Population phylogenomic analysis of mitochondrial DNA in wild boars and domestic pigs revealed multiple domestication events in East Asia, *Genome Biology* 2007, 8: R245.

② 袁靖《动物研究》，见浙江省文物考古研究所、萧山博物馆《跨湖桥》，文物出版社，2004 年。

③ 兰廷成、赵大川《钱塘江流域新石器时代驯猪研究——马家浜文化、崧泽文化及良渚文化篇》，《猪业科学》，2019 年 5 期。

④ 凌纯声《太平洋上的中国远古文化》，《大陆杂志》，1961 年第 23 卷第 11 期。见《中国边疆民族与环太平洋文化》，联经出版事业公司 1979 年。

⑤ 洪石《山西省考古研究所 2019 年度系列学术讲座第一讲：中国古代漆器》，2019 年 3 月 13 日。

通过对来自中国、东南亚、印度的 567 只家猪和 155 只野猪进行 mtDNA 研究，发现东亚家猪和野猪可追溯到同一世系 D；根据系统发育地理图可推断湄公河流域是驯化中心，然后分别向西北和东北方向扩展。[①] 跨湖桥遗址出土的动物骨骼部分被确认为家猪，也是中国最早的家猪实例之一。[②] 良渚时代养猪成风，猪亦是良渚先民主要的肉食来源。下家山遗址共出土动物骨骼 2058 件，可辨识的动物骨骼中猪的数量最多，共 1526 件，占总数 74%。良渚文化时期家猪已成为人们的主要肉食来源，人们也狩猎鹿和野猪。[③]

良渚遗址是一座水城，舟船是常用交通工具和捕鱼采集设备。良渚独木舟和独木棺的出土表明良渚人与舟生死相依。余杭茅山遗址良渚文化层出土的长 7.35 米、宽 0.45 米的独木舟是国内考古发掘最长、最完整的史前独木舟。上万块 1 吨的城墙垫脚石来自城北大遮山南坡和城南大雄山北坡，考古队用 20 根竹子拼成双筏，可以撑得起 1 吨重的石头。东亚紧靠太平洋，以筏、舟为象征的海洋文化是东亚基层文化。[④] 目前东亚最早的独木舟见于 8000 年前的浙江萧山跨湖桥遗址，显然不是原始独木舟。"岛夷""百越"善于用舟。《淮南子·主术训》："汤武圣主也，而不能与越人乘舲舟而浮于江湖。"

漆树是照叶树林文化带标志性植物，应用大漆是东亚文明特色之一。新石器时代考古发现的漆器主要集中在长江下游地区，黄河流域仅在山西襄汾陶寺遗址有发现。浙江杭州萧山区跨湖桥遗址出土的木胎漆弓距今 8000 年，河姆渡遗址出土的漆木碗和田螺山遗址出土的漆绘木蝶形器距今约 7000 年。浙江余杭反山、瑶山出土的漆器上嵌玉，配朱漆彩绘，是我国漆器和玉器工艺相结合的早期例证。夏代漆器应该是继承以良渚文化为代表的长江流域漆文化的结果。考古发现主要见于河南偃师二里头遗址和内蒙古敖汉旗大甸子墓葬；以生活用具为主，器形有觚、匣、豆、盒、钵、匕、勺、瓢状器等，还有漆鼓和漆棺等。漆器上髹红、黑、褐、白四色漆，出现了镶嵌绿松石、蚌片、螺片的漆器。[5]

　　1958 年浙江吴兴钱山漾遗址发现良渚文化丝织品，说明东亚约 4000 年前就有了养蚕和丝织业。[6]最近钱山漾遗址又有丝绸出土，提供了新证据。[7]1978 年浙江余姚河姆渡遗址出土带有编织纹和蚕纹图案的牙雕盅形器以及麻线、纺轮和原始织机零件，可以作为丝绸生产的佐证。[8]新石器时代长江流域丝绸遗迹、遗物集中于长江下游三角洲地带，后来扩大到中游，以两湖为中心，最后才到上游四川一带。[9]山西夏县西阴村 1926 年出土的半个蚕茧可能属于仰韶文化。[10]中国丝织与养蚕技术出现是相继发生的，丝织大概起源于河姆渡文化，养蚕成熟于仰韶、良渚文化。家蚕（Bombyx mori L.）由野桑蚕（Bombyx mandarina）驯化而来。[11]用分子生物学手段对 11 个地区的野桑蚕和 25 个家蚕品种进行研究，进一步证实家蚕起源于中国野桑蚕。[12]蚕、桑、丝绸是中国古代伟大的系列发明。[13]种桑、养蚕、缫丝、纺织、刺绣是十分复杂的技术活动。新石器时代丝绸和玉相提并论为礼仪用品。安阳殷墟出土过形态逼真的玉蚕，武官村发现戈援上残留着绢或帛，甲骨文已有蚕、桑、丝、帛等文字。[14]

河姆渡出土玉璜　距今 7000 年（摄于河姆渡博物馆）

⑥　周匡明《钱山漾残绢片出土的启示》，《文物》，1980 年第 1 期。徐辉等《对钱山漾出土丝织品的检验》，《丝绸》，1981 年第 2 期。

⑦　周颖《丝之源——湖州钱山漾》，《丝绸》，2006 年 6 期。

⑧　周匡明《养蚕起源问题的研究》，《农业考古》，1982 年第 1 期。

⑨　刘兴林、范金民《长江丝绸文化》，湖北教育出版社，2003 年。

⑩　李济《西阴村史前的遗存》，清华学校研究院丛书第三种，1927 年。夏鼐认为蚕茧大概是后世混入的东西。日本学者布目顺郎对蚕茧作了复原研究，推断是桑蟥茧；但池田宪司认为是家蚕茧。

⑪　蒋猷龙《家蚕的起源和分化》，江苏科技出版社，1982 年。

⑫　鲁成等《中国野桑蚕和家蚕的分子系统学研究》，《中国农业科学》，2002 年 2 期。

⑬　夏鼐《我国古代蚕、桑、丝、绸的历史》，《考古》，1972 年 2 期。

⑭　胡厚宣《殷代的蚕桑和丝织业》，《文物》，1972 年 11 期。

从上山到良渚5000余年间，江南定居农业生活方式已经成熟。崧泽文化出现了大型石犁和石镰等，提高了劳动效率，代表性陶器是鼎、豆、壶的组合，已经种植水稻，开凿水井，驯养家畜，制造陶器，建造房屋，这种定居农业文化生活方式还可以经过马家浜、河姆渡、跨湖桥文化追溯到万年前的上山文化。上山遗址是中国长江下游及东南沿海地区迄今发现年代最早的新石器时代遗址，距今11000~9000年，发现了不同形式的灰坑、灰沟、建筑遗迹，陶胎中普遍发现了稻壳、稻叶及稻茎，已经进入定居农业生活阶段。长三角地区最著名的考古遗址良渚遗址、崧泽遗址、马家浜遗址、河姆渡遗址、跨湖桥遗址、上山遗址，构成了完整的考古学文化序列。定居农业生活方式日益成熟，良渚时代达到了史前定居稻作的文化高峰。

三、良渚玉文化来自北方

玉被认为是东亚文明的第一块基石。杨伯达将中国玉文化分为东夷玉文化、淮夷玉文化和东越玉文化三大板块，揭示了玉与夷越的特殊关系。[1]邓聪系统考察全球玉器之后指出人类历史上欧洲、北非、西亚和南亚奉黄金为尊，东亚蒙古人种以玉为极品，玉金二者分别为东西方人类物质文化的最高代表。[2]玉玦分布最广，可能起源于东亚北部，向南扩散到越南，向东流传到日本；北纬60°到南纬10°，东经80°至150°均有玉玦分布。[3]河姆渡、马家浜文化中出现了玉玦，标志着东北玉文化传播到了东南地区。玉文化深深扎根东亚大地，东北亚才是玉文化起源地。[4]俄罗斯远东地区特别是贝加尔湖附近发现了大量新石器时代的玉器，个别可以早到2万年前旧石器时代晚期。[5]东亚大约5000年前已进入了新石器时代鼎盛时期，红山文化玉猪龙和良渚文化玉琮可以作为东亚新石器时代文化的象征。先有玦、璧、环源自东北，后有璜、钺、琮兴起于东南。璧、琮、钺、璜是良渚文化的代表性玉器，在中国玉文化发展史上承前

① 杨伯达《历史悠久而又永葆生机的中国玉文化》，见杨伯达《亚玉之光》，上海古籍出版社，2005年。

② 邓聪《蒙古人种及玉器文化》，见邓聪《东亚玉器·序》，香港中文大学中国考古艺术研究中心，1998年。

③ 邓聪《东亚玦饰四题》，《文物》，2000年第2期。

④ 中国社会科学院考古研究所等《玉器起源探索》，香港中文大学中国考古艺术中心，2008年。

⑤ Sergei A. Komissarov, The Ancient Jades of Asia in the Light of Investigation by the Russian Archaeologists，见邓聪《东亚玉器》，香港中文大学中国考古艺术研究中心，1998年。

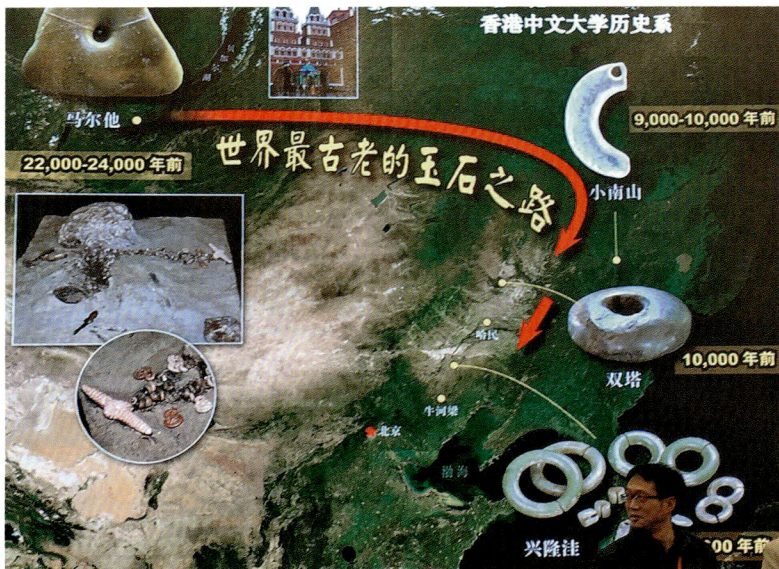

邓聪讲述玉石之路

启后。从玉器加工技术角度亦可看出从东北到东南的传播大趋势：线切割和片切割技术均来自东北亚，仅微刻工艺是良渚独创。[6] 例如凌家滩玉人双腿之间的空隙以线搜而成，良渚文化出现复杂纹样线搜玉器不是偶然。

　　玦、玉璧、玉璜、玉环、玉镯均可象征升天或通灵；琮出现更晚也更复杂，具有更丰富的内涵。河姆渡遗址出土的"双鸟朝阳蝶形器"与半圆形玉璜接近，崧泽至良渚文化璜在墓葬中彰显性别和身份地位。[7] 潜山薛家岗出土 3 件璜形玉器、扁平半圆、近似蝶状，均以尖状弧突为中心，这类"人"字形见于凌家滩，与瑶山璜有联系。[8] 璜源起长江流域，在马家浜文化至崧泽文化、凌家滩文化、北阴阳营文化和良渚文化中流行。进入良渚时代体现男性权威的钺地位彰显，琮成核心玉器，璜退居次要地位。

　　斧钺是新石器时代主要的生产工具，穿孔石钺在东亚新石器时代晚期文化中很流行，在薛家岗、凌家滩、崧泽、良渚文化中尤其盛行。良渚文化墓葬中大都有石钺出土，余杭横山 M2

⑥　邓聪、曹锦炎《良渚玉工》，彩版三一十七，香港中文大学中国考古艺术研究中心，2015 年。

⑦　陈淳、孔德贞《玉璜与性别考古学的关系》，《中国文物报》，2004 年 7 月 9 日；《性别考古与玉璜的社会学观察》，《考古与文物》，2006 年第 4 期。

⑧　朔知《初识薛家岗与良渚的文化交流——兼论皖江通道与太湖南道问题》，见浙江省文物考古研究所《浙江省文物考古研究所学刊》（第八辑），科学出版社，2006 年。

良渚玉牌饰

（良渚遗址管委会供图）

良渚玉管串

（良渚遗址管委会供图）

墓内随葬玉石钺 133 件。钺功能有所不同，夏商周三代铜钺是实战兵器或军权的象征，新石器时代的石钺、玉钺更可能是工具或礼器。商纣王封周文王为西伯，赐他"弓矢斧钺，使得征伐"。周武王指挥牧野之战"左杖黄钺，右秉白旄以麾"。西周重器"虢季子白"青铜盘内壁铭文为"赐用钺，用征蛮方"。

玉璧是一种圆形有孔玉器，《说文解字》释璧"瑞玉，圆器也"。玉璧出现于红山文化时期，成熟于凌家滩和良渚文化，战国、两汉时代登峰造极，一直流传至今；可以追根溯源到贝加尔湖畔马耳他文化（Mal'ta‐Buret' culture）的三角璧形器。[1]红山文化玉璧有圆有方，凌家滩、良渚文化玉璧有精粗之别，已进入成熟阶段。反山 M20 出土玉璧 42 件，反山 M23 则出土 54 件。玉璧源自上古先民的太阳崇拜，亦有人认为源自纺轮或环形石斧，其功能和作用因时而异。玉璧可祭天、祭神、祭山川河海，是身份的标志，亦可作为财富的象征。新石器时代玉璧以素璧为主，尺寸较大，厚薄不匀，不够规整。齐家文化玉璧众多，商代流行有领璧，多饰弦纹，春秋战国至汉代玉璧为云纹、谷纹、蒲纹，间或有螭纹。1983 年广州南越王汉墓出土了一件玉璧，直径达 54 厘米。《荀子·大略》载："问士以璧，召人以瑗，绝人以玦，反绝以环。"

琮是良渚文化复杂礼仪系统中最重要的器物。良渚文化时期出土的玉琮见诸报道者有 148 件，其中江苏 80 件，分别出于 9 个遗址，浙江 57 件，分属 10 个遗址，上海 11 件，均出于福泉山遗址。江浙两省所属县博物馆所藏出土玉琮加起来，其数量应在 200 件以内。[2]张陵山 M4 和赵陵山 M77 出土琮被认为是初始阶段的玉琮。张陵山琮高 3.4 厘米、射径 10 厘米、孔径 8.2 厘米，玉质晶莹，呈黄绿色，四面各饰一组兽面纹，称之为镯式琮。赵陵山琮外方内圆，素面，高 3.44 厘米、长 8.3 厘米、宽 8.5 厘米、孔径 6.9 厘米，黄斑绿玉。镯式琮在良渚文化中并非主流，但张陵山玉琮上兽面到瑶山 M7：55 兽面，再到殷墟玉器兽面，一脉相承。赵陵山方体琮放置在右手边，原位可能

[1] 邓聪《上海交通大学讲演"最早玉石之路"》，2019 年 4 月 7 日。

[2] 赵晔《良渚玉琮再探》，见杨晶、蒋卫东《玉魂国魄——中国古代玉器与传统文化学术讨论会文集》（五），浙江古籍出版社，2012 年。

是墓主裆下，墓主又是最高男性首领，王仁湘推断原始玉琮是"宗函"。张陵山 M4 和瑶山 M9 均是良渚早期显贵大墓。方向明把瑶山 M9 共存的小琮（琮式管）认作是最早琮，完全具备了大琮发展的基本形制：四方柱体，外壁弧凸，小射孔，复式节面，节面雕琢简约神像。因此，良渚文化一开始就设计好了。[1] 反山 M12 处于南列男性墓中心位置：有琮 6 件及璧、钺、半圆形冠饰 1 组 4 件，三叉形器及玉管、锥形饰 1 组 9 件，玉梳背 1 件，4 件器物上装饰了 20 个神徽。反山墓地所出 4 组半圆形饰中只有 M12 使用了神徽图案。反山北列墓 M22 不出琮，被认为是女性墓，出土了除 M12 以外唯一饰有神徽的器物。他们应该是最高等级的夫妇。

　　玉琮是良渚文化标志性器物。安徽潜山薛家岗遗址发现小型玉琮两件，高 2.1 厘米、两角射径 1.6 厘米，内圆外方，四面各有一垂直凹槽，分为上下两节，两端各有一切去四方角而成圆环形的口，鸡骨白色，其形态特征与良渚文化玉琮类似。太湖西北角常州寺墩 M3 墓主是 20 岁的青年男子，随葬 33 件多节玉琮，是良渚文化晚期典型墓葬。国家博物馆十九节琮高 49.7 厘米，大英博物馆十九节琮高 49.5 厘米，台北故宫博物院十七节琮高 47.2 厘米、重 5.85 公斤，意味着以良渚遗址为代表的良渚古国崩溃之后，良渚文化仍延续或发展了一段时间。齐家文化中亦流行玉琮，夏商周三代最精美的玉琮是西北齐家文化静宁七宝之一的弦纹青玉琮和西南金沙遗址的黄玉琮。

　　夏代最著名的玉器不是钺，也不是琮、璧，而是"夏后氏之璜"或"禹锡（赐）玄圭"。《山海经·海外西经》："大乐之野，夏后启于此舞《九代》，乘两龙，云盖三层。左手操翳，右手操环，佩玉璜，在大运山北。"《淮南子》4 次提到夏后氏之璜："夫有夏后氏之璜者，匣匮而藏之，宝之至也"。《尚书·禹贡》："九州攸同，四隩既宅，九山刊旅，九川涤源，九泽既陂，四海会同……东渐于海，西被于流沙，朔南暨声教讫于四海。禹锡玄圭，告厥成功。"考古发现夏代中国最重要的玉器是牙璋。[2] 齐家文化不仅有良渚文化标志性的琮、璧、钺、璜，亦有圭和璋。

① 方向明《良渚文化琮——神权中的天地宇宙观》，浙江考古公众号，2018 年 9 月 23 日。

② 邓聪《牙璋与国家起源》，中华书局，2018 年。

四、玉帛古国与干戈王国

　　良渚文化时代贫富分化明显，似乎已有战争迹象，但男女依然相对平等。战争踪迹见于花厅、蒋庄遗址，良渚古城亦有迹象；但没有发现武士墓和实战兵器。花厅、赵陵山、福泉山遗址已有殉葬现象，但反山、瑶山、汇观山王室贵族墓地反而没有，说明良渚时代殉葬是偶然现象，还没有形成制度。

　　花厅遗址位于江苏徐州新沂马陵山丘陵地带，是大汶口文化中晚期大型遗址，北区 10 座南北向排列大墓随葬品丰富，其中 8 座大墓发现了中国早期人殉实证。人殉、人祭是原始祭祀文化的极端形式，并不等于有战争。花厅遗址出土的陶器和玉器具有两种不同文化风格，反映出海岱和太湖两大文化区间有人员与物质文化的交流和共同的原始宗教信仰。蒋庄墓地是长江以北首次发现随葬琮、璧高等级玉器的良渚文化墓地：共清

印象良渚（良渚遗址管委会供图）

① Liu Li, Ancestor Worship: An Archaeological Investigation of Ritual Activities in Neolithic North China, *Journal of East Asian Archaeology*, vol.2, no.1, 129-164, 2000.

② 王震中《祭祀、战争与国家》,《中国史研究》,1993年第3期;王巍《论原始宗教与祭祀在王权与国家形成过程中的作用》,见《中国社会科学院古代文明研究通讯》,2001年第2期。

理墓葬280座,涵盖良渚早中晚期,葬式、葬俗丰富多样,是良渚文化迄今为止发现骨骸最丰富的墓地。发掘者认为江淮之间自东向西依次有海安青墩遗址、蒋庄遗址、阜宁陆庄遗址、涟水三里墩遗址、淮安金湖夹沟遗址、安徽定远山根许遗址出土的琮、璧以及其他良渚文化的玉器、陶器,显示出良渚文化在长江以北的江淮地区存在着一条宽阔的战略缓冲地带。墓地中无首、独臂、无掌或首身分离以及随葬头颅的现象与战争或戍边相关,可能是捍卫良渚王国的英雄。墓中尸骨完整保存实为罕见现象,缺臂、少腿、无头乃是常事。江南地区尸骨保存尤其不易,骨骼缺失不是战争存在的证据。世界上还没有一个大型墓地骨骼能保持完好无损。斧钺是生产工具或礼器,并非兵器。崧泽和绰墩遗址的发掘表明崧泽文化时期墓中女性陪葬纺轮,男性陪葬石钺,表明男耕女织的生活方式已成定式。石斧、石钺是开荒辟地的生产工具,亦是木器加工工具或制造工具的工具。旧石器时代流传手斧,新石器时代才发明穿孔装柄,大大提高了生产效率。农耕生产和独木舟及家具、棺材加工离不开斧钺。良渚文化遗址中还未发现真正的兵器——干戈,也不太可能发现武士墓。

良渚文化时代还是以祭祀为中心的社会,即使有暴力或战斗也是小规模的偶然事件。全民尚神崇鬼,还没有出现全民皆兵的状况。祭祀是新石器时代社会生活的主要内容,祖先崇拜是东亚文化传统。[1]玉器可以作为工具或装饰品,但在新石器时代其主要功能是祭祀。原始宗教与祭祀在王权与国家形成过程中发挥着重要作用。[2]红山文化中庞大的宗教祭祀遗迹、良渚文

良渚反山14号墓发掘实景(摄于良渚博物院)

瑶山南排 7 号良渚国王墓

化玉器及祭祀遗迹、陶寺遗址出土的龙盘及商代神权政治等都可
以说明宗教祭祀的神圣作用。

　　"玉帛古国"时代"有祀无戎"。[3] 红山、良渚文化有专业
祭祀队伍，率民以祀神，唯祀为大。史前先民与其说是政治动物，
还不如说是宗教动物。[4] 他们祭祀是出于对天、地或宇宙自然的
敬畏，或为了生殖、丰收和安康。玉帛古国有祀无戎是可能的。
《庄子·盗跖》云："神农之世…无有相害之心，以至德之隆也。
然而黄帝不能致德，与蚩尤战于涿鹿之野，流血百里。"《商
君书·画策》的叙述更为具体："神农既没，以强胜弱，以众
暴寡。故黄帝作为君臣上下之仪，父子兄弟之礼，夫妇妃匹之合，
内行刀锯，外用甲兵，故时变也。"他们仍然生活在男女相对
平等、人神共处的和平状态。只有进入所谓的"文明"社会之后，
自我中心主义日益严重，人类才会发动有规模的战争。

　　距今 5000 年左右，中国南北交汇产生的坛、庙、冢和东西
交汇产生的鼎、豆、壶等固定组合，都与礼制有关。从仰韶文化
的彩陶到红山文化、良渚文化的玉器都可能是通神工具。良渚文
化大墓也基本上唯玉为葬，规模并没有明显超过红山、凌家滩文
化大墓，也没有超越大汶口、龙山文化大墓。大汶口 M10 长 4.2 米、
宽 3.2 米、深 0.36 米，墓主为 50~55 岁的女性。随葬品摆放极有

③　易华《红山文化定居
农业生活方式》，见《2004
年红山文化国际学术研讨
会论文集》，文物出版社，
2006 年。

④　Robin Clarke and
Geoffrey Hindley:
*The Challenge of the
Primitives*, London,
1975. 第四章中将亚里士
多德"人为政治动物"
修正为"人是宗教动物"，
他们发现仪式与宗教行
为在原始人生活中是必
要的，它们具有调节人
与自然、整合人与社会
的作用。

余杭出土崧泽文化礼器陶豆（摄于良渚博物院）

规律，墓穴内除了墓主身上的佩戴物与手执器物，以及棺椁间各一对象牙雕筒和漆器之外，所见随葬品主要有两类，一类是食器和猪骨，另一类就是饮器。瑶山既是祭坛也是贵族墓葬：南排居中 7 号墓和北排 11 号墓出土遗物最多，分别被推定为良渚国王和王后墓，王后墓规模还略大于国王墓。大汶口 — 良渚文化时代男女仍然相对平等，尚未进入干戈王国的父系男权社会。

　　刘斌等将良渚称之为神王之国。良渚文化核心分布区在长江下游环太湖流域，与古埃及、苏美尔、哈拉帕等文明发源地均大致处于北纬 30° 附近，经过马家浜文化和崧泽文化的发展积淀，到良渚文化迎来了中国早期文明发展的第一个高潮。良渚文明是中国距今 5000 年最为耀眼和突出的区域文明，是土筑文明，又是水利文明，高度发达的玉器系统在同时期可谓独树一帜，水稻作为唯一的主食又揭示出良渚的稻作文明属性。[1]莫角山遗址是人工堆筑的土台，东西长 670 米、南北宽约 450 米、高达 10 米，其上又加筑 3 座较小的土台，体积约 300 万立方米，是已知东亚新石器时代最大的土木工程。反山 12 号墓出土的"玉琮王"高 8.8 厘米，射径 17.1~17.6 厘米，孔径 4.9 厘米，重约 6500 克，内圆外方，雕刻了 8 个神人兽面纹，体现了东亚非金属时代的最高工艺水平，据推测使用了更硬的宝石或钻石。[2]良渚遗址群包

① 刘斌、王宁远、陈明辉、朱叶菲《良渚：神王之国》，《中国文化遗产》，2017 年第 3 期；朱雪菲《神王之国：良渚古城遗址》，浙江大学出版社，2019 年。

② Lu P.J. et al: The Earliest Use of Corundum and Diamond in Prehistoric China, *Archaeometry* 47, 1–12, 2005.

括宫殿、祭坛、墓地、城址、村落、水坝等各类文化遗存，以琮、
钺、璧为主的玉器组合很规整，社会分层明显，已进入了复杂社
会。③良渚文化分布区内祭坛形制的一致性表明礼已经趋于制度
化。瑶山祭坛呈方形，从里向外为红土台、灰土围沟和砾石台，
外围边长约20米。祭坛上有大墓，可能是祭祀先祖、土地神的
场所。红山文化玉人（神人像）和良渚文化神徽（神人兽面纹）
很可能是祖先崇拜的体现。1958年钱山漾良渚文化遗址出土了
东亚最早的丝织物。良渚遗址是名副其实的"玉帛古国"遗址。
禹会诸侯于涂山，执玉帛者万国；其中最有可能的古国是"良
渚"。良渚文化不止一个古国，而是先后或同时并存多个古国。
琮是良渚文化的聚落等级和规模标识，也是划分聚落集群的重
要依据。中村慎一曾根据"当时被视作至高重器的玉琮的出土
地点"将良渚文化遗址划分为八个集群：良渚遗址群、桐乡—
海宁遗址群、临平遗址群、德清遗址群、海盐—平湖遗址群、
吴县—昆山遗址群、青浦遗址群和常州遗址群。④常州遗址群寺
墩遗址位于江苏武进县，面积约90万平方米，是良渚文化晚期
大型中心遗址。遗址中心是圆形祭坛，周围是墓地，外围是住
地，四周有围沟。墓地东南部发现了四座大墓，其中第三号墓

③ 李绍连《从反山墓地和瑶山祭坛论良渚文化的社会性质》，《中原文物》，1992年第3期。

④ 中村慎一等《良渚文化的遗址群》，见北京大学中国考古学研究中心、北京大学震旦古代文明研究中心《古代文明》（第2卷），文物出版社，2003年。

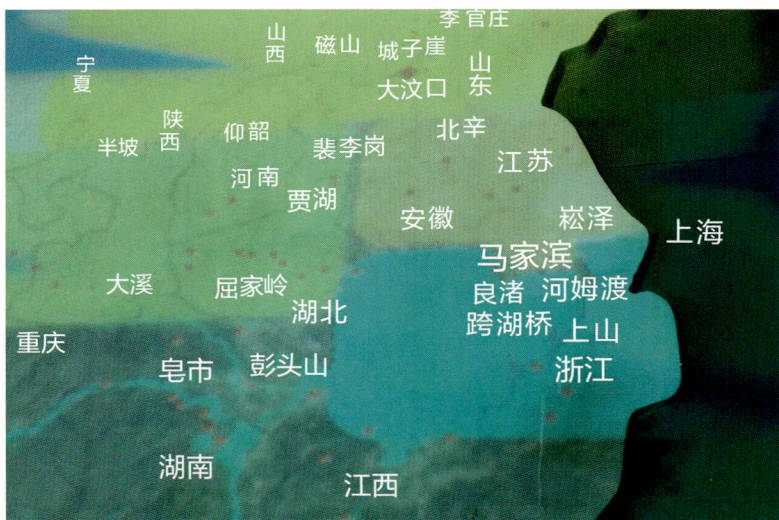
长三角史前文化与其他地区史前文化对比图（摄于嘉兴博物馆）

瑶山遗址（良渚遗址管委会供图）

随葬 100 多件器物，包括 24 件玉璧和 33 件玉琮，是良渚文化随葬玉琮最多的一座墓葬。这些玉器在材质、制作工艺等方面，与良渚遗址玉器有所不同，可能是本地制造。寺墩遗址作为太湖以北良渚文化中心，是另一个玉帛古国遗存。

礼制是中国早期社会秩序的主要支柱，是人本传统、祖先崇拜的综合体现，是中国古代文明的一大特征。[①]中华文明被称作礼乐文明。古代中国"礼"是一个完备的文化体系，构成夏商周三代以来礼乐文明之主体，在红山文化、良渚文化中已经生根发芽。齐家文化兴起之际或夏代开始之时良渚文化已经衰落；良渚文化没有进入青铜时代，也没有进入祀与戎并重的干戈王国时代。

五、良渚到齐家

司马迁读千卷书，行万里路，"究天人之际，通古今之变，成一家之言"。《史记》六国年表总结秦与魏、韩、赵、楚、燕、齐兴亡云："秦始小国偏远，诸夏宾之，比如戎狄；至献公之后，常雄诸侯。量秦之德义不如鲁卫之暴戾者，量秦之兵不如三晋之疆也。然率并天下，非必险固便；形势利也，盖若天所助焉。或曰：东南物始所生，西方物之成熟；夫作事者必于东南，收功实者常于西北。故禹兴于西羌，汤起于亳，周之王也以丰镐伐殷。秦之帝用雍州兴，汉之兴自蜀汉。"

司马迁注意到作事者必于东南、收功实者常于西北的现象，既是对夏、商、周、秦、汉五朝兴亡的历史总结，也是归纳逻辑的结果。他认为是历史大势所趋，"天所助矣"。实际上东亚进入青铜时代也就是玉帛古国进入干戈王国时代，传统礼乐文化与青铜游牧文化结合，形成了复合文明。"枪杆子里面出政权"，金戈铁马是战略武器，夏商周三代、秦、汉，西北青铜游牧文化是中国历史发展的根本动力。炎、黄、蚩尤与尧、舜、禹的神话传说被司马迁糅合成一个体系，创作了五帝本纪。夏、商、周、秦、汉重演"国之大事，在祀与戎"。东南经济文化基础厚实，是玉帛古国礼仪之邦，西北号称虎狼之国，以政治军事取胜，建立干戈王国。

　　启是西羌大禹与东夷涂山氏之子，以干戈立国。《夏书·甘誓》是启讨伐有扈氏时发布的战争动员令。甘之战巩固了夏朝的统治，确立了父子继承制，也就标志着东亚进入了父系男权时代。《史记集解》马融曰："甘，有扈氏南郊地名。"《史记索隐》又云："夏启所伐，鄂南有甘亭。"《后汉书·郡国志》云："鄂县属右扶风，有甘亭。"《简明中国历史地图集》"夏时期全图"将有扈氏标注于西安附近。[2]大战于甘已公认发生在今陕西户县西南甘峪和甘亭一带，正是齐家文化或客省庄二期文化分布区。其实《世本》云"有扈姒姓"，与夏启同姓。《国语·周语下》："皇天嘉之，祚以天下，赐姓曰'姒'，氏曰'有夏'"。《史记·夏本纪》载禹为姒姓，其后分封，用国为姓，故有夏后氏、有扈氏……《说文解字·女部》："姓，人所生也，从女、生，生亦声。"这说明姓来自母系而不是父系。[3]由此可见夏代之前从母，夏代开始从父，父系、父权正是在夏代开始巩固成制度。

　　良渚文化年代上早于夏商周，相当于虞朝。《礼记》云："虞

② 谭其骧《简明中国历史地图集》，中国地图出版社，1991年，第5-6页。

③ 杨希枚《杨希枚集》，中国社会科学出版社，2006年，第26-28页。

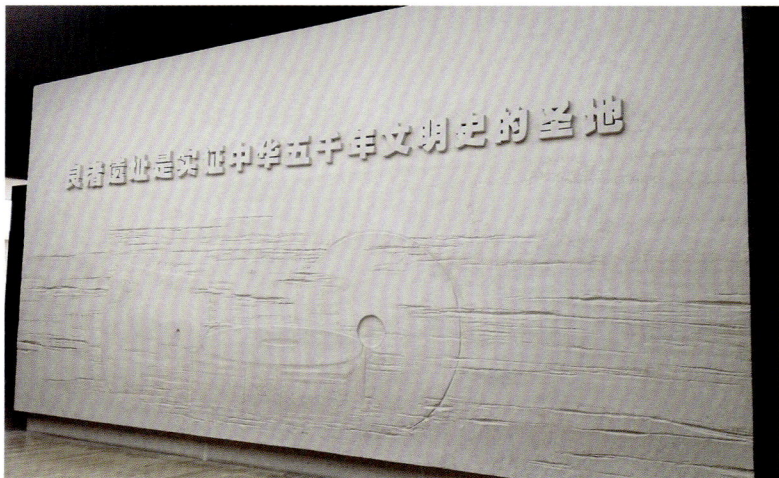

为何说良渚文化见证五千年中华文明（摄于良渚博物院）

夏之道，寡怨于民。殷周之道，不胜其弊。"《左传》《国语》
虞夏商周四代连称，《韩非子》有"虞夏两千年"。《清华大
学藏战国竹简》第八辑收录8篇战国佚籍，其中《虞夏殷周之治》
论述虞、夏、商、周四代礼乐特点，阐发崇俭戒奢的治国思想。
大型水利工程遗迹是良渚遗址群重要的组成部分。虞是尧舜时
代，大型水坝还是以堵为主，可能是大禹父辈鲧的所作所为。
良渚文化早于夏代，是先夏文化。防风氏与大禹神话传说故事
有历史的影子。禹兴于西羌，会盟涂山，崩于会稽。环太湖地
区夏代文化遗址稀缺。钱山漾、广富林、马桥、湖熟文化欠发达，
到商周才开始重新繁荣。良渚文化在距今4300年或4000年消
亡，后续文化缺玉少铜，不可能是夏代主流文化。长江流域稻
作文化在良渚、龙山、齐家文化时代传播到了黄河流域，甘肃
庆阳和天水地区发现了4000年前的稻作遗存。良渚玉文化顺

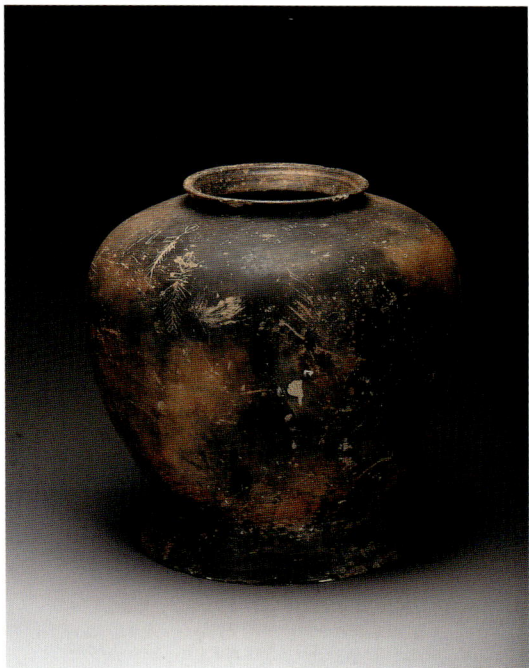

良渚刻符罐（良渚遗址管委会供图）

着长江流域西传到了四川盆地，亦可经淮河流域进入黄河流域。长三角琮、璧、钺、璜组合进入中原，加上龙山文化的圭、璋，演变成齐家文化或石峁玉礼器体系:《周礼》"六器"中五器琮、璧、圭、璋、璜齐备。良渚文化玉器对龙山时代诸文化产生了极大影响，分布范围达大半个中国。齐家文化不仅继承了璧、琮、钺，璜亦多种多样，出现了金（铜）玉（绿松石）镶嵌璜。齐家文化全面继承了良渚玉文化，而玉文化传统是华夏文明的特色。

伦福儒和刘斌认为有三个因素可促使人们重新评估良渚作为早期国家社会代表的历史地位：首先是良渚古城规模，包括内城和外城；其次是根据墓葬材料所得出的社会等级划分，精美玉器基本都出土于贵族墓葬中；最后是公共工程规模，包括莫角山土台，以及用来控制季风性山洪的高坝和低坝系统。良渚在规模和复杂性上要超过酋邦社会，符合戈登·柴尔德提出的城市革命标准。相比于同时期的英国巨石阵以及更早出土精美饰物的瓦尔纳墓地，良渚社会组织都更为复杂。[1] 我们也可以从四个方面来论证良渚文化与社会还没有复杂到进入了王国时代。良渚没有发现文字与青铜，尽管在陶器或其他人工制品上发现了符号，但还没有成组的符号可以被确认为是书写系统，所以肯定没有进入青铜时代。没有发现小麦和马、羊、黄牛，以水稻与猪为主经济体系还是比较单纯的，五谷丰登、旱涝保收、六畜兴旺、猪肥马壮才是复合的经济体系。虽有贫富分化，但男女依然相对平等，没有进入父系男权社会，也没有进入多民族社会。祭祀明显重于战争，是玉帛古国（神权王国），还不是戎与祀并重的干戈王国。因此，良渚文化时代的东亚仍是玉帛古国时代，在齐家文化时代以石峁遗址为代表才进入干戈王国时代，也就是进入夏商周三代和青铜时代世界体系。[2] 良渚文化是华夏文明的基础或源头之一，是静脉或母亲；华夏文明之父或动脉来自西北青铜游牧文化。齐家文化才能符合夏代时空的社会状况与文化性质。

[1] 科林·伦福儒、刘斌《中国复杂社会的出现——以良渚为例》，陈明辉、朱叶菲、宋姝、姬翔、连蕙茹翻译，"浙江考古"公众号，2018年9月11日。

[2] 易华《从玉帛古国到干戈王国》，《甘肃社会科学》，2017年第6期。

玉帛文化：长三角区域一体化的文化符号原型

唐启翠

摘要：长三角作为当今世界超级城市群的中国代表，实际在距今 7000 年至距今 5000 年之际已经实现社会文化的区域性统一，以玉帛神话信仰为精魂的玉文化发展及符号形态给当下文化创意提供了怎样的历史资源？

关键词：长三角一体化 玉帛文化 鱼米之乡 文化符号

2018 年 11 月 5 日，习近平总书记在首届中国国际进口博览会开幕式上正式宣布，支持长江三角洲区域一体化（沪、苏、浙、皖）发展上升为国家战略。长三角区域一体化发展国家战略虽然是面向未来的发展规划，然而，在文化资本的符号经济时代，过去遥远的文化遗产毫无疑问也是值得深入挖掘和打造的资源，比如区域旅游中深具质感的文化创意和遗产线路设计，而更深层次的意义还在于区域发展、文化交流的文化认同感和文化自信力的发掘与提升。

文化认同感和文化自信力显现于当下，却根源于文化传统。文化传统是几经历史洪流淘洗传承下来的以符号形态来表达的有关生活、信仰的知识体系、意义模式和观念系统。借助可见的"符号形态"，跨时空的文化交流与传承成为可能。

长三角是率先跻身世界超级城市群的地区，也是现代化和国际化水平最高的地区，特别是作为整个长江经济带总龙头的上海。然而，在世界历史舞台上，长三角区域一体化的史地基础何时形成？什么才是长三角地区独特的"风景线"？除却经济效益和政策战略，区域一体化的内在黏合剂或动力源泉或可持续发展的动力何在？

从现代考古学提供的中国文明发生期的物质文化主脉——文化大传统[1]着眼——近万年的玉文化传统和4000年的金（青铜、黄金）文化传统，重新审视长三角和龙头上海，将会呈现出一个以往未知的早在5000年前就已经显露出中国文化发展龙头特征的上海和长三角形象，不仅为当前"一带一路"和长三角区域一体化发展战略找到优质的历史资源，而且为深入认识史前上海和长三角文化在中国礼制文明形成和文化传承中的重要意义提供新视角。因此，本文的问题就是：在文化资本的

[1] 指先于文字和外于文字存在的文化，小传统指文字记录的书写文化。

良渚反山 M22 出土玉鱼（摄于上海博物馆）

符号经济时代，这一面向未来的发展规划，如何认识、挖掘该区域深厚悠久的文化遗产资源和文化认同的史地渊源，重塑区域发展、文化输送的文化自信力和文化创意的新亮点。

一、 玉帛与鱼米："长三角"水乡泽国文化共性的史前基础

长江三角洲是万里长江奔流入海和海侵运动历经千万年的沧海桑田形成的大致呈三角形陆地且河汊、湖泊密布的地理景观。在当前国家战略中，"长三角"是一个汇集地理、经济、行政和文化于一体的概念：长江和钱塘江在入海处冲积成的三角洲，位于镇江以东，杭州湾以北，通扬运河以南，西至南京、合肥，东到海滨，以上海为龙头的苏浙皖"3小时经济圈"或经济带，"鱼米之乡"和"丝绸之乡"是长三角自公元4～6世纪以来的"文化名片"。然而，20世纪在长江南岸的太湖（马家浜—崧泽—良渚文化）和北岸的里下河（良渚文化）、巢湖区域（薛家岗文化、凌家滩文化、南京北阴阳营文化）发现的众多重要的新石器时代文化遗址、遗物，表明"鱼米之乡""玉帛之乡"等水乡泽国的文化共性，开始形成于约距今

左凌家滩 07M23 墓葬全景俯视图

7000～5600年间，鼎盛于距今约5500～4000年间，特别是良渚文化古国时期（距今约5300～4000年），太湖、澄湖、淀山湖等湖底发现大量的良渚文化早中期的古井、遗迹和遗物，和良渚文化晚期遗址、遗存（距今4000年前后）上的淤泥，显示长三角区域在良渚文化时期约1300年间地貌的沧桑巨变。在随后的几千年里，海岸线虽然依旧在不断变化，然而长三角总体地貌特征却早已奠定，同时鱼米之乡的生业特征和玉帛精魂的文化信仰，也奠基和首度鼎盛于此时。

　　现代考古揭示的长三角区域生业特征非常鲜明：最早的稻作农业集中区、渔猎纺织区和玉文化分布区。浙江浦江上山遗址、萧山跨湖桥遗址、余姚河姆渡遗址、良渚文化遗址分别发现了1万年、8000年、7000年、5000年前的稻谷遗存，和舟楫、鱼镖、陶器（釜/鼎、罐、盘、豆）、纺织工具（河姆渡文化的象牙盅或权杖头四条蚕纹、木质纺车及零件等，三星村石钺柄端骨蚕饰，凌家滩、良渚文化的陶纺轮、玉纺轮，钱山漾的丝帛残片等），证明了长三角区域趋同性的生业特征和信仰。在区域文化趋同性中，除了陶豆、猪、鸟、八角星纹、神人兽面纹等器物造型和纹饰特征外，就是玉文化。长三角区域用玉始于河姆渡、马家浜文化时期的玉石璜、玦、环和玉玲，是迄今所见南方最早的玉璜发源地，递延而下至崧泽文化、南京北阴阳营文化、凌家滩文化，皆以璜、玦、斧钺为主，至良渚文化时期出现璧、琮、璜、钺和玉冠形器、玉锥形器组合玉礼体系的鼎盛期。上山、跨湖桥、河姆渡、马家浜文化或前后相继或并存发展，形成了崧泽文化的底色，而南京北阴阳营文化（约前4000～前3000年，主要在分布南京、镇江地区），向西到巢湖东岸与安徽薛家岗文化（前3500～前2800年）为邻，向东到太湖西部常州一带与马家浜—崧泽文化相接，北与邳县刘林遗址的大汶口文化相邻。以石斧、石刀、石锛、陶豆、纺轮和玉玦、璜、环等汇入崧泽—良渚文化。这一史前进程通过玉文化可以大致复原如下：

二、玉礼器：长三角区域一体化的文化符号见证

　　长三角是最早且延续用玉的区域之一，也是斧钺、璧、琮、璜等礼制文明中玉礼器的发源地和鼎盛地。早在 5000 年前后的良渚古国时期，以玉钺、玉璜、玉琮、玉璧为代表的玉礼器系统开始成为区域文化的统一性标志物，玉文化已然率先统一了长江三角洲地区（核心区在环太湖地区的苏、沪、杭、宁等地，向北跨江延伸至长江以北 200 多公里的兴化蒋庄，甚至北抵淮河南岸一线，与大汶口文化直接相邻，如徐州新沂花厅新石器时代遗址，兼具大汶口文化、良渚文化、薛家岗文化和凌家滩文化要素；西到安徽、江西，南至宁波、舟山群岛，其后西传影响到中原的清凉寺、陶寺、石峁、延安芦山峁以及河西走廊的齐家文化分布区，向南直达珠江流域的石峡文化区），与玉文化统一进程相伴随的还有布帛、陶豆与象牙器制作技艺及相关信仰、价值观。玉器（斧钺、璧、琮、璜）、丝帛、陶豆（食器—祭器）和象牙权杖等，是中国早期文明王权象征最重要的礼器，都率先出现在长江三角洲史前文化遗存中。而上海青浦崧泽、福泉山、寺前村文化遗址，松江广富林文化遗址、金山亭林遗址、闵行马桥遗址等则见证了新石器时代中晚期以降继往开来、多元荟萃的史前期上海文化风采，呈现了上海和长三角区域一体化的深厚历史渊源。

安徽潜山薛家岗遗址出土多孔石刀（摄于安徽省博物馆）

马家浜文化遗址分布图（摄于桐乡博物馆）

　　在中国"多元一体"文明进程和王权意识形态建构中，玉石神话信仰的跨地域交流与传播是最为活跃和显著的动力要素，凸显出"玉成中国"的"国魂"地位，由此带来的文化认同过程和地理路径，也是中华民族从多元走向一体的见证，具有非常广阔的学术探索空间。而迄今所见考古物证提示的出土玉器种类的时空分布格局中，在新石器时代早中期的北玉南传和东玉西输两大浪潮中，长江三角洲区域在玉石神话信仰（玉为神物）、玉器制作技艺（片割、线刻、图像）和玉器器类（璜、琮、三叉形器、圭、璧、权杖钺、玉锥形器等）的创新力和影响力上，无疑都独占鳌头，可以说直接奠定了"化干戈为玉帛"的中国式和平理想，以及"君子玉德"观的物质和观念基础。

　　夏商周以来王权意识形态中的六种核心玉礼器璧、琮、圭、璋、琥、璜中，器型被确认的率先出现在长江三角洲区域并发挥着文化交流使命的就有璜、琮、璧、圭、琥五种玉礼

器，玉璜最早出现在 7000 年前长江下游宁绍平原的萧山跨湖
桥文化遗址（也是陶豆和大型独木舟的发源地），并且在距今
6000 ~ 4500 年间，长三角区域始终是玉璜出土数量最多、分
布范围最集中和形制最多样的区域，其中南京北阴阳营文化（距
今 6000 ~ 5500 年）、安徽含山凌家滩文化（距今 5300 前后）、
环太湖流域的良渚文化（距今 5300 ~ 4000 年）是其中三大极
盛之地，秦汉典籍中所载的"半璧为璜"的文化记忆直接物证
只有良渚玉璜可与之匹配。玉琮和多孔玉石刀均率先见于安徽
薛家岗文化遗址，而对中原华夏礼制发挥影响力的则是 5000 年

一张明代的漕粮北运地图（摄于湖州博物馆）

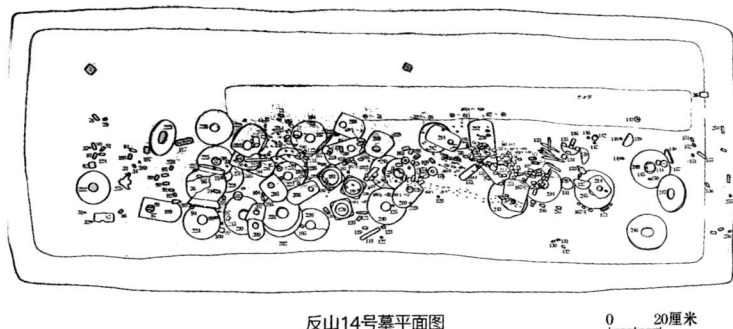

反山14号墓平面图   0   20厘米

良渚反山 14 号墓随葬玉器示意图（摄于良渚博物院）

前的良渚文化玉琮，而秦汉典籍中的"璧琮殓尸"和"宗后以
为权"的玉琮，也仅有良渚玉琮可与之匹配。在礼制话语建构
中充当着符信功能的"圭"和"琥"，迄今所见最早出现在安
徽凌家滩，而玉圭脱胎于玉石斧钺，特别是充当着王权、军权
和神权一体的权杖钺，这同样是长三角区域特别是良渚文化时
期最显著的礼器。可见，长三角史前玉礼器直接奠定了中国王
权礼制话语建构中的玉礼器基础，是当今重述中国的重要物证
来源。

　　上海地区发现的史前遗址主要有青浦的崧泽文化、福泉山
良渚文化、金山亭林良渚文化、松江广富林文化和闵行马桥文
化。崧泽文化上承马家浜文化，下启良渚文化，福泉山、亭林
的良渚文化遗址不仅延续了余杭良渚文化核心区的璧、琮、钺、
璜，而且新出了两件造型精致、纹饰繁复（与良渚玉钺、玉琮
等上的神人兽面纹相同）的象牙权杖，凸显了非同一般的意义。
松江广富林遗址上承良渚晚期文化，下启龙山文化，汇聚南北
方文化成分于一体。闵行的马桥文化更是发现了南方印纹陶、
良渚和中原二里头文化元素，显示了其与四方文化交汇的景观。
可见上海在史前长江三角洲区域中的优势地位及其对中国文明
发生的贡献。

　　综上，长三角区域一体化的历史地位和意义，只有放置在
近万年的文化脉络中，才能得到透彻认知和整体把握。

三、玉帛文化传统对于长三角区域一体化战略的意义

古汉语习惯"玉帛"并称。《国语》中关射父解说玉帛神圣价值，提出"玉帛为二精"的神话措辞，可知这两种圣物早在先秦中国的信仰体系中就占据核心位置。[1]

① 叶舒宪《玉石神话信仰与华夏精神》，复旦大学出版社，2019年，第三章"玉帛为二精"，第45—90页。

玉帛文化传统的发现，提供了文化自信力的历史基础，提供了重述江南文化或长三角区域文化的历史基础与文化符号原型，特别是在今天经济区域一体化的同时，如何建构精神文化区域一体化，如何发掘地方的神话信仰、民俗文化共同体方面，玉文化无疑充当着排头兵的角色。同时，玉帛文化传统的追溯也为符号经济时代的文化创意提供了可持续发展的文化资源，如可以设计遗产线路几日游，青浦崧泽文化遗址公园和松江广富林文化遗址公园，皆已投入使用，吸引了八方游客，然而5000年的文化内涵依旧体现不足，特别是缺乏从长三角文化区总体高度出发的认识。其可持续发展与吸引力还待更加深入的文化符号的再挖掘与开发。上海区域遗产线路游和长三角区域遗产线路游也有待深度开发和良好设计。同时利用地方玉矿和丝绸资源精心打造质精艺美的旅游工艺品。

长三角区域文化与一带一路国家战略的重新链接，一是从中国礼制文明发源地高度重新认识长三角和上海，玉文化先统一长三角地区，后辐射影响中原礼制文明的重要发展脉络，是以往的文献史学家们根本就不知道的情况。这就给新的研究和重新认识与重新宣传上海文化，带来前所未有的学术契机。长三角史前文化的玉石之路（溧阳小梅岭玉矿的对外传播），如何在5000年前牵引出长三角玉文化交流网，并间接催生后世的西玉东输之路（丝路的前身）？二是从国家发展战略高度，组织调配资源和学术力量，将良渚文化研究的重心从目前的杭州地区拓展到上海地区和整个长三角区，形成南方文明起源研究新热潮，给上海市社会科学研究带来新时代、高起点的巨大亮色。

莫角山宫殿区一景（良渚遗址管委会供图）

神玉之国：环太湖史前的玉器符号与国家权力

胡建升

摘要： 纵观环太湖史前出土的玉器类型与文化体系，叶舒宪教授提出了"玉文化先统一长三角"的文化命题，这个文化命题揭示出长三角在 5000 年左右存在一个以玉器符号为文化标志的区域性政治权力统一，可以将之称为"神玉之国"。

关键词： 环太湖 长三角 玉器符号 神玉之国

在无文字的史前时期，玉器符号是华夏文明独一无二的器物存在形式，也是我们探究华夏文明起源的重要文化线索。史前居民视玉为神，玉器作为一种史前的文化符号，是与神秘世界最为接近的。这也意味着，谁拥有玉器符号，谁就拥有可以通往神圣世界的神秘能量，谁可能就是那个时代的精神领袖，同时，也可能是世俗王国的政治领袖。由此通过玉器符号，我们还可以深入探究早期国家权力的形成与发展。

在史前环太湖地区，崧泽文化时期，出现了极为繁华的凌家滩文化，其中 2007 年发掘的凌家滩遗址 M23 极为豪华，惊艳世界，其出土文物多达 330 件，其中玉器 200 件，石器 97 件，陶器 31 件。在出土的玉器中有玉钺、玉璜、玉璧等，工艺制作精美，充分展示了史前玉器符号的辉煌存在。凌家滩遗址的年代为距今 5800 ～ 5300 年，在几百年之后，良渚文化再一次将史前长江下游的玉器文化推向极致状态，成为在三代之前华夏文明史前玉器文化最为发达、起着承前启后的关键时期。叶舒

南京博物院藏江苏吴县张陵山遗址 M4:2 出土良渚镯式玉琮（摄于故宫良渚玉器展）

宪教授结合多年文化考察的经验，最恰时宜地提出了"玉文化
先统一长三角"的文化命题。这一文化命题具体落实在从凌家
滩文化到良渚文化时期的史前玉器出土情况，结合更为久远的
史前玉石神话信仰而提出来的。这个文化命题的提出，对于我
们理解华夏文明的史前起源具有一定的指引作用，对于如何形
成中国特色、中国风格、中国气派的人文学科也具有一定的启
迪意义。

　　首先，环太湖史前的玉器系统呈现出彼此之间相互传承、间有创新的文化特征。梳理环太湖史前各种文化类型的出土玉器，我们就能感受到，这一区域的玉器系统是逐渐形成的，在早期玉器系统雏形基础上，再不断趋于完善，成为史前玉器的礼器系统逐渐走向定型的重要阶段。在马家浜文化、河姆渡文化时期，长江下游区域出现了玉钺、玉璜、玉玦、玉环、玉管等玉器类型，但到了崧泽文化时期，玉器系统出现了玉钺、玉璜、玉玦、玉镯等诸多样式，还具有玉镯、鸟形玉璜、龙首形饰等新型形体。同时，凌家滩文化有玉钺、玉璜等玉器样式，也出现了玉璧的玉器类型。崧泽文化结束之后，良渚文化兴起，玉器系统也出现了相应的文化类型，其突出的文化特征也是在传承中创新，具体表现为：一方面融合了早期文化的玉璧、玉钺、玉璜、玉玦等传统类型；另一方面还创造了属于良渚文化独有的玉琮、玉锥、玉冠等新型玉器样式。良渚文化的玉器系统不断丰富和完善了马家浜文化、河姆渡文化、崧泽文化以来的南方玉礼器系统，而且成为最接近中原地区夏商周以来的玉礼器系统，形成了以玉钺、玉璧、玉琮和玉璜为核心玉器类型的文化体系，奠定了后来文献记录中所谓六器的初步格局。从良渚文化四大核心玉器类型的文化来源看，玉璧在河姆渡文化

江苏武进寺墩遗址征集良渚文化玉琮（摄于故宫良渚玉器展）

浙江省博物馆藏浙江余杭反山遗址 M12:90 出土良渚玉琮（摄于故宫良渚玉器展）

和马家浜文化、崧泽文化中比较少见，但在凌家滩文化中已经出现了，可能是凌家滩文化继续南下的文化结晶，尽管凌家滩文化消失了，但它的玉钺、玉璜、玉璧文化体系，却被完好无缺地保留在了良渚文化中。另外，玉琮是良渚文化最具特色的文化贡献与符号创新，后来的龙山文化、齐家文化、陶寺文化、夏商周三代文化，玉琮出土不绝如缕，这些出土实物可以为证，也足以表明，玉琮作为良渚文化的标志性器具，在后来历史文化发展过程中，尽管良渚文化延续千年之后消失了，但后来的国家权力极为重视良渚文化的玉钺、玉琮、玉璧与玉璜的玉器文化体系，并将其完全传承下来。

立足文化传承与创新的角度，可以说，良渚文化具有承前启后的文明特性，是中原文明诞生之前的重要文化来源。换句话说，良渚文化与文明发源于长江流域，但是为黄河流域文明的发生发展提供了文化符号体系，成为华夏文明在史前时期的重要文化源头。

其次，环太湖史前的玉器系统中还出现了富有神话信仰意义的神像传统，即出现了玉器形体类型与神话图像的完美结合和全新体系。从北方8000年前的兴隆洼玉器文化以来，玉器的形体特征主要表现为神话动物器型与象征符号器型，前者如玉猪、玉鹰、玉鸮、玉龙等，后者如玉璧、玉璜、玉玦、玉环、玉管等。这两种类型的器形体系在后来的发展过程中，不断出现融合，尤其到了凌家滩文化的时候，出现了动物图形与象征器形的完美组合现象，如双头玉猪与玉鹰的组合器形，在组合器形的中间部位，还刻画了以八角星为核心的象征性符号。这种玉器的动物与图像组合的出现，也意味着史前玉器符号的表达系统越来越复杂，其所要表达的文化含义不仅要通过玉猪与玉鹰的形体组合来表示，而且还要用一种较为纯粹的象征表意符号来展示。到了良渚文化时期，代表着史前神话信仰的神徽图像横空出世，其文化的典型意义是不言而喻的。我们认为，这是玉礼器从素玉系统到文玉系统的特殊飞跃，充分表明玉器符号的精神表达功能得到了极大增强。

良渚文化的玉器雕绘上最典型的神话图像，其所传达的是一种史前特殊的神话信仰，考古界的朋友认为，这是史前一神教的文化标志。良渚神徽的神话图像美轮美奂，雕刻精美，极为细腻，充满了神秘性。这个图像符号是由两部分神话结构组成：一部分为神人，另一部分为神兽，两者组合起来，又构成一个神徽整体。因此，我们在良渚玉器上，可以看到完整的神徽图像，也可以看到或为神兽、或为神人的分离纹饰，也就是说，这种神徽图像可能传递着我们未能窥探出来的各种文化区别，这方面可能还需要进一步深入探究。

在素玉器形的时代，玉器以材质与形体来表达文化的差异性，展示各种能量的差别等级。到了文玉器形的时代，玉器将材质、形体与神话图像融为一体，较为全面地讲述着玉器符号的文化编码。在良渚文化时期，文字还没有出现，但文玉器物上这种神话图像，尽管它不是文字书写，却承担了在文字书写出现前的文化功能，它以神话图像的方式，令良渚先民直觉领会到其所表达的神话意义，可以强化玉器圣物的神圣性，增强玉器表达意义的神话能量，尤其能扮演文化力量的区隔作用，也充分展示了神玉礼器在良渚古国之中的社会功能。

再次，环太湖史前的玉器符号系统传达出国家权力的区域性统一。我们以良渚文化特有玉器类型——玉琮为例。在上海地区，青浦福泉山遗址、金山县亭林遗址以及广富林遗址都出土了良渚玉琮，这意味着良渚文化的政治势力几乎辐射到了整个上海地区，可见，上海在良渚时期已经成为长三角政治与文化一体化的重要区域。在江苏省，吴县草鞋山、武进寺墩遗址、常熟良渚文化遗址、吴县张凌山遗址、新沂花厅遗址、昆山赵陵山遗址、高城墩遗址、阜宁陆庄遗址等，都出土了良渚玉琮，覆盖了江苏省的大部分地区。

浙江省是良渚文化的核心区域。余杭的反山、瑶山、汇观山、大观山、横山、星桥等遗址都出土了大量的良渚玉琮，还有德清的蝉山遗址、桐乡的普安桥遗址、新安江流域遗址、海宁县良渚遗址等，也都有玉琮出土。此外，安徽的薛家岗文化遗址、江西新余市拾年山遗址、江西丰城史前遗址、江西靖安县史前遗址等多个地方也都出土了良渚文化玉琮。

可见，玉琮作为良渚文化所发明的独特玉器符号，集中出现在环太湖地区，是具有很大文化价值的，为我们探究长江中下游史前文明与文化起源提供了很重要的玉礼器线索。我们认为，在距今 5000 年左右，随着长江下游地区农业文明的高度发展，已经出现了多余的劳动力，他们开始从事较为专业的政治与文化活动，以玉器符号为标志的国家权力也初具规模，政治势力范围已经波及江苏、浙江、上海、安徽、江西等多个地区，已经形成了以玉礼器为权力符号标志的等级区分现象。

综合环太湖地区的出土玉器，可以得出，在文字还没有到来的史前文化大传统时期，长三角地区已经出现了一个以玉器符号系统为文化标志的统一权力形式，可以将其称为玉国时代，或神玉之国。叶舒宪教授提出的"玉文化先统一长三角"这一学术命题，是通过长期田野调研，综合考察出土的玉器符号系统，根据实际出土的实物与图像，总结出史前长三角的文化体系与社会观念，然后利用这种特殊的文化体系，进而透视当时的国家权力建构情况。

良渚王者的佩玉复原图（摄于故宫良渚玉器展）

附 录　访 谈

玉文化是江南文化最深远的精神原型
——专访上海交通大学教授叶舒宪

文汇报记者　陈　瑜
《文汇报》2019 年 1 月 18 日

　　迪格尔印第安人有这样一句著名箴言："开始，上帝就给了每个民族一只陶杯，从这杯中，人们饮入了他们的生活。"创世神话就是这个"陶杯"，承载着一个民族的文化和信仰，是民族文化之根、文化自信之本。在日前举行的以"中华创世神话的现代传承"为主题的第二届中华创世神话上海论坛上，创世神话与华夏文明的源流问题，引发了众多学者们的讨论：寻找中华文明从多元到一体的契机，可在史前信仰和价值方面找到文化基因性质的神话观与图像叙事。但那时没有产生汉字，更没有书本记录，到哪里去寻找统一的神话观呢？

　　对此，上海交通大学首批文科资深教授叶舒宪认为，答案可以追溯到 7000 年前长三角史前文化以玉为神的信仰中。"玉崇拜在当时就是一种宗教现象，一种史前的拜物教。"他指出，考古新发现的一系列史前玉礼器群，表明这种玉文化先统一整个长三角地区，而后统一中国。"6000 年前的中原是仰韶文化时代，长三角地区则是崧泽文化。那时中原玉器不发达，反而先在长三角地区获得大繁荣。玉礼器生产的驱动力是玉石神话信仰，这一史前信仰的逐步传播，率先奠定华夏认同的观念基础。"这也是叶教授新著《玉石神话信仰与华夏精神》提出的核心观点之一。几千年前的先人们为何如此喜欢玉？他们的精神世界是怎样的？玉文化与创世神话的关系是什么？来自长江流域的玉文化与华夏文明的源流问题又有着怎样的联系？带着这些问题，本报记者采访了叶舒宪教授。

玉文化先统一长三角，后统一中国

文汇报：我们原先认为，华夏文明的源头就是在中原地区和黄河流域。但近年来长江流域的一系列考古发现使得学界对于华夏文明的源头问题达成一个共识，即它是多元一体的。就像您指出的，从时间上来看，我国境内的玉文化最早可以追溯到距今9000多年前的东北地区，从黑龙江到内蒙古东部一带的兴隆洼文化，将华夏文明发生的视野整整向前又推进了数千年。而从空间上来看，您在新著《玉石神话信仰与华夏精神》中，试图论述玉文化如何先统一中国。请您谈谈玉文化成为华夏文明源头之一的标志是什么？

叶舒宪：关于长三角，过去有学者也写过，夏商周的夏王朝是良渚文化迁移过去的，但中国的学界自古以来有"中原中心主义"观念支配，所谓的"问鼎中原""得中原者，得天下"。在中原人眼中，长江就是流放人的地方。历史上白居易、元稹被流放到湖北的江陵，"黄芦苦竹绕宅生"，就被瘴气所扰，

良渚神徽玉梳背（良渚遗址管委会供图）

迄今所知最大的史前玉器————安徽凌家滩出土 88 公斤玉猪（摄于安徽省博物馆）

得病了。可是过去人们根本不知道，7000 年前文化发展领先一步的地方就是在长三角一带，而且它不光自己领先，其精神的和物质的遗产传承在良渚文化终结之后，顽强地流传后世——以玉为神的信仰和对玉礼器体系的崇拜，在距今 4000 年前后传进中原，并在各地推广。这是了不得的事情。从此以后，玉礼器就成了华夏国家最高等级权力的象征，成为中国版的"权杖"。所以，今天我们讲"长三角一体化"，通过考古发现来看长三角的文化大传统，才能逐渐看明白，这一地区对神鸟和太阳的崇拜是一致的，以琮、璧、钺为代表的礼制体系是一样的，它不是一个文化又是什么？玉文化先统一了长三角地区，然后沿着长江西传，又越过长江向苏北和山东地区传播，再沿着黄河向上中游地区传播，基本上覆盖了湖北、湖南、四川、山东、河南、山西、陕西、甘肃、宁夏等地。四川成都金沙遗址出土了精美的绿色大玉琮，一看形制就知道是从良渚文化传过去的。玉琮最远还传到了河西走廊和珠江流域。所以我们敢说，玉文化先统一中国，拿什么统一？与玉相关的礼制、神话、信仰是统一的关键。大家都认同用玉礼器来祭拜天地和祖宗，后来的统治者也就自然选择用玉礼器来象征国家的统一，那就是秦始皇开创的传国玉玺制度。从公元前 221 年到 1911 年清朝覆灭，

龙出辽河，亦出长三角
凌家滩出土玉龙　距今 5300 年
（摄于安徽省博物馆）

良渚反山 M15 出土神人型玉冠状器
（摄于首都博物馆早期中国展）

玉玺象征国家最高统治权的制度从没有改变过！中国虽然没有西方式的教堂和圣经，但古人对玉的虔诚，表现出了一种宗教性的狂热。儒家用玉比喻君子，道家让玉皇上帝统领万神殿。连小学生写作文都知道写"宁为玉碎，不为瓦全"的成语。中医则秉承"人养玉，玉养人"的 9000 年民间信仰……凡此种种，可知从文化大传统视角重新看待历史，能够理解玉文化先统一中国所带来的巨大而深远的文化影响，乃至铸就传统文化的核心价值观。在文明国家还没有出现之前，玉文化先统一长三角的意义也非同小可。这虽然是一段完全失落的历史，但是我们今日的学者有责任将其文化形貌和精神复原出来。正是由良渚文化孕育出的文化基因，给随后出现的中原国家夏商周带来玉石神话信仰和玉礼器的统一制度。

文汇报：如果要用一个物件来形容中国文化的源远流长，今天许多人会想到河南仰韶文化遗址出土的"中华第一龙"，这个文物是用蚌壳堆塑成的。随后就有北方红山文化的一批玉龙形象。《诗经》中有"言念君子，温其如玉"来比喻君子的高贵品德。您如何看待"玉"在中国传统文化中的文化意象？

叶舒宪：玉文化的驱动要素是玉石神话信仰。其基本信条是：玉代表天，天也就代表神，神能代表永生不死。在君权神授的观念体制下，传国玉玺上镌刻的八个字，充分体现信仰的力量如何成为华夏国家的权威力量。后来整个封建制度体系都与以"玉文化"传承为其基因和血脉。秦始皇建立大一统，就用一个东西来象征皇权，叫传国玉玺，谁拿着它，谁就代表着天命。全世界没有哪个文化有这种现象，但今天中国人自己反倒是忘记了。现在我们把"玉"仅仅抛给收藏界，或只是给妇女佩戴的一些美丽饰品，完全忘记了它在历史上的核心价值地位，其实从根源看，玉代表一种先于文明国家而存在的信仰系统，是一种史前的拜物教。诸如卞和献玉，完璧归赵，周公东封鲁国"夏后氏之璜"，夏桀修筑瑶台玉门、殷纣王用王室宝玉缠身以自焚、鸿门宴的玉礼如何救了刘邦的命等等史事，今人看不明白，或当成文学家虚构，其实都不是文学，而是信仰支配的历史书写。直到今天，对玉的信仰在国人生活中依然存在，有句俗语"人养玉三年，玉养人一生"，还有"黄金有价玉无价"，这些都是中国人脱口就能说出的。打开《说文解字》，第六个部首就是"玉"旁，共有124个汉字，只有1个字是不好的，是白璧无瑕的"瑕"字，剩下的全是正面价值。为什么？因为玉代表着神圣和永生不死，谁不喜欢它？中国人的许多比喻都植根于对玉文化的信仰。儒家形容"学习"，就用"如切如磋"。因为儒家才2000多年，"切磋"玉已经有了9000年的实践。儒家的话语体系也离不开"大传统"；道教的神话传说里，天地间的主宰玉皇大帝，也是以"玉"命名。还有在儒家那里，君子的理想化人格，引申为"君子如玉"；在道教那里，"玉皇"代表着修炼长生、永生不死的至高境界。所以我们研究的虽说是"神话"，但解决的是那些真实的历史的脉络问题。一旦得到深度解读，华夏文明的整个精神脉络就清晰可见了。

文汇报：中国人普遍认为，我们的文明有5000年的历史。关于这种说法，很大程度上是来源于司马迁的《史记》和战国时期的《竹书纪年》等典籍，将黄帝视为中华文明的开创者。但这未被国际学界所公认，甚至连夏朝也存在争议，因为学界普遍只承认有文字记录的文明史。不过，去年在上海举办的第三届世界考古论坛上，却传来了一个振奋人心的消息：以距今5300～4200年的良渚文化古国遗址佐证了中华的5000年文明。

我们都知道，在良渚出土了数量惊人的玉琮、玉璧等玉制品，可见良渚先民对玉、对神的崇拜和信仰达到了今天难以想象的程度。您在今天论坛上的发言中也提到，在文字、国家形成之前，玉文化已经凭借着人们对它的信仰辐射全国。这似乎都在提醒着我们，如果我们仅仅把中国的优秀文化局限在书写的古籍文化，会错过很多东西。在这样的背景下，您认为从"创世神话"的视角来研究中国文化有什么样的意义？

叶舒宪：我们的研究对象叫"创世神话"，但实际上做的是

"创世神话"和考古新知识的链接。神话学是二十世纪初引进汉语界的新知识。早期一批研究中国神话的学者，都是参照着西方研究希腊、罗马和《圣经》神话的模式，寻找中国古代的诸如"大禹治水""女娲补天""精卫填海"等故事，要发现文献中的中国神话。我们这一派叫"文学人类学"，和以往的区别是不光看文献，更关注文献以外的其他符号材料。文献的局限在于：一是它出现时间较晚，根本够不到夏商周以前；二是受文字的限制，汉字书写记录集中在中原地区，难以覆盖到整个中国。甲骨文集中出土于安阳，其中没有一个字是写到"长三角"这边的。你要按照文字资料研究长三角文化，就难免作茧自缚，把时空限定在一个非常有限的范围里。文学人类学的优势方法叫"四重证据法"。别人只有文献一重资料。我们除了将出土的汉字材料称为二重证据以外，还有田野作业观察到的民间口传的活态文化，称为"口碑材料"或三重证据，这也包括世界各民族的。还有文物和图像的材料，包括考古新发现的遗址、文物和各种图像及艺术造型等（详见拙书《四重证据法研究》，复旦大学出版社，2019年）。

　　所以我们要做的就是把考古新发现的知识同传统神话学连接起来，目的就是解读这些来自几千年前的神圣符号。神话往

反山 M17 出土玉钺，南瓜黄玉质受沁后变为鸡骨白（摄于良渚博物院）

往能够反映远古人类感知世界的思维方式，这些图像材料能够流传下来是非常珍贵的。可惜的是，在如今这种分专业培养和教育下，考古和文博方面的学者集中关注的是出土的地层、年代和文物的材质、种类等；他们不注重研究神话和观念，撰写考古报告也不要求对文物的神话内容做解释，这样就难免把最丰富最深远的那些史前神话给遗失掉了。一般的学院派神话学研究只关注文字典籍书写的受地域限制的小部分神话。文学人类学一派的探索集中在把"神话"观念真正和文明的源流研究融为一体，把有文字的时代视为小传统，将无文字的文化时空视为大传统。

探寻五千年前上海人的神话世界

文汇报： 您刚才提到，神话不仅仅是文化的表达，也是人类最早感知世界的方式。这让我想到，普通公众去博物馆，看到那些远古时期出土的文物，除了惊叹它们物质上的精美和壮观，也很难再有更深入的理解。但如果我们可以知道这些文物背后的神话信仰，了解远古先民的精神世界，或许我们更能产生似曾相识的共鸣，与他们跨越时空的距离而心意相通。

上海青浦福泉山遗址出土良渚玉鸟
引自《福泉山——新石器时代遗址发掘报告》

凌家滩出土双兽首玉鹰（摄于安徽省博物馆）

叶舒宪： 对于博物馆，目前国家领导人最关心的就是如何让文物真正活起来。今天博物馆里展示的那些史前文物，对一般人而言，是很难理解和接受的。但神话的内容一旦得到解读，文物就会被直接激活起来。因为神话可以直接进入人的精神世界。比如说良渚文化突出表达的鸟神崇拜，如果我们把远古人类对"鸟"的信仰作为脉络主轴进行全景式解读，就可以把 7000 到 4000 年前的长三角地区先民心目中的至高神圣，具体地呈现出来。由于没有文字的记载，后人很难理解，7000 年前的人为什么要崇拜龙（蛇）、崇拜鸟，并在象牙上刻画出双鸟朝阳的鲜明形象？五千年前的上海本地先民又特意结合蛇与鸟，刻画出大量的"鸟首盘蛇"形象（参看上海市文物管理委员会编《福泉山——新石器时代遗址发掘报告》，文物出版社，2000 年）。面对这些神话造型，我们需要问：五千年前的上海人，究竟是怎么想的？肯定有他们的信仰和观念，关键是如何有效解读。今天的人都受到无神论教育，因此很难体会 5000 年前初民的精神世界之真谛。那怎么办？我们可以把河姆渡文化的双鸟朝阳形象、良渚文化的神徽形象和玉鸟形象，包括上海出土的福泉山陶器上的"鸟首盘蛇"形象等，作为一个崇拜鸟的文化统一体，同太平洋对岸的美洲印第安神话进行对照。因为人家没有经过无神论的教育，印第安人还生活在仪式和信仰之中，保留着原生态的神话想象。在南美洲瓦劳族印第安神话中，他们信奉的创世主神叫作"黎明创世鸟"（creator-bird of the Dawn）。你听这个名字，小孩都能明白什么意思。每天黎明时分，太阳的光线刚出现时，一般都是鸟先开始鸣叫，唤醒沉睡的大地。所以古人自然而然的联想是，鸟鸣相当于天神报告白天的开启，也意味着光明的到来。有了阳光才能突破黑暗的笼罩，看清一切事物。这种从混沌和黑暗而来的创世的感觉就有了。为什么大多数的创世神话一开始都是黑暗的，是因为人在母胎中个体生命也是始于黑暗的。一旦出生睁开眼，世界就是亮的了。所以神话的内容实际上和人们的日常生活经验息息相关，也就是哲学上讲的认知的原型。

　　人生活在大地上，第一件重要的事是仰观，第二件事是俯察。

良渚神徽像（良渚遗址管委会供图）

人上不去天，就会羡慕所有长着羽翼的，能飞上天的东西，就会在想象中对它们加以神化。凌家滩出土的双兽首玉鹰，就代表着五千年前的升天神话想象。古人没有"天宫一号"，他们把那些带翅膀的东西用玉雕出来，可以代表人的灵魂也能升天。还有古人认为神灵和死去的祖先都在天上，也是一种其乐融融的对升天的幻想。良渚文化里刻画了这么多鸟的形象，表现他们想象中的生活和愿望。那时没有哲学、没有科学，是人鸟合体的或人鸟兽合体的神话幻象，在指引、点亮着他们的精神世界。如果这样去解读，那几千年前的文化就可以重新被我们激活了。

重塑上海的历史文化形象，会有一场"翻身仗"

文汇报：过去一直认为，江南文化的源头是周朝的"泰伯奔吴"，他把先进的中原文明带入江南。但是在良渚出土的一系列精美的玉器表明，早在 5000 年前我们就有了很高的文化面貌。您认为这对于我们重新认识江南文化的源头有什么意义？这给我们今后的江南文化研究会带来什么启示？

叶舒宪：今天人们对"江南文化"的普遍理解是什么呢？小桥流水、吴侬软语、丝绸刺绣，这些都是比较浅表的文化，缺乏的是历史的深度。我们的文化自信从哪里来？文化底蕴深厚，就肯定自信。古埃及文明之所以能傲视全球，是因为在 5000 年前就有了文字，那我们也可以拿 7000 年前的玉礼器和他们 PK，对吧？这才是真正的文化基因层面！璧、琮、钺组合的玉礼器体系是长三角地区的原创，举世无双。就像玉琮这样的器物，只有在这里先流行起来，后来才逐步传播到中原。玉琮在周代以后就基本不用了。但后代人以玉琮为原型，烧制出一种瓷器，叫琮式瓶，方形的、多为天蓝色，旁边或加上八卦符号，这在明清时期也很流行。这表明长三角的数千年文化传承仍没有中断。现代人有责任继往开来。如果说上海要打造一个新的地标性建筑，那就不会是什么电视塔类东方明珠，要有一幢玉琮形的摩天建筑，外加良渚人信奉的鸟人神话形象。那才是足以体现长三角地区七千年文化底蕴的东西。从河姆渡博物馆到良渚博物院，再到广富林遗址博物馆和上海博物馆，器物和图像的原型都有很多，设计师也不用去挖空心思虚构，更不用以西洋建筑为圭臬。江南文化的深远精神原型，将由此散发而出，传播世界，让大玉琮的每一个分节上昭示出神面纹和变形鸟纹的眼睛。

文汇报： 玉文化让我们看到了史前时代长三角在文化上的一体性，这种"大传统"的视角给我们的江南文化研究带来什么启示？

叶舒宪： 2019年11月5日在上海举办首届中国进口博览会，习总书记正式宣布将"长三角一体化"上升为国家战略。这必将给上海市的社会科学界带来非常重要的启迪和新的研究前景。如果大家都充分认识到长三角在五千年前就是一体化的文化格局，那对重塑上海在世人心目中的文化形象，将会有一场彻底的翻身仗。为此，江浙皖三省和上海市要协同作战，不要拘泥于今日的行政区划来分割彼此，要把整个玉文化看成一个史前的文化统一体，用影视大片等现代传播方式，把这种新知识迅速传播给全世界。希望人们亲眼看到距今7000～4000年前，这个南方王国是什么样的。关键词有养蚕缫丝、种植水稻、繁复而美妙的玉礼器体系、干栏式建筑和榫卯木器结构，崇拜鸟和太阳，表现为鸟立神坛形象和鸟首盘蛇符号，并且以头戴巨型羽冠的鸟人合体神为主神。此外，我们启动长三角一体化的史前原型研究，也会引领未来整个文科、包括文史哲的学术变革的方向——走出书斋，走向田野。以前我们太依赖文字知识，只知道"小传统"（由汉字编码的文化传统）的古书，不知道还有一个"大传统"（前文字时代的文化传统）。未来要将新知识普及到中小学的教育中。自古以来按照文献来书写历史的方式将彻底改变。倡导大传统新知识，也就等于给所有受过教育的人来一次再教育，对传统知识观是具有颠覆意义的。汗牛充栋的古书里没有一部书写到河姆渡、崧泽、良渚、福泉山和广富林。因为以往的历史知识主要是文字教育的结果，所以根本没有这些考古新知识内容，哪会知道有什么"大传统"呢？要不然怎么会把上海的由来讲成二百年前的"渔村"？一般人根本不知道在 7000 年前至 4000 年前这三千年历史长河中，我们的长三角地区是什么样子。这是学术和教育的双重缺失，需要与时俱进，及早弥补。

仿鸟型陶礼器成为长三角史前文化标志性器物（摄于南京博物院）

玉石之路："早于丝绸之路的大传统"

艾江涛
《三联生活周刊》2019 年第 16 期

摘要："玉石之路上的西玉东输，历史有约 4000 年，相比佛路和丝路的 2000 年，确实有大传统和小传统的巨大差别。"上海交通大学神话学研究院首席专家叶舒宪说。

　　最近几年，叶舒宪一直关注着史前玉文化的考古发现。几天前的一个学术会议上他还激动地讲起， 2017 年公布的黑龙江饶河小南山遗址出土了 9000 年前的玉礼器组合；比之更早的，还有吉林白城双塔遗址发现的一万年前的玉器。这使他可以在一万年的尺度上，探讨以玉石为核心信仰的华夏文明大传统。

　　十多年前，长期研究神话的叶舒宪发现中国神话中"永生不死"的主题，都与昆仑山、西王母联系在一起，而那里正是出和田玉的地方。在《山海经》中，记录产玉的山便有 140 多座。越来越多的考古发现，也证实玉石与华夏初民的史前信仰密不可分。渐渐地，他意识到，研究中国神话绕不开玉石。在一万多年前开启的新石器时代中，人类对石头的认识不断深化，华夏先民从中筛选出被神圣化的石头: 玉石。进入青铜时代之前，华夏文明存在着一个长达 4000 年左右的玉器时代，对应西方考古学的"铜石并用时代"。

　　将玉神圣化的观念从何而来，又如何在华夏史前文化中不断传播，并最终汇聚为中原文明的大传统？带着这些问题，叶舒宪的玉文化研究一发而不可收。沿用 1980 年代在国内兴起的文学人类学研究思路，他格外强调文献、出土文字材料、田野调查的口碑材料、考古发现的文物与图像材料的"四重证据法"。借用人类学术语，叶舒宪将玉文化兴起于东亚的万年传统，视为先于文字、金属器以及文明国家的传统，称为"大传统"，而将黄金作为稀有物质、距今约 3600 年前、以金属和汉字作为标志的中原文明传统称为"小传统"。

随着殷墟妇好墓中被怀疑来自新疆和田玉的玉器的发现，1980 年代以来，是否存在一条从新疆通往中原的"玉石之路"的想法，引起学界关注。从 2014 年 6 月起，叶舒宪所带领的文学人类学研究会，先后进行了十四次"玉帛之路"文化考察，行程几万公里，通过对西部七个省区总面积达 200 万平方公里的中国西部玉矿资源区的调查采样，发现史前"西玉东输"的若干路网。他们认为，这条玉石之路，与丝绸之路相比，足足早了 2000 年，成为早期东西方经济文化交流的先锋。

会议刚刚结束，叶舒宪便踏上了第十五次"玉帛之路"环太湖流域的考察。本次专访完成于考察途中。

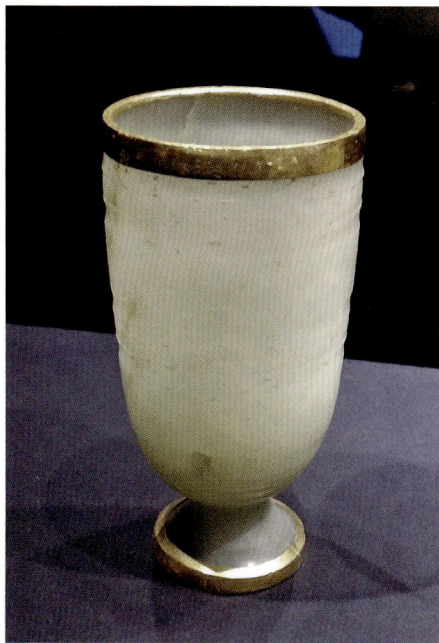

西安出土西汉金镶玉白玉杯（摄于西安博物院）

玉石信仰的大传统

三联生活周刊： 中国人向来看重玉，但很少将玉与华夏民族的精神信仰联系起来看，你在以往的神话研究中，如何发现玉的这一重要性？

叶舒宪： 按照现代考古学的划分，史前文化都叫石器时代。在漫长的石器时代中，我们逐渐聚焦到1万多年来的新石器时代，它刚好是孕育文明的温床。在跟石头打交道的数十万年时间里，人类对石头的认知一定会发生升华，将那些今天看来颜色透亮、带有温润触觉的石头筛选出来，视为天神恩赐人间的圣物，所以变得神圣化。

对玉石的神圣化，涉及原始宗教信仰。与我们理解的有经书、教堂、寺庙、修行仪轨的宗教不同，原始宗教一般通过祭台、祭坛和圣物完成宗教行为，核心观念是把某一类事物神圣化。对苏美尔人来说，是青金石加黄金；对古埃及人来说，是青金石和绿松石加黄金、白银；对华夏文明来说，就是玉石。青金石，又叫天青石，听名字就知道，跟天的颜色类比。中国的玉，用量最多的是青玉。人们自然而然地认为神和祖灵（逝去的祖先的灵魂）都在天上，我们生活在地上。怎么能够跟天上的超

玉玲起源于 6000 年前
上海崧泽遗址出土
（摄于上海博物馆）

海盐仙坛庙出土崧泽文化玉钺
（摄于嘉兴博物馆）

良渚玉钺
（良渚遗址管委会供图）

越世界沟通？代表天的玉石就变成了他们在人间的代理。

一旦跟神连接起来，玉石就变成了永生不死的象征物。中国神话中永生不死主题比比皆是，研究国外神话可以不研究玉石，研究中国神话却绕不开。

和田玉"白玉崇拜"的价值观，以我们说的大传统看，属于玉文化大传统中后起的变革。所以要研究在它之前把玉神圣化的观念从哪来，怎样先兴起于周边地区，再传播到中原，怎样又从中原传到西域，终于找到世间最优质的玉石——新疆玉。新疆当地的古人原来不采玉，更不做玉礼器，因为没有这个文化观念。我们不是有个观点叫"神话观念决定论"吗？就是依据这个现实，材料在人家那，人家认为只是石头，几千公里以外的华夏人去了，把它当成宝，你说谁决定谁？

文明起源探索一般都要找物质传播过程，我们不光找过程，还要找背后的驱动观念。所以神话观念决定论，不是针对文学，是针对人类文明而言。秦始皇为什么把金属的武器都融化掉，只选一个物质——传国玉玺作为秦帝国统一的象征物？现在看得很明白，秦始皇仅仅是 2000 年前的皇帝，玉玺背后还有近 8000 年的玉文化史，那玉是个人所选的吗？早已经被文化大传统筛选好了。

我们跑来跑去调查，就是要把对华夏文明具有决定性作用的深厚的玉崇拜脉络呈现出来，让人知道秦始皇选择传国玉玺，不是他个人的问题，在他之前就有著名的和氏璧的故事，表现的都是天下最好的玉一定是给统治者的，为什么？因为玉象征天命、神权。这样一个脉络，在老子《道德经》里叫"圣人披褐怀玉"。他没说是王，他是说圣人，圣人都是远古那些带有超前智慧的人，以玉石作为特殊身份的标记。

三联生活周刊：谈到华夏的史前文化，学界一个观点是"满天星斗"，我们看到的实物也确实如此，不管是从北方的兴隆洼文化开始，然后红山文化、龙山文化、齐家文化，还是南方的良渚文化或更早的马家浜文化、崧泽文化。在如此多的史前地方文化中，我们如何梳理出把玉神圣化的过程与传播路径？如何建立一个有说服力的证据链条？

叶舒宪：考古学界对史前文化的认识，叫"满天星斗"，这是苏秉琦先生的观点，所针对的就是传统认为华夏文明起源就是黄河中游这一块、得中原者得天下的观点。考古学发现，除了中原有史前文化，各地都有，而且在某些方面领先于中原。

满天星斗的格局中，我们要找的一个演变过程，叫"月明星稀"。本来大家都放光，最后中原变成了一个月亮，其他地方的光芒逐渐黯淡下去。怎么回事？这就要找中原文明崛起之前，玉文化的发展脉络。玉文化的脉络刚好是先周边，后中原，太明确了。北方的兴隆洼文化不用说了，是8000年；红山文化是五六千年；南方的崧泽、良渚等也都是五六千年的玉文化，中原那时候尚没有玉礼器传统。

中原最早的玉礼器，是我们在河南灵宝西坡仰韶文化墓葬看到的10余件暗绿色蛇纹石玉钺，距今5300年左右。这种蛇纹石玉，也是我们第十三、第十四次"玉帛之路"考察的主要对象。今天这种玉料还在用，用来生产"葡萄美酒夜光杯"的

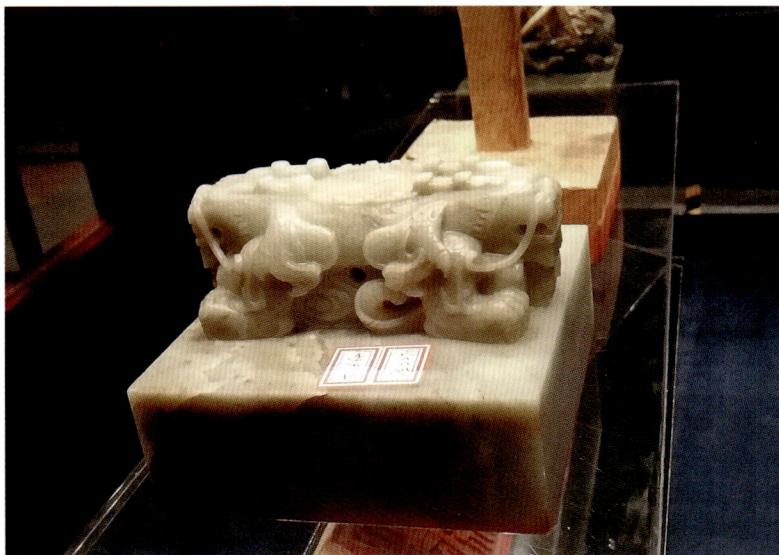

清代"光绪之宝"玉玺（摄于首都博物馆"走进养心殿"特展）

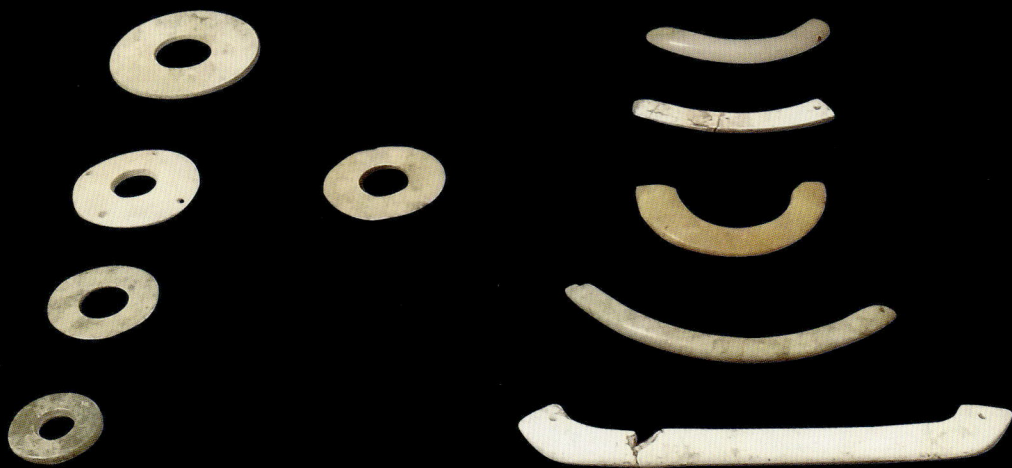

早期玉组佩的两种形态：
联璧与联璜，崧泽文化
（摄于张家港博物馆）

嘉兴出土崧泽文化玉玦
（摄于嘉兴博物馆）

夜光杯。看着黑不溜秋，手电一照，翠绿翠绿。它的产地就在渭河边上，顺着渭河最早进入中原的就是这种玉。所以我们十几次调查，最后梳理出一个覆盖到 5000 年以上的 4.0 版的"西玉东输"历史。

传播脉络是这样。玉文化的起源有两个条件：把玉神圣化的文化观念；玉矿的资源供应。玉文化的起源，原来我们认为是兴隆洼文化。2017 年在黑龙江乌苏里江畔找到 9000 年前的饶河镇小南山文化遗址，比兴隆洼文化早 1000 年。这次发布会，邓聪教授的大书《哈民玉器研究》里，提到 1 万年前的吉林白城双塔遗址的玉环出土了。贝加尔湖那里还有 1 万到 2 万年的玉文化和丰富玉矿资源。"北玉南传"，生产玉器的文化传统就大致按照这个脉络而来。

每一种玉礼器背后，都有一个宗教信仰的观念。拿《周礼》来讲，玉礼器有所谓标准六器：璧、琮、圭、璋、璜、琥，被后人当作西周六器。但到目前为止，西周墓葬中没有一处出土《周礼》记载的六器，反而玉柄形器和玉鱼的数量最多。借助大量周代出土玉器实物，我们认为"六器"说肯定不是西周的玉礼器组合，而是在秦汉时代重"六"的文化偏好背景下，派生出

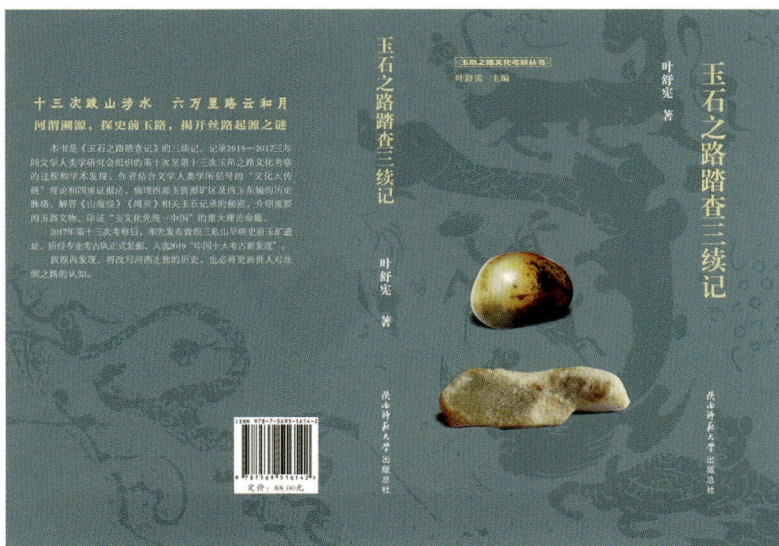

《玉石之路踏查三续记》于 2020 年出版

来的玉礼器体系观。

把这个线索归纳出来，哪一种玉礼器从哪传到哪，玉文化怎样统一中国，有个传播过程，绝不是一句虚话。以玉琮为例。最早在安徽薛家港文化发现一个很小的玉琮，方方的中间一个圆孔，时间在 5500 年左右。之后在距今 5300 ~ 4000 年的良渚文化，发现大量玉琮。梳理一下玉琮的传播线索，大概就是薛家港文化、良渚文化、山东龙山文化和中原龙山文化（石峁、芦山峁）、陶寺文化、齐家文化。

西玉东输

三联生活周刊： 2014 年，"玉石之路"的实地考察是如何缘起的？

叶舒宪： 玉石之路，一开始很朦胧。2012 年春，我应邀出席在陕西榆林举行的晋陕蒙伞头秧歌大赛的评审。榆林文联主席知道我研究玉文化，就带我去石峁看玉，那时石峁遗址的考古发掘报告还没公布。石峁出玉早已经出名了，陕西历史博物馆常年展示着一柜子玉礼器，各种颜色都有。当地没有玉矿，

仰韶文化墨绿色玉钺（摄于陕西富县鄜州博物馆）

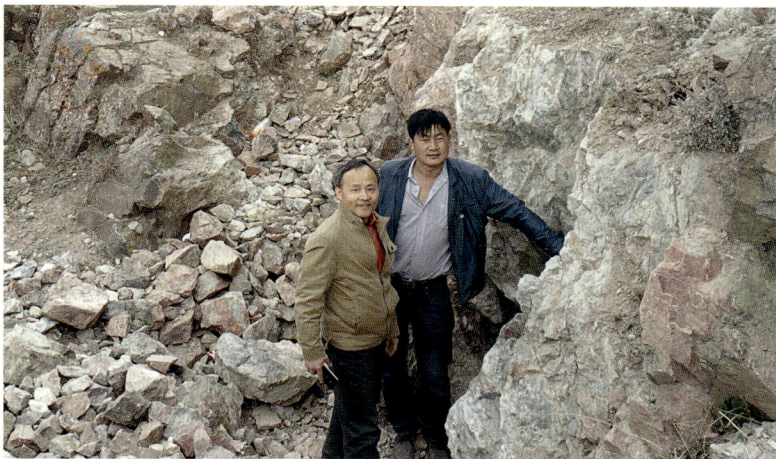

第四次玉帛之路文化考察登顶甘肃临洮县马衔山玉矿采集标本

那么这些 4000 年以上的玉料从哪来的？玉石之路的问题就提出来了。

2013 年春，我们在陕西榆林举办"玉石之路与玉兵文化研讨会"，玉石之路的项目已经明示出来。从 2014 年起就展开更加系统的调研。

最早是调查《穆天子传》中所记载的周穆王走的那条路。《穆天子传》这书，一般人不把它当史料看，当成游记、文学看待。《穆天子传》讲什么？西周第五代帝王，好像突发奇想，要到西方昆仑找西王母这么一件事。它记的是什么？像日记一样，今天走了多少里，从哪走到哪，明天走多少里，走的什么路线。从关中顺着渭河、黄河向东走到今天的三门峡，然后过黄河往北进入山西，出雁门关到大同盆地，往左拐入河套地区，然后在那用玉璧祭祀了河神，黄河之神显灵，显出西去昆仑的路线。

他为什么这么走？周穆王这条被人们当成文学想象的道路，事实上是一条当时已经形成的"轻车熟路"。周穆王去，并没有说去探路，他驾着八骏，带着六师浩浩荡荡前去。我们去看周穆王这条路，有没有运玉的可能。一调查，发现那条路正是山西人走西口的路。事实上，这条陆地上的路还是后来形成的，在史前时代，没有马没有车怎么走？只有沿着黄河走，现代以来的考古发现也证明，中原地区史前期出玉的地方大都在黄河两岸和黄河支流地区。漕运应是史前运输玉石的主要方式。

三联生活周刊： 在考察中，你如何发现 5300 年前，最早的玄玉进入中原的路线图？

叶舒宪： 中原的史前先民最初根本没有新疆和田的概念，其活动范围连祁连山都不到。最早的西部玉石输送就是顺着渭河进入中原。渭河是黄河最大的支流，它的上游甘肃武山县鸳鸯山，就出产这种叫鸳鸯玉的蛇纹石。我们认为这就是《山海经》独家记录的玄玉。在第十次考察中找到了矿山，当地老乡家的门墩都是这种玉料做的，整个山上都是。这就相当于找到了 5000 年前中原玉器生产使用的主要玉材来源，这个玉矿现在还在开采，用来制作旅游纪念品的夜光杯。

这是 5300 年前的证据，天水过来不是宝鸡嘛，顺着宝鸡、西安过去，就是泾河和渭河交汇的地方：杨官寨遗址，在那也出土了墨绿色蛇纹石的玉钺。然后渭河汇到黄河，过去又是河南灵宝，也发掘出一批这种玉钺，这一路上都串联起来，其证明作用不言而喻。古代河水肯定是最好的运输线，这条顺渭河而来的玉石，被我们称为"西玉东输"进入中原的第一拨。

当然，这种学名叫蛇纹石的玉，比透闪石玉要软一些，色泽也驳杂，在严格的收藏意义上叫"假玉"。5300 年前的蛇纹石玉找到了，到距今 4300 年的陕西神木石峁文化，这不是又过

马衔山玉矿优质透闪石黄玉仔料　　马衔山黄玉制作的齐家文化玉璜

第十二次玉帛之路文化考察再访肃北马鬃山玉矿

了 1000 年吗？中原开始出现比蛇纹石玉更好的透闪石玉，这批玉叫龙山文化玉器。中原没有玉矿，陕北也没有，从哪来的？我看了一下分布，黄河这边是延安的芦山峁文化、榆林神木的石峁文化，黄河那边是山西兴县碧村的龙山文化遗址、山西襄汾的陶寺文化，其旁边的汾河就是黄河的支流，都在黄河两岸。还有一个清凉寺遗址，也在黄河边上。一看地图就明白了。中原本来没有透闪石玉矿，为什么黄河两岸这些地方都出现了玉文化，黄河的作用何在？

于是，我提出了玉石之路"黄河道假说"。如果说渭河道，"西玉东输"的第一条道运来的还是蛇纹石，那么黄河道运来的则是透闪石玉。在此基础上，还提出华夏文明的黄河摇篮新说，即黄河催生华夏文明的作用不在于农业灌溉，而在于连接中原与西部的漕运作用。

三联生活周刊： 那么，4000 多年前石峁文化出现的透闪石玉来自哪里？

叶舒宪： 这就涉及"西玉东输"的第二个阶段。顺着渭河再往前走，进入渭源县，再过去就进入洮河流域。在临洮和榆中两县之间有一座海拔 3600 米的山，叫马衔山。这里便出产类似新疆和田玉的优质透闪石玉。但是历史文献中对此没有记载，考古专业人员也没有相关的发掘和报告。

渭河源头稍微靠西大概一百公里，就是马衔山玉矿。这距离中原多近，连河西走廊的边还没挨着，就有优质的透闪石玉。马衔山玉在历史上基本上就被开采完了。现在有些玉石都在民间弄玉的人手里。可以发现，最早往中原运玉的路线，全是黄河支流、以渭河为主的各个支流水系。

马衔山已经接近兰州，过了兰州再向西就是祁连山，然后祁连山的玉就进来了，再过去就是马鬃山了。马鬃山在哈密东边，属于天山余脉，这里有大量优质的透闪石玉，其基本特点是呈现像红糖块一样的糖色。还有就是敦煌三危山旱峡玉矿。

距今 4000 多年的芦山峁文化和石峁文化，最开始的用玉也不是和田玉，而是马衔山、马鬃山、祁连山这三山的玉，因为都在甘肃这边，靠得比较近。再下来是敦煌三危山旱峡的玉，最后若羌、且末、和田、喀什，顺着塔克拉玛干大沙漠南缘这一圈，一直到中巴边界，这最后一拨，我们把它叫作"西玉东输"的 4.0 版本。古人一定是阶梯式渐进式地发现玉，最后才找到和田玉。

何谓"玉成中国"

三联生活周刊：如何理解商周之际产生的"白玉崇拜"，及其与玉石之路的关系？

叶舒宪：《山海经》中记载了一百多处出玉的山，过去没人求证，怎么知道是真是假？而且这么多种玉，只要是白玉，它都要被特别标注出来。为什么？刚好反映了周代以来的观念：白玉是天子之玉，物以稀为贵。《山海经》历来被认为是最不靠谱的书，但我们认为其背后有最重要的历史线索；被读书人奉为经典的《周礼》反而靠不住，因为它记载的六器，与周代玉器完全对不上。

商周以后，华夏文明的"白玉崇拜"就没有变过。因为它是天子的象征，"天子佩白玉"是《礼记》中的明文规定。我在《玉石神话信仰与华夏精神》一书第一章中讲鸿门宴。楚汉相争，人家刘邦白玉璧送来了，项羽还能杀他吗？看不懂这个关节，你根本不知道白玉璧代表什么，它代表天下至高权力。范增人家送他一玉斗，他"啪"地击碎了。项羽为什么没有摔，他是玉文化信仰的真正信徒，玉代表神，在神面前他只有放弃追杀刘邦的念头。

长期以来，和田白玉一直是华夏政治权力等级制度中的重要标志物。由于中原地区缺乏优质玉石原料，这样一来，便形成对西域特产玉石的资源依赖。光有资源依赖说还不够。还需要解释西域玉石为什么会变成华夏数千年崇奉的资源，甚至是无可替代的？是背后的整套神话观念驱动，这就能够解释"玉成中国"的所以然。

三联生活周刊：研究玉石之路的重要意义是什么？

叶舒宪：玉石之路上的西玉东输，历史有四五千年，相比佛路和丝路的两千年，确实有大传统和小传统的巨大差别。这也是中国人独有的异常厚重的人类文化遗产。

德国人李希霍芬虽然也是根据张骞通西域的历史事件，命名了"丝绸之路"，但他只见丝绸，不见对中国人来说最重要

乾隆白玉兽面纹匜（摄于故宫博物院）

的玉石和马匹，我们叫他"看着玉石，把它叫成丝绸之路"。
为什么？因为在西方人眼里，丝绸"物以稀为贵"。重要的史
料记录在《史记·大宛列传》中，"汉使穷河源，河源出于阗，
其山多玉石，采来，天子案古图书，名河所出山曰昆仑云"。
张骞的使团第二次从西域回来，带回和田（古称于阗）美玉，
汉武帝亲查古书，将于阗出玉石的山正式命名"昆仑"。

只有理解中原王朝对西域的资源依赖，才能理解中国的版
图为何是今天的样子，才能理解何谓"玉成中国"。

喀喇昆仑：昆仑河源道考察在塔什库尔干县中巴边界

图书在版编目（CIP）数据

玉文化先统一长三角 / 叶舒宪主编 . -- 上海：上
海交通大学出版社 , 2021.7
ISBN 978-7-313-24918-0

Ⅰ. ①玉… Ⅱ. ①叶… Ⅲ. ①古玉器－文化－中国－
图集 Ⅳ. ① K876.84-64

中国版本图书馆 CIP 数据核字 (2021) 第 080617 号

玉文化先统一长三角
YU WENHUA XIAN TONGYI CHANG-SANJIAO

主　　编：叶舒宪			
出版发行：上海交通大学出版社		地　　址：上海市番禺路 951 号
邮政编码：200030		电　　话：021-64071208
印　　制：上海雅昌艺术印刷有限公司		经　　销：全国新华书店
开　　本：787 mm×1092 mm　1/16		印　　张：18.25
字　　数：236 千字		
版　　次：2021 年 7 月第 1 版		印　　次：2021 年 7 月第 1 次印刷
书　　号：ISBN 978-7-313-24918-0		
定　　价：168.00 元